KB253585

곽선희 목사 설교집

48

그리스도의 침묵

곽선희 지음

계몽문화사

머 리 말

　'복음은 들음에서'—이는 진리이며 우리의 경험입니다. 하나님께서 우리에게 주신 복 가운데 가장 큰 복은 말씀을 주신 것입니다. '말씀이 육신을 입어서 오신 것'입니다. 말씀을 주셨고 들을 수 있게 하셨고 마음문을 열고 받아 믿게 하신 것, 참 놀라운 은혜입니다.

　말씀은 단순한 지식이 아닙니다. 추상적인 이론이 아닙니다. 말씀은 선포되는 하나님의 계시적 능력인 것입니다. 말씀의 권능, 그 능력을 알고 체험하면서 비로소 '말씀 안에서 태어나는 생명적 기적'이 나타나게 됩니다. 오늘도 그 말씀이 증거되고 새롭게 선포되고 있습니다. 설교가 곧 말씀입니다. 성령의 역사와 함께 끊임없이 이루어지는 생명의 역사입니다. 이 선포되는 말씀, 증거되는 진리를 통하여 구원의 능력은 항상 새로워집니다. 말씀 안에서 새 생명이 탄생하고 말씀 안에서 영혼이 소생하며, 그 큰 능력 안에서 우리는 강건해집니다. 우상을 이기는 능력의 사람으로 성장해가는 신비롭고 놀라운 사건을 강단에서 늘 경험하고 있습니다.

　여기에 또다시 설교말씀을 모아 책자로 내어놓습니다. 예수소망교회 강단을 통하여 하나님께서 우리에게 주신 말씀입니다. 이제 그 말씀을 책자로 엮어 내어놓음으로써 우리가 시간과 공간을 월하여 개별적으로 하나님을 만나게 되는 '말씀의 역사'에 귀중한 방편이 되고자 합니다. 책자라는 그릇에 담긴 이 말씀들은 읽는 자의 마음 안에서 또다른 '말씀의 신비한 기적'을 낳게 되리라 확신합니다.

　한 시간 한 시간의 설교를 위하여 간절히 기도해주신 모든 성도들과 이 책자를 출간하기까지 수고해주신 여러분께 진심으로 감사를 드립니다. 그리고 또다시 영광을 오직 하나님께 돌리면서……

곽선희 목사

장로회 신학대학 졸업
프린스턴 신학석사
풀러신학 선교신학박사
인천제일교회 목사
장로회 신학대학 교수 역임
숭의여자전문대학 학장 역임
서울장로회신학교 교장 역임
소망교회 원로목사

곽선희 목사 설교집 제48권

그리스도의 침묵

인쇄 · 2013년 4월 10일
발행 · 2013년 4월 15일
지은이 · 곽선희
펴낸이 · 김종호
펴낸곳 · 계몽문화사
등록일 · 1993년 10월 11일
등록번호 · 제16—765호
전화 · (02)917-0656
정가 · 19,000원
총판 · 비전북 / (031)907-3927
ISBN 978-89-89628-31-6   03230

* 잘못 만들어진 책은 바꾸어 드립니다.

그리스도의 침묵

너희 앞에 나팔을 불지 말라

그러므로 구제할 때에 외식하는 자가 사람에게 영광을 얻으려고 회당과 거리에서 하는 것 같이 너희 앞에 나팔을 불지 말라 진실로 너희에게 이르노니 저희는 자기 상을 이미 받았느니라 너는 구제할 때에 오른손의 하는 것을 왼손이 모르게 하여 네 구제함이 은밀하게 하라 은밀한 중에 보시는 너의 아버지가 갚으시리라

(마태복음 6 : 2 - 4)

너희 앞에 나팔을 불지 말라

여러분 잘 아시는 대로 제가 평양을 자주 갑니다. 다음 주간에도 또 갈 예정입니다. 북한 선교를 위해서 백방으로 힘을 쓰는데, 몇 년 전에 북한에 갔을 때 한 고급간부가 제게 질문한 것이 있습니다. 그 질문한 내용이 늘 마음에 기억됩니다. 빙그레 웃으면서 비웃는 말을 합니다. "남한의 기독교인들이 하나님을 믿는지 안믿는지 모르겠어요." 그래서 아, 그게 무슨 소리냐고 물었더니 "남한 기독교인들이 성경을 보나요 안보나요?" 원 이런 답답한 일이 있나. 그래서 제가 "그 무슨 말씀입니까?" 그랬더니 "아, 성경에 보니까 오른손이 하는 것 왼손이 모르게 하라고 했는데 남한 기독교인들은 구제라든가, 약품이라든가, 뭘 좀 갖다준 다음에 영수증을 내라, 감사장을 달라, 감사패를 달라 하니, 도대체 이 사람들이 하나님을 믿나 안믿나 모르겠어요" 합니다. 이건 공산당 간부가 한 말입니다. 얼마나 부끄러웠는지 모릅니다. 참으로 부끄러웠어요. 몸둘 바를 몰랐어요. 의인은 하나님 앞에 서야 의인이고, 구제는 은밀하게 해야 구제입니다. 그 동기는 언제나 보상과 대가를 요구하지 말아야 합니다. 조금이라도 정말 티끌만큼도 보상이나 대가를 바라지 않는 마음, 이것이 아니면 선한 일이 될 수가 없습니다. 전부 다 인본주의요, 불신앙이요, 소위 도덕적 향락주의라고 하는 것이요, 도덕적 보상주의에 속합니다. 아무 의미도 없습니다. 여러분, 깊이 생각해봅시다.

얼마의 구제, 얼마의 봉사, 뭐 굉장한 것이라고 요새 걸핏하면 무슨 장학재단을 만들고…… 바람직하지 않아요. 그냥 주고 돌아서면 안되겠습니까? 그 다음에 어떻게 되느냐를 왜 물어보는 겁니까? 참 죄송합니다만 저희 교회에서는 여러분이 아시는 대로 헌금기도를 목사가 합니다. 사실 이 헌금기도는 교인들을 대표해서 하나님께 바치니 이것만큼은 목사보다는 집사님이 하는 게 더 은혜롭다고 생각합니다. 그렇잖아요? 모아 가지고 와서 가지고 오신 대표가 기도했으면 좋겠는데, 그 겁나서 못시킵니다. 가끔 어떤 교회에 가서 집사님들이 기도하는 소리를 가만히 들어보니까, "아, 이 헌금을 바쳤습니다." 그런데 거기다가 내용이 이렇게 나와요. "쓰다 나머지를 바쳤습니다." 게다가 "오병이어의 기적을 나타내게 해주세요." 아니, 돈 몇푼 바치고 도대체 얼마를 받겠다는 소립니까? "이 돈을 이렇게, 이렇게 잘 쓰게 해 주세요. 쓰는 곳마다 큰 일이 일어나게 해 주세요." 도대체 이게 무슨 헌금기도입니까. '하나님께 바칩니다. 아멘.' 하면 이제 그 다음엔 하나님께서 알아서 할 것이지, 아, 그거 잔소리가 많아, 도대체. 그 용도에까지 신경을 써야 됩니까.

여러분, 생각해보세요. 어디 가서 식사할 때 누가 대표기도로 식사한다고 하면 겁이 나요. 길어질까봐. 음식 다 식어버리니까요. 그런데 특별히 냉면집은 더 걱정이지요. 다 풀어지니까요. 이거 왜 이래야 되느냐? 기도가 왜 길어질까? 가만히 연구해봤더니 '하나님 좋은 음식 주셔서 감사합니다. 아주 행복하게 맛있게 먹겠습니다, 아멘.' 했으면 딱 좋겠는데 어디서부터 문제가 되느냐면 '이 음식 먹고 건강하여' 그 다음부터 이제 길어집니다. 뭐라고 뭐라고. 아주 북한에까지 갔다와야 되니까. 도대체 밥상머리에 앉아가지고 뭐 그렇게 잔소리가 많아. 그렇잖아요? 왜요? My part, His part. 내가 할 부분이 있고 하나님께서 하실 부분이 있잖아요. 하나님의 하실 일에 대해서는 제발 잔소리 좀 그만하세요. 누구 앞에 잔소리가 이렇게 많습니까. 내가 할 일만 해요. 내가 할 일만. 내 부분에 속한 것만.

여러분, 좀더 한번만 더 생각해 보세요. 구제도 마찬가지지요. 구제했으면 그 다음은 하나님께서 알아서 하실 일이고 우리가 손댈 일이 아닙니다. 하나님의 놀라운 능력과 지혜 안에서 되는 일입니다. 성경은 분명히 말씀합니다. '하나님이 갚으신다.' '아포도세이'—이것은 repay— 되갚으신다는 뜻입니다. 꼭 갚으신다는 것입니다. 6장 4절, 6절, 18절에 하나님께서 갚으신다 했습니다. 하나님께서 갚아 주신다, 하나님께서 반드시 보상하신다고 합니다. '은밀한 중에 보시는 하나님께서 은밀하게 갚아 주신다.' 강조합니다. 은밀한 중에. '크뤼토스'라는 말은 헬라말로 '비밀한 중'이라는 말입니다. 비밀한 중에, 은밀한 중에 보상하신다, 하나님만이 알고 하나님만의 방법으로 보상하신다— 예수님께서는 이에 대해 아주 극단적인 말씀을 하십니다. '냉수 한 그릇을 소자에게 주는 자, 결단코 상을 잃지 아니하리라.' 그렇습니다. 은밀하게 하나님 앞에서 하는 일이라면 반드시 보상이 있을 것이다, 냉수 한 그릇만 줘도 반드시 보상은 있습니다. 그런데 여러분, 보상을 미리 달라고 하면 되겠습니까? 보상부터 요구하면 되겠습니까? 좋은 일 하면 감사하다는 말을 들을 수 있어요. 그러나 감사하다는 말을 듣기 위해서 한다면 되겠습니까? 또 감사한다는 말을 해 달라고 하면 되겠습니까? 이게 얼마나 어리석은 짓입니까? 어쩌다가 이렇게 됐습니까? 은밀하게 비밀하게— 여기에 믿음의 진수가 있습니다.

심리학자 폴 투르니에(Paul Tournier)와 몇분이 공동으로 저작한 책이 있습니다. 「Are you nobody?」 아주 재미있는 책입니다. Are you nobody? - 당신은 하찮은 존재입니까? 하는 그런 제목의 책이 있는데요. 인간의 발전 혹은 성숙도에 대해서 이렇게 심리학적인 중요한 대답을 주고 있습니다. '사람은 3단계로 발전한다. 첫째, 비밀을 간직하는 망설임의 단계가 있다.' 이때 자기 정체의식이 출발이 됩니다. 말도 못하는 아이들도 어쩌다가 뭐 있으면 감춥니다. 뒤에다 딱 감춰 놓고 뻔히 아는데도 감춰 놓고서 생글생글 웃어요. 그때 짜릿한 걸 느끼거든요. 나만 아니까 나만. 이 순간은 나만 알고 있는 것입니다. 아이들이 숨바꼭질을 왜 그렇게 좋아합니까? "어디에 있니?" 그러면 "나 여기 있어." 그럽니다. 그러면서도 숨는 걸 좋아해요. 왜? 그 시간이 나만의 시간이니까. 그 비밀이라는 게 있어요. 깨끗한 마음입니다. 아주 행복해합니다. 나만의 내 생각만 가지는 그런 의식이 있어요.

둘째는 비밀을 공유하는 단계입니다. 아이들은 비밀을 갖고 있습니다. 조금 더 크면 "너와 나만 알자. 우리 둘이만 안다. 절대 비밀이다." 그래 놓고는 돌아다니면서 애길 하지. 어쨌든 좌우간 비밀을 공유하는 관계가 친구입니다. 친구란 비밀을 공유하는 동시에 그 공유 속에서 행복도 같이 나눕니다. 비밀도 함께하고 행복도 함께하고, 나와 너만. 그 짜릿한 행복을 둘만이 공유할 수 있는 것입니다. 셋째 단계는 하나님과 나와의 절대적 관계에서 비밀을 가집니다. 아무도 몰라도, 알 필요도 없고, 알 수도 없이 하나님과 나만의 거기에 행복이 있어요. 진정한 행복이 있어요. 이것이 무너지기 때문에 좋은 일 하면서 행복을 버리는 것입니다. 선한 일 한다고 한평생 하면서도 왜 이렇게 불평이 많습니까. 왜요? 이 비밀을 모르기 때문입니다. 사람이 알든 모르든 무슨 상관이 있습니까? 그게 뭐 그렇게 중요합니까? 하나님만 아시면 돼요. 아, 하나님은 분명히 아실 것이고, 하나님과 나만이 아는 아주 비밀입니다. 여기에 행복이 있어요. 동시에 여기에 기다림이 있어요. 하나님께서 알아서 해 주실 거다, 하나님께서는 아시니까, 그에게는 경륜이 있다, 그에게 능력이 있다, 다 알아서 보살펴 주실 것이다, 감사합니다, 감사합니다— 여러분 이런 행복, 이 기다림, 이 비밀 속에도 기다림이 있고, 기다림 속에 행복이 있더라 그 말입니다.

사도행전 10장에 보면 고넬료라고 하는 로마 사람 백부장이 있습니다. 전형적인 로마 군인입니다. 그런데 이 사람이 하나님 앞에 경건하게 살면서 기도하다가 천사의 지시로 하나님의 음성을 듣습니다. '베드로를 데려오라.' 또 베드로 역시 기도하는 중에 하나님의 지시를 받습니다. 이건 전부 하나님께서 하시는 일입니다. 그래서 고넬료와 베드로가 만납니다. 이건 있을 수 없는 일이지요. 당시의 문화 상황으로서는 불가능합니다. 한 사람은 유대사람이요, 한 사람은 로마 군인입니다. 안됩니다. 그 집에 들어가서도 안되고, 그 집에 유숙해도 안되고, 음식을 먹어도 안됩니다. 그런데 두 사람이 만납니다. 이건 비밀스러운 것입니다. 하나님께서 주선하셨어요. 하나님을 믿는 사람들의 행동입니다. 과감한 행동입니다. 그리고 보세요. 만나는 순간 그 고넬료가 베드로가 들어올 때에 온집으로 더불어 가서 무릎을 꿇고 인사를 합니다. 그 인사가 얼마나 경건했던지 베드로가 놀라가지고 일으키면서 '나도 사람이요 이러지 말라'고 그랬어요. 얼마나 경건했던지 말입니다. 그것도 사실은 베드로 보고 한 일이 아니지요. 하나님, 하나님 생각하고 베드로를 보니까 그렇게 된 것입니다. 또 그런가하면 또 온집안과 더불어 모여 앉아서 한마디

합니다. '지금 우리가 다 하나님 앞에 있습니다. 당신도 나도 우리 온 집안이 다 하나님 앞에 있습니다. 말씀하소서.' 얼마나 아름다운 시간입니까? 나는 우리 예배드릴 때마다 그런 생각을 해요. 그 예배드리기 위해서 준비하며 기도할 때마다 꼭 그 기도를 합니다. 우리 모두가 다 고넬료처럼 '다 하나님 앞에 있습니다. 말씀하소서.' 그런 자세이면 얼마나 좋을까? 그 사람만이 하나님의 음성을 들을 수 있고, 하나님과 나와의 신비로운 행복을 경험할 수가 있어요. 하나님 앞에 있는 마음입니다.

또 욥기에 보면 욥이 큰 고통을 당합니다. 몸과 가정과 세상과 명예와 모든것으로 말할 수 없는 고통을 당하고 있을 때 그는 23장 10절에서 말합니다. "오직 그가 아십니다." 내 이 답답한 사정을 주님만이 아십니다. 아무도 모릅니다. 내 앞으로의 될 일도 주님만이 아십니다. 또 14절에서 말합니다. '내게 작정하신 것을 이루실 것이다' 이건 무의미한 일이 아니다. 하나님의 큰 뜻 안에서 있는 일이니까, 하나님께서 이루고자 하시는 비밀한 뜻을 반드시 이룰 것이라고 확신합니다. 그리고 그 많은 고통을 참아냅니다. '하나님과 나만이 안다.' 은밀한 비밀을 간직하고 있었습니다. 고통도 나만이 압니다. 기쁨도 나만이 압니다. 아무도 모릅니다. 그러나 신앙인은 생각합니다. 하나님만이 아십니다. 나도 모르지만 그는 아십니다. '나는 아무리 생각해도 여기서 소망이 없는 것같은데 하나님께는 소망이 있습니다' 하는 마음입니다.

성경을 읽어보면 아주 행복했던 여자의 모습을 볼 수가 있습니다. 누가복음 7장 36절 이하에 보면 한 바리새인이 어떤 목적이든 간에 예수님을 오찬에 초대했습니다. 잔치에 예수님이 초대받아 가셨는데, 불청객 하나가 들어왔습니다. 어떻게 쑥 들어와 앉았는데 "한 여자가 예수님 앞에 가까이 가서 눈물로 발을 적시고……" 자세히 들어보세요, 머리털로 발을 씻고 그 발에 입을 맞춥니다. 그리고 향유를 부었습니다. 여러분, 이런 사건 봤습니까? 이렇게 해 보셨습니까? 그 어느 누구에게도 이러한 Ceremony는 없었습니다. 이런 일이란 상상도 못합니다. 발에 입을 맞추고 머리털로 발을 씻습니다. 이런 귀한 일이 있을 때 옆에 있던 바리새인들이 뭐라고 했습니까? '이 사람 선지자인 줄 알았는데 선지자가 아닌가봐.' '메시야인 줄 알았는데 하나님의 사람이 아닌가봐.' 왜? 저 여자가 얼마나 더러운 여자라는 걸 모르는 거 보니까. 아, 이 여자가 들어와서 저렇게 발을 만지면 '물러가라. 부정하다. 이 더러운 것아. 어디라고 들어왔냐? 물러가라.' 그렇게 거절해야 될 것인데 아마 차림새야 뭐 정성을 다해서 단장을 했겠지만, 그 여자가 누군지를 몰라보는 것 보니까 이건 아무래도 메시야가 아닌 것같다…… 뭐 이런 얘기를 수군수군합니다. 그 때에 예수님께서 말씀하십니다. '자, 봐라. 어떤 사람이 500데나리온의 빚을 졌고 한 사람은 50데나리온의 빚을 졌다. 둘 다 갚을 수가 없을 때에 주인이 탕감해 주었다. 불쌍히 여겨서 다 탕감해 주었으면 한 사람은 500데나리온, 한 사람은 50데나리온 탕감 받았는데 누가 더 주인을 사랑하겠느냐' 하고 질문하십니다. 그 때에 '아, 이거 상식 아닙니까? 많이 탕감 받은 자가 아니겠습니까?' '그렇지. 그렇다면 이 사람은 많은 죄가 사함 받았느니라. 저의 사랑함이 많음이니라' 하고 위로해 주십니다. 여러분, 그 순간을 생각해 보세요. 이 여자가 얼마나 행복했겠나. 아무도 모르지만 주님은 내 마음을 아셔요. 내 신분도 아셔요. 내 정성도 사랑도 아셔요. 그야말로 극치적인, Peak experience, 극치적인 행복을 경험했을 것입니다. ‘예수님 감사합니다.’ 여러분 생각해 보세요. 이거 비밀한 것입니다. 긴 말이 없고 긴 설명도 없어요. 그러나 이 여자의 마음속에 있는 그 은밀한 행복감, 아마도 그랬을 것입니다. 바울의 논법대로 말하면 ‘이대로 죽어도 좋다. 오늘이 나의 마지막 날이라도 좋다.’ 더는 바랄 것이 없는 그 큰 행복을 비밀하게 은밀하게 경험하고 돌아갑니다.

여러분 생각해 보세요. 고통도 기쁨도 나만이 알지요? 아닙니다. 하나님만이 아십니다. 그렇다면 우리가 구제할 때에 보상을 바라고 해서는 안됩니다. 오직 받은 마음, 은혜에 대한 보답으로 해야 돼요. 또 특별히 중요한 것은 사람에게 보이려고 해서는 안됩니다. 아니, 가능하면 사람에게 나타나지 않도록, 잘못된 동기가 작용하면 안됩니다. 하나님만 생각하고 은밀한 중에 하시면 은밀한 중에 보시는 하나님께서 그를 아시고 보상하실 것입니다. 하나 더 있습니다. 그러기 위해서는 구제받는 사람을 부끄럽게 만들면 안됩니다. 저를 존경하면서 해야 됩니다. 이 점이 중요합니다. 절대로 부끄럽게 만들어서는 안됩니다. 깊이 생각해 봅시다. 우리 어린이들도 뭘 줄 때 아주 웃으면서 좋은 마음으로 주어야 아이들이 받지요. 던져줘 보세요. 안받아요. 말도 못하는 아이도 이것은 알고 있어요. 정성을 다해야 됩니다. 부끄럽게 여겨서는 안됩니다. 자, 자존심을 짓밟아서는 안됩니다.

제가 북한에 갔을 때 어느 겨울에 추운 때입니다. 영하 18도. 참 추운 때에 봉고차 같은 차를 하나 몰고 넓은 벌판을 지나가고 있는데 두 사람이 배낭을 메고 식량을 구하려고 지금 고난의 행진을 하고 있어요. 가다가 차를 멈추고 태웠어요. 같은 방향이면 가는 데까지 태워주겠다고 가는데. 보니 아, 방한복이 좋아요. 방한복을 제대로 좋은 것으로 입었어요. "동무, 그 방한복이 아주 좋습니다." 그랬더니 "이거요? 남조선의 평화그룹에서 보내온 거야요." 그래요. "평화그룹에서 보내온 게 제일 좋아요." 그러더라고요. 그래서 가만히 있으면 좋았을 걸 옆에 있던 사람이 입빠르게 "동무, 평화그룹이 뭔지 아세요? 소망교회죠." 그러더라고요. 다 알고 있더라고요. 그런데 말은 이겁니다. '평화그룹에서 온 것이 제일 좋습니다.' 그래서 저는 무얼 좀 보낼 때 말합니다. 정성으로 하라고. 깨끗이 빨고 깨끗이 쓰고 가능하면 새 것이 좋고. 또 포장을 잘 하라고. 여러분, 이거 잊지 말아야 됩니다. 받는 사람이 조금도 거지 마음을 가지지 않도록 상대방을 존경하면서 인격을 깊이 생각하면서 자존심을 높이면서 도와줘야 돼요. 이게 은밀한 중에 하는 일입니다. 깊이 생각해야 됩니다.

여러분 아시는 대로 아나니아와 삽비라는 좋은 일 했어요. 땅을 팔아서 헌금했어요. 그러나 동기가 불순했어요. 사람에게 보이려고 하다가 두 내외가 다 죽었어요. 여러분, 깊이 생각해야 합니다. 만일 사람에게 보이려고 한다면 ─ 성경은 말씀합니다. "저의 상을 이미 받았느니라." '아페케인'이라고 하는 이 말의 뜻은 재미있습니다. 이거 상업용어입니다. 지불완료라는 뜻입니다. 이미 받았느니라, 혹은 영수증이라는 뜻이 되기도 합니다. 사람에게 칭찬을 받았으면 '지불완료', 끝났어요. 보상받을 거 없어요. 그런고로 우리는 당연하게 여기고 의무감에서 해야 합니다. 거저 받았으니 거저 줍니다. 또한 이것은 특권입니다. 하나님께서 내게 주신 특권을 감사하면서 주고요. 사랑하고 존경하는 마음으로 할 것입니다. 그래서 랍비의 교훈에 이런 말이 있습니다. '구제할 때에 너희의 구제금을 그 사람 등 뒤에다 두라.' 그래서 누가 주었는지 내가 누구를 주었는지 몰라야 한다. 그래야 구제라고 말합니다.

선교학에서 읽은 얘기입니다. 중국의 어느 때에 홍수가 났어요. 많은 사람이 물에 떠내려가고 있을 때 선교사 한 사람이 떠내려갔어요. 이건 이제 죽을 수밖에 없는데 그 지방에 사는 청년 하나가 그 강에 익숙해요. 이 사람이 뛰어들어서 이 선교사를 구출해 주었어요. 너무 고마워서 손을 붙들고 "감사합니다." 인사를 하면서 "내 일생 동안 잊지 않을 테고 위해 기도하고 보상하겠습니다. 제발 이름을 대 주세요. 누구십니까?" 그 때에 그 청년 훌쩍 떠나면서 하는 말이 "성경을 똑바로 보세요. 선한 사마리아 사람은 이름이 없습니다." 그러고 가더랍니다. 여러분, 정말로 하나님 앞에서 하는 일 행복합니다. 그런데 이 귀중한 행복을 상실하고 있고, 아니, 나아가서는 하나님의 영광을 도적질하고 있습니다. 그래 선한 일 하고 벌받은 사람 많아요. 정말로 많습니다. 돈을 내서 기념 예배당을 짓고 홀랑 망하는 사람도 봤어요. 왜요? 하나님의 영광을 자기가 가로챘잖아요. 여러분, 선한 일 할 때 그냥 내 손에서 떠나면 된다고 생각하지 마세요. 은밀한 중에 보시는 하나님께서는 은밀한 중에 보상하시는 신비로운 하나님이십니다. 그리고 하나님과 나만이 아는 행복, 여기에 귀한 의미가 있는 것입니다. 그런고로 '너희 아버지께서 갚으시리라' 말씀하십니다.   △

함께 나를 본받으라

형제들아 너희는 함께 나를 본받으라 또 우리로 본을 삼은 것같이 그대로 행하는 자들을 보이라 내가 여러 번 너희에게 말하였거니와 이제도 눈물을 흘리며 말하노니 여러 사람들이 그리스도 십자가의 원수로 행하느니라 저희의 마침은 멸망이요 저희의 신은 배요 그 영광은 저희의 부끄러움에 있고 땅의 일을 생각하는 자라 오직 우리의 시민권은 하늘에 있는지라 거기로서 구원하는 자 곧 주 예수 그리스도를 기다리노니 그가 만물을 자기에게 복종케 하실 수 있는 자의 역사로 우리의 낮은 몸을 자기 영광의 몸의 형체와 같이 변케 하시리라

(빌립보서 3 : 17 - 21)

함께 나를 본받으라

세상에서 가장 높다고 하는 8,884m의 에베레스트를 올라가는 등산가나 그 산을 정복했다고 하는 이들 참으로 위대하게 느껴집니다. 저는 몇해 전에 조그마한 산을 한번 올라가 봤는데요, 3,000m를 올라가니까 정신이 없습니다. 그 산을 올라가는 사람들 중에 빨리 걷는 사람이 아무도 없어요. 마치 수색 대원처럼 천천히 걸어갑니다. 그런데 그 중에 한 사람이 조금 조급해서 자기는 뭐 운동을 많이 하고, 정구도 많이 해서 자신 있다고 빨리 갔습니다. 그래서 좀 부럽기도 하고 그래 멀리서 봤는데 저 앞에 가서 쓰러지더니 들것으로 실려 내려갔습니다. 아, 3,000m만 돼도 이렇게 힘이 드는데, 에베레스트 그건 참 굉장한 겁니다. 이런 높은 산을 등산하는 등산가의 그 의지와 그 노력과 수고는 가히 칭찬받을 만합니다. 이를 위해서 얼마나 훈련을 많이 했겠고, 얼마나 공부를 했겠고, 그렇게 준비해서 그 큰 영광을 누리게 된다고 생각합니다.

그러나 우리가 잊고 있는 것이 하나 있습니다. 아무도 혼자 올라간 사람은 없습니다. 맨위에 먼저 올라가서 깃발 꽂고 만세 한번 불렀지만 바로 그 턱밑에까지 같이 데려가 준 사람이 있어요. 히말라야 산맥에서 등산대의 길 안내원을 하는 티베트 사람들이 있습니다. 그들을 '셰르파'라고 그럽니다. 셰르파라고 하는 이 사람들은 길에 익숙합니다. 일기변화와 산세에 아주 익숙합니다. 정통한 사람들입니다. 수없이 이 산을 오르내린 사람들입니다. 이 사람들의 뒤를 따라서 이 사람들이 안내하는 대로 산을 올라가는 것입니다. 셰르파의 인도를 받으며 등산해서 성공합니다. 영광은 등산가에게 있는 것 같지만 사실은 그 뒤에 있는 셰르파가 결정적으로 영광을 받아야 할 사람들이 아니겠습니까?

인생은 본을 따라 살고 어쩌면 본을 따라 살아야만 하는 숙명적 존재라고 생각합니다. 보세요. 부모님을 본받았고, 친구를 닮고, 선생님을 닮고, 나이들어서는 자녀를 닮습니다. 부모가 자녀를 또 본받아야 할 수밖에요. 계속적으로 배우며 의식, 무의식 속에서 계속 배워가고 있는 것이 사실입니다.

여러분, 그런 말이 있어요. 자녀를 키우면서 하도 부끄러워서 '나를 닮지 마라. 나를 닮지 마라. 제발 나를 닮지 마라.' 그랬더니 그 자녀가 커 가지고 자기와 똑같이 살면서 '나를 닮지 마라' 하는 말까지 똑같이 하더래요. 여러분, 어린아이들 자랄 때 방긋방긋 웃기 시작하면 사람들이 부모를 앞에 놓고 '아빠 닮았다, 엄마 닮았다' 합니다. 그러면 누구든지 자기 닮았다고 할 때 기분이 좋아요. 그러나 조금 크기 시작하면 얘기가 달라집니다. '제발 나를 닮지 말아다오. 제발 나를 닮지 말아다오.' 닮을까봐 걱정이지요. 너무 닮아가는 게 무서워요. 그러나 닮는 걸 어찌하겠습니까? 이것이 현실입니다.

현대에는 본받을 사람이 없답니다. 초등학교 학생들에게 '너희들이 본받을 존경하는 사람이 누구냐?' 하고 물어보면 옛날엔 그런대로 누구라고 말했어요. 지금은 아무도 없답니다. 가만히 있다가 자꾸만 재촉해서 물으면 '이순신 장군이요.' 말한답니다. 그 외에 아무도 본받을 사람 없다, 이것입니다. 이러니 이 아이들의 갈 길이 어찌 될 거같습니까? 참으로 답답한 일입니다.

셰익스피어는 위인에게로 가는 3가지 유형이 있다고 합니다. 첫째는 '나면서부터 위대한 사람이 있다.' 그 DNA가 말이지요. 둘째는 '노력해서 위대해지는 사람이 있다.' 셋째가 중요합니다. '강요당한 위대한 사람이 있다.' 강요당했다고 하는 말의 깊은 뜻을 한번 생각해 보세요.

제가 인천에서 목회할 때 일생 잊을 수 없는 특별한 경험을 한번 했습니다. 그때는 심방을 많이 할 때인데 어느 가정에 심방을 갔습니다. 보니까 벽에 큰 캘린더가 있는데 그 날짜에다가 빨갛게 동그랗게, 동그랗게 칠해 놓았어요. 이게 궁금해서 저게 뭐냐고 물어보았더니, 이 집 아버지가 술을 좋아하는데 아, 보통 때는 그렇게 좋은 아버지인데 술만 들어가면 이건 뭐 말이 아닙니다. 집에 돌아와서 부인에게도 잘못하고 애들에게도 마구 발길질하고 아주 못됐어요. 술만 깨고 나면 또 후회를 해요. '다시는 안그럴게. 다신 안그럴게.' 그래서 아이들이 아버지 술 먹고 들어오는 날을 그렇게 동그랗게 칠했더라고요. 그런데 전부 동그래요. 그 아버지가 결국은 술로 죽었어요. 죽을 때 내가 임종을 봤어요. 뭐라고 그랬는지 아십니까? 아들 둘 앞에 놓고, '술 먹지 마라' 하고 죽었어요. 그런데 그 아들 중에 하나가, 제가 이름은 대지 않겠습니다, 낮에 고등학교 다니고 밤에는 성경학교를 다녔는데, 아주 정직하고 신실해서 아버지처럼 안되겠다고 한 그렇게 착실한 학생이 하나 있었어요. 그래서 제가 아주 특별하게 위해줬는데 대학을 들어갔어요. 연세대학교를 들어갔는데 대학 2학년 때부터 술을 먹기 시작합니다. 아, 어느날 비가 막 쏟아지는데 누가 문을 두드려요. 문을 열어보니까 이 청년이 술이 만취돼가지고 비를 맞으면서 거기 서 있어요. "목사님, 피는 못속입니다." 그 후회되는 가운데 술을 못끊고 이렇게 술이 만취돼가지고 목사의 집에 들어온 것입니다. 여러분, 그렇게 닮지 말자 닮지 말자 하면서도 나이드니까 딱 닮더라는 것입니다. 이 무서운 것입니다.

오늘본문에 보면 사도 바울은 말씀합니다. "나를 본받으라. 나를 본받으라." 어찌 생각하면 좀 교만한 것같이도 느껴집니다. 그러나 그렇지 않습니다. 이것이 진리요, 이것이 원리요, 이것이 생활 기본입니다. 확실한 고백입니다. 당연히 그러해야 합니다. '나를 본받으라.' 거기서부터만 교육이 이루어집니다. '나를 닮지 마라.' 그건 소용없습니다. '제발 그러지 말아다오.' 아무 소용 없습니다. 나를 본받으라. 거기까지만 교육이 통한다는 말입니다. 사도행전 26장 29절에 보면 사도 바울은 위대한 말씀을 합니다. 재판받으면서 하는 말씀입니다. "모든 사람이 나와 같기를 바랍니다." 여러분, 가만히 생각해 보세요. 이게 얼마나 위대한 말입니까? 얼마나 확실한 고백입니까? 바울은 스스로 만족합니다. 그는 위대하기를 강요당한 사람입니다. 빌립보서 3장 12절 말씀대로 "그리스도께 잡힌바 된 것을 잡으려고 좇아가노라." 본래 가졌던 생각 다 버리고 그리스도의 포로가 됐습니다. 강요당한 사람입니다만 강요당한 바를 그는 선택합니다. 그리고 후회 없이 삽니다. 목적도 가치관도 최종 결과도 그 푯대도 다 강요당한 것입니다. 그러나 이제는 본받으면서 그것이 나 자신이 됩니다. 고린도전서 11장 1절에서 말씀합니다. "내가 그리스도를 본받는 자 된 것같이 너희는 나를 본받으라." 그리스도 자신도 바로 사도 바울의 본이 될 것입니다. 바울은 그리스도를 본받으려고 애썼습니다. 그래서 빌립보서 3장 여기서도 조금 거슬러 올라가보면 그렇게 말씀합니다. "어찌하든지 그리스도의 죽으심을 본받아 부활에 이르려 하노니……" 보세요. 그리스도처럼 죽으려고 했어요. 그것이 사는 길이니까. 그것이 바로 사는 길이니까. 그리스도처럼, 그리스도처럼 죽으려고까지. 이것이 사도 바울의 철저한, 그리스도를 본받는 생활이었습니다.

그리고 성취감도 있었고, 만족감도 있었습니다. "너희 믿음과 제물의 봉사 위에 내가 나를 관제로 드릴지라도 기뻐하리라." 내 피를 쏟아 부어도 나는 행복하다고 고백하기도 합니다. '모든 사람이 나와 같기를 바란다.' 얼마나 귀중한 말씀입니까? 확실한 본을 보였습니다. 고린도서에는 누차 말씀합니다. 사도행전 20장에서도 말씀합니다. "내가 너희에게 본을 보였노라. 본을 보였노라." 역시 강요당한 생활입니다. 그러나 당연한 것입니다. 목적에 있어서 본을 보였습니다. 충성에 있어서 본을 보여 주었습니다. 아니 행복감에 있어서 본을 보였습니다. 그리고 "그리스도의 날에 너희는 나의 자랑이 되고 나는 너희의 자랑이 되리라." 그의 종말론적 소망에 대해서 본을 보였습니다. 여러분, 잊지 맙시다. 본이란 말로 되는 것이 아닙니다. 교육이론도 아닙니다. 오로지 행동입니다.

여러분, 자녀교육을 어떻게 하십니까? '이래라 저래라, 저래라 이래라' 하루종일 말해도 소용없습니다. 눈으로 본 것 만큼만 행합니다. 행동만이 본이지 말은 본이 아닙니다. 그래서 말많은 여자들이 자식을 망치는 것입니다. 말많은 사람의 아이들이 마지막에 지겨워서 그런답니다. '빨리 커서 가출해야지. 못살겠다 이거…… 정말 지겨워 못살겠다. 아, 빤한데 말이야. 저런 거짓말을 하고 있다.' 안그렇습니까? 행동만이 본이 될 수가 있는 것이지. 말은 본이 되질 않아요. 또 뿐만 아니라 어떻게 사느냐? 어떻게 자기 부정을 하느냐? 어떻게 정직하냐? 무엇을 위해 사느냐? 아이들은 다 보고 있습니다.

빤하게 쳐다보고 있습니다. 여기에 무슨 말이 필요합니까? 오직 행동입니다.

둘째는 마음입니다. 따뜻한 마음입니다. 마음가짐이 바로 본입니다. 이걸 잊지 말아야 합니다. 마음이 이어지는 것입니다. 여러분, 개를 쓰다듬으면서 영어로 'I hate(부드럽게) you.' 내가 너를 미워한다 하면 개가 좋다고 꼬리를 칩니다. 투덕투덕 이렇게. 그런데 이 개를 보고 'I love(강하게) you.' 하면 콱 뭅니다. 사랑한다고 했느냐, 미워한다고 했느냐가 중요한 게 아닙니다. 얼굴빛이 중요해요. 얼굴빛이 어떤가 어떤 마음가짐이냐. 이것이 중요해요. 어떤 얼굴이냐. 요새 그런 재미있는 책 제목이 하나 있습니다. 「얼굴경영학」— 얼굴로 경영이 평가되는 것입니다. 기술도 아니고 능력도 아닙니다. 마음입니다. 여러분, 자녀들 그 어린아이들은 뭐 말도 못하는 것같아도 얼마나 눈치가 빠른지요. 자기에게 따뜻하게 대해주는 사람에게는 언제나 마음을 열고 웃어주지만 딱 보고 아니면 틀립니다. 여러분, 죄송하지만 혹시 개를 만나서 개가 짖거든 회개하세요. 개가 먼저 알거든요. 수상한지 뭔지 내 마음을 저 놈이 읽고 있어요. 아시겠습니까? 또 하나 말할까요? 화초가 잘 자라거든 괜찮지만 화초가 죽거든 회개하세요. 내 마음에 독을 품었기 때문에 화초가 죽는 것입니다. 부부싸움 하고 화초를 만지면 화초가 죽어요. 아, 그렇다면 그런 줄 알아요. 이상 생각할 게 없어요. 아시겠어요? 심지어는 화초도 좋은 클래식 음악을 조용하게 틀어주면 잘 자라요. 이게 록뮤직을 틀어주면 죽는다니까요. 알아서 하세요. 보세요. 내 얼굴빛이 어떻게 비춰지고 있나. 어떻게 느낌이 전달되고 있나. 요새 젊은 사람들 말대로 Feel 이 어떻게 작용하고 있나. 본은 가슴의 문제입니다. 머리의 문제가 아닙니다.

　그런가하면 아시는대로 사랑하면 자연스럽게 본받게 됩니다. 별다른 노력이 필요가 없어요. 어느 사이에 벌써 닮아가고 있어요. 조금씩, 조금씩 닮아가고 있어요. 존경하고 사랑하면 나도 모르게 얼굴까지 닮아가요. 행동도 닮아갑니다. 그런 생각 합니다. 가끔 음식을 같이하러 갔을 때, 식사할 때 내가 이렇게 보고 있는데, 부부간에 남편이 이걸 먹겠다고 하는데, 부인은 안먹겠대요. '아, 이거 좋은데.' 그러니까 '당신이나 해. 안먹어. 나는 이거 먹어.' 뭐 서로 이렇게 말하는 걸 가만히 보면, '저거 30년을 살았는데 아직도 입맛이 통일되지 않았구나.' 그런 생각을 해요. 여러분 어떻습니까? 연애해보면 알지만 한참 뜨거운 때는 그저 그야말로 항상 대답은 똑같아요. '주여 뜻대로.' 그저 '이 사람이 먹겠다고 하면 나도, 당신 좋은 거 나도 좋아요.' 그런 때가 한번 있었지. 그러나 어느새 평행선을 가고 있어요. 왜? 사랑과 존경이 없어서입니다. 이상하게도 저 사람이 좋아하는 건 내가 싫어요. 이것도 못말리는 거지요. 어떻게 되면 좋겠어요? 그러니 본받을 수 있겠어요? 본이란 억지로 되는 게 아닙니다. 자연스럽게 사랑하고 존경하면 본을 받습니다.

　누가 나보고 재밌는 농담을 한번 하더라고요. "목사님, 아침에 넥타이 맬 때 생각을 좀 하십니까?" "무슨 생각?" 했더니 "목사님께서 어떤 넥타이 매느냐에 따라서 참 많은 사람이 같은 걸 맵니다. 목사님을 존경하다 보니까 목사님이 매는 넥타이가 좋아서." 아, 그거 좋은 마음입니다. 그렇지 않습니까? 사랑하고 존경하면 닮는 것입니다. 아주 자연스러운 것이고, 어려운 것이 아닙니다.

　사도 바울이 예수를 따라 사는 것이 힘든 일이 아니었어요. 또 다시 우리에게 말씀합니다. "나를 본받으라." 얼마나 굉장한 얘기입니까? 강요된 본을 그는 자원했고, 만족했습니다. 죽으심까지 본받으려고 했습니다. 그리고 행복했습니다. 만족했습니다. 그러기에 또다시 우리에게 말씀합니다. "내가 그리스도를 닮으려고 애쓴 것같이 너희는 함께 나를 본받으라." △

그 중에 제일되는 것

내가 어렸을 때에는 말하는 것이 어린아이와 같고 깨닫는 것이 어린아이와 같고 생각하는 것이 어린아이와 같다가 장성한 사람이 되어서는 어린아이의 일을 버렸노라 우리가 이제는 거울로 보는 것 같이 희미하나 그 때에는 얼굴과 얼굴을 대하여 볼 것이요 이제는 내가 부분적으로 아나 그 때에는 주께서 나를 아신 것같이 내가 온전히 알리라 그런즉 믿음, 소망, 사랑, 이 세 가지는 항상 있을 것인데 그 중에 제일은 사랑이라

(고린도전서 13 : 11 - 13)

그 중에 제일되는 것

제가 잘 아는 한 사업가가 있습니다. 사업이 잘되어서 일취월장 했습니다. 너무 잘됐습니다. 부인인 여집사님은 너무 걱정이 돼서 "꼭 그렇게까지 확장을 해야 되겠어요?" "그렇게까지 돈을 많이 벌어야만 되겠어요?" "넉넉한 것같은데 조금 자중하면 어떻겠어요?" 말했지만 남편은 "사업에 대해서는 입 다물어. 그건 내가 하는 거야." 그렇게 말하면서 사업을 더 확장해 나갔습니다. 어느날 연쇄부도가 나면서 회사가 망하게 됩니다. 가지고 있는 집 한 채까지 다 날려버릴 정도가 됐습니다. 완전히 망해서 좌절하여 집으로 돌아오는 밤중에 걱정이 생겼습니다. 아내의 얼굴을 볼 수가 없고, 아이들을 볼 수가 없다는 그 말입니다. 해서 집 밖에서 맴돕니다.

빙빙 돌다가 통행금지 직전에 그래도 노숙할 수는 없어서 집으로 들어섰더니 집에 불이 환하게 켜져 있습니다. 안팎으로 환해서 이게 웬일인가 하고 들어섰는데 부인은 한복으로 잘 차려입고 나오더니 "어서 오세요." 말합니다. 깜짝 놀랐습니다. 하지 말라고 말릴 때 왜 말 안들었느냐고 원망할 줄 알았는데 아닙니다. 들어오라고, 왜 이렇게 늦게 오느냐고 하면서 맞아주었습니다. "앉으세요." 그러고는 그대로 손을 잡고 기도합니다. "내가 당신을 잘 내조하지 못하고, 당신의 마음을 감동시키지 못해서 그 끝없는 욕심을 꺾지 못해서 오늘 어려움을 겪게 됐으니 다 제게 잘못이 있습니다." 둘이 붙들고 그야말로 한없이 울었는데, 본인 말대로 치마폭에 싸여서 울었다고 합니다. 그 부인은 이렇게 말했답니다. "나는 당신을 믿습니다.

당신은 다시 일어날 수 있습니다. 걱정하지 마세요." 이 말 한마디가 그지없이 고맙고 거기서 큰 사랑을 느꼈답니다. 화려하게 결혼식 할 때 뭐 사랑한다고 하는 것 다 풋내기적 소리이고 자기 일생에 그 때처럼 아내의 사랑을 강하고 크게 느껴본 일이 없다고 합니다. 그리고 그 후에 다시 일어나서 큰 사업가로 일하게 됩니다.

지금 이 얘기는 본인으로부터 몇 번 들었는지 모릅니다. 그저 못들은 척하고 또 들어주고 또 들어주고 했습니다. '세상에 제 마누라 자랑하는 것 그만해라.' 그러면서 들어주었으나 생각하면 생각할수록 중요한 것입니다. 여러분은 사랑을 어느 때 느낍니까? 사업이 잘돼서 축하 파티 할 때입니까? 아닙니다. 성공해서 많은 사람으로부터 화환을 받고 뭐 그럴 때요? 아닙니다. 어쩌면 사랑이라는 이 신비로운 것은 가장 어려운 때, 병들고 실패하고 어려울 때, 그 때 가서 절절하게 느껴집니다. 어찌 생각하면 사람은 일생동안 사랑 공부를 한다고 할 수 있어요.

오늘 성경 말씀에는 우리에게 주는 중요한 말씀 한마디가 있습니다. "이 세 가지는 항상 있을 것인데……" 이게 무슨 말씀입니까? 다른 건 다 없어도 이 세 가지는 있어야 해요. 항상 있어야 하는 것, 항상 있어야 하는 것! 집도 없어질 수 있어요, 명예도 없어져요, 건강도 없어져요. 다 없어져도 이 세 가지는 있어야 해요. 항상 있을 것. 어쩌면 이 세 가지를 위해서 나머지는 있기도 하고, 없기도 하고, 날려버리기도 하고, 망하기도 하고 그러는 것 같아요.

여러분 아시는 대로 가장 인간적인 절절한 휴머니즘, 사랑을 어떻게 묘사합니까? 작가들은 한 결로 말합니다. 여러분, 혹 드라마를 보십니까? 드라마에 보면 서로 사랑의 소통이 잘 안되어서 말썽을 부리곤 합니다. 그런데 저는 한 수 높이 생각합니다. '저 놈은 이제 차사고가 나야 돌아오겠구나.' 그러면 아니나다를까 '꽝'하고 병원에 입원해서 그때 가서야 비로소 사랑을 느끼고, '어머니'라고 부르고 하는 것을 볼 수가 있어요. 고난과 역경이라는 것이 사람을 사람 되게 합니다. 믿음, 소망, 사랑은 항상 있어야 합니다. 항상 있을 것이다, 항상 남아 있어야 하고, 아니, 이것을 위하여 모든 일이 사건으로 일어납니다.

믿음, 소망, 사랑. 여러분, 믿음의 반대말은 불신이 아닙니다. 불안입니다. 소망의 반대말은 절망입니다. 사랑의 반대말은 허무와 고독입니다. 사랑이 없는 일은 허무한 것이요 아무 소용 없는 것입니다. 사랑이 있어야만 아니, 사랑을 더 크게 느낄 수 있어야만 사건은 의미가 있는 것입니다. 깊이 생각해야 합니다.

어떤 어린아이가 3층집 아래층에서 낮잠을 자는데 불이 났어요. 건물에 불이 날 때 이 아이는 잠이 깨어서 아무 생각 없이 옥상으로 올라가 버렸어요. 2층, 3층, 꼭대기 옥상에 올라가서 울고 있습니다. 소방대원들이 와서 불을 끄다가 이 모습을 보고 담요의 네 귀를 붙들어 펴놓고 "뛰어내려라. 이것밖엔 길이 없다. 뛰어내려라, 뛰어내려라" 소리쳐보지만 아이는 안뛰어내립니다. 그냥 울기만 합니다. 밖에서 돌아오던 어머니가 이것을 보고 다정하게 그러나 목소리를 높여서 소리를 지릅니다. "엄마 여기 있다. 뛰어내려라." 그러니까 3층 높이에서 이 아이가 용기를 내면서 "엄마~" 하고 척 뛰어내리더랍니다. 사랑의 음성이 들릴 때 용기가 생깁니다. 창의력이 발동합니다. 생명력이 작용합니다. 이것이 사랑의 신비입니다.

여러분, 하나님 편에서 한번 생각해 보실까요? 하나님이 세상을 이처럼 사랑하사 독생자를 주셨다고 말씀합니다. 여러분은 어찌 생각하십니까? '사랑하사 독생자를 주셨다고? 아니, 나를 사랑하시면 돈보따리를 주셔야지. 내 소원을 이루어주셔야지. 내게 필요한 건강을 주셔야지.' 내가 원하는 것들이 많은데 이것은 안주시고 독생자를 주셨다고 말씀합니다. 하나님의 아가페 사랑의 계시는 저 십자가에 있습니다. 그리고 쳐다보라고 말씀하십니다. 자, 우리는 내 욕심대로만 되어야 한다고 생각하면서 이 좁은 손바닥을 펴들고 여기다가 놓아 달라고 몸부림을 치지만 하나님은 아닙니다. 독생자를 주시고 '이처럼 사랑한다. 내가 너를 이처럼 사랑한다.' 이렇게 말씀하고 계십니다. 사랑의 계시 사건입니다. 이 거룩한 계시의 사랑을 우리가 받아들여야 하고 우리가 이행하여 바른 응답을 해야 하고, 바른 관계에 서야 합니다. 그래서 하나님은 우리에게 믿음을 원하십니다. 믿음이란 참으로 중요합니다. 사랑은 믿음입니다. 사랑에 대한 믿음입니다. 믿음은 사랑을 받아들이는 것이고, 사랑을 효과 있게 하는 것이고, 사랑을 능력되게 하는 것입니다. 사랑을 믿어야 합니다.

참 우스운 이야기입니다. 돈많은 부잣집 외동딸이 시집가기가 어렵대요. 왜 그런가 하면, 연애가 돼서 어떤 남자가 찾아와 아주 좋은 느낌을 가지고 'I love you' 하면 이쪽에서는 어때야 되겠습니까? 'Thank you'—'고맙습니다' 해야 하는데, '내가 부잣집 딸인 줄 아는 모양이지. 야, 어림도 없다.' 이런 생각을 하는 동안 좋은 남자 다 놓칩니다. 그 많은 남자들의 고백 속에는 진짜도 있는데 그 진짜 사랑마저 믿지를 않고, 아니, 그 변변치 않은 돈보따리 때문에 사랑을 받아들일 수가 없고, 사랑을 믿을 수가 없으니 말입니다. 그저 어느 때라도 사랑은 꼭 믿어야 합니다. 흔히 말하지 않습니까? '사랑은 믿어야 하는데, 믿어야 하는데……' 그래서 결혼을 하는데 말입니다. 어떤 책에는 재미있는 말을 썼습니다. '사람은 한번 실수를 해야 결혼을 한다.' 그게 무슨 뜻이냐? 사랑을 믿었거든요. 딱 한 번이라도 믿었어야 돼요. 그래야 결혼이 되는데 '안믿어. 못믿어. 내가 왜 믿어.' 그러면 사랑은 없습니다. 그 사람에게는 사랑은 없습니다. 영영 사랑을 모릅니다. 사랑의 신비는 모릅니다. 자, 얼마나 중요한 말입니까? '사랑은 믿을 때에 사랑이 사랑이다.' 그렇게 생각해야 됩니다. 그래서 신학적으로 분석해보면 요한은 '사랑은 영접하는 것이다'— "믿는 자 곧 그 이름을 영접하는 자"라고 말씀합니다. 영접하는, receiving은 사도 바울에게 있어서는 기다림입니다. 베드로에게 있어서는 즐거움입니다. rejoicing. 행복입니다. 이것이 바로 믿음입니다.

소망을 생각해 볼까요. 38년간 베데스다 못가에 누워 있는 환자가 있습니다. 그런데 그 환자를 찾아가서 예수님께서 질문을 하셨는데 그 질문이 좀 어이가 없습니다. 얼핏 생각하면 38년 동안을 간절히 기다리면서 연못가에 나와서 혹시나 어떤 기적이 나타날까 하는 그 사람을 보고 "낫고자 하느냐?" 물으십니다. 아니, 세상에 낫고자 하지 않는 환자가 어디 있습니까? 그러나 주님의 이 질문에는 중요한 의미가 있습니다. 38년 동안 실패했거든요. 그런데 아직도 낫고자 하느냐?

여러분, 가난도 문화라고 하는 문화인류학의 원리가 있습니다. 가난도 하나의 culture, 문화입니다. 가난에 젖어 살기 시작하면 가난에서 헤어나기를 원치 않습니다. 이대로가 좋거든요. 아시겠습니까? 여러분, 우리 병드는 것도 그래요. 아이들 병들어서 병원에 가면 얼마동안 병원에 있는 동안 아버지 어머니가 잘해 주시잖아요?

그 다음에는 병 낫는 게 싫어요. 아, 나아서도 안나은 것처럼 합니다. 왜요? 그게 좋으니까. 거기에 젖어 있어요. 타성이 붙었어요. 가난도 문화입니다. 이걸 우리가 생각하게 됩니다. 예수님 말씀하십니다. "지금도 낫고자 하느냐?" 소망을 묻습니다. 대단히 중요한 말씀이지요. 소망을 가져야 합니다. 마르다와 마리아에게 예수님 말씀하십니다. 오빠가 죽었다고 울고 있는 마르다에게 말씀하십니다. "네 오라비가 살리라." 이 말씀을 받아들이기가 그렇게 어려웠습니다. "네 오라비가 살리라" 하신 말씀에 '아멘.' 그렇게 대답하질 못하고 "마지막 날에 살 겁니다"라고 말합니다. 이 얼마나 엄청난 불신입니까? "네 오라비가 지금 살리라." 이렇게 받아들이지를 못했어요. 이 소망이 중요합니다.

　한국 전쟁 때 있었던 실화입니다. 미국의 샌디에이고 외곽지역에 아주 으리으리한 저택이 있었습니다. 그 저택에 아침 일찍이 전화가 걸려 왔습니다. "여보세요" 하고 보니 한국 전쟁에 나가 있는 아들의 목소립니다. 깜짝 놀라서 어머니가 "아이고 이놈아, 온다고 하더니 빨리 집에 오지 않고…… 어떻게 전화만 걸고 있느냐?" "아, 지금 제가 가까운 호텔에 있습니다. 곧 가겠습니다." "빨리 오너라." 그 때 아들은 조용히 이렇게 말합니다. "어머니, 잘 들어 주세요. 제가 전쟁 통에 좋은 친구를 하나 사귀었습니다. 일생 동안 같이 있고 싶은 친구를 사귀었는데, 이 친구가 크게 부상을 입었습니다. 실명을 했고, 다리도 하나 잘렸고, 팔 하나가 없습니다. 그런 불쌍한 내 친구가 있는데 너무너무 사랑스러운 친구라서 제가 이 친구를 데리고 가서 최소한 1년이라도 우리 집에서 같이 살고 싶은데 어머니, 어떻게 생각하십니까?" 어머니는 대답했습니다. "얘야, 그건 감상적인 애기다. 그렇게 어려움을 당한 친구를 데려다 놓고 하루 이틀은 괜찮겠지만 오랫동안 같이 지내다 보면 모처럼의 그 친구관계도 나빠질 수 있을 것이다. 그런고로 데리고 오지 않는 것이 좋지 않겠느냐" 그랬습니다. 그러자 이 아들은 "잘 알았습니다" 하고 전화를 끊었습니다. 하루를 지나 그 다음날 이 집에 전보가 도착했습니다. 미 해군 본부로부터 온 전보입니다. "당신의 아들이 12층 호텔에서 투신자살을 했습니다." 그건 자기 친구 애기가 아니고 자기 애기였습니다. '내가 이렇게 실명하고, 이렇게 다쳤는데 내가 집에 들어갈 때 어머니가 정말 나를 사랑해 줄 수 있겠습니까?' 하는 말을 이렇게 돌려서 자기 친구 애기처럼 했던 것입니다. 그런데 처음에는 좋겠지만 얼마동안 지내다 보면 얼마나 서로가 불편하겠느냐고 말할 때 '잘 알았습니다' 하고 세상에서 목숨을 끊었습니다. 여러분, 사랑이라는 게 뭡니까? 사랑은 허물이 있을수록 더 소중하고요, 약할수록 더 사랑하는 것입니다. 병든 자식을 더 사랑하는 것입니다. 이걸 잊지 말아야 합니다.

어떤 아버지가 아들 둘을 놓고 책망을 합니다. 동생이 원체 말을 안들어요. 아버지가 밖을 나간 다음에도 말을 안들으니까 형이 동생을 때리면서 "이 놈아, 너 그렇게 못되게 놀면 아버지가 너를 미워한다." 이렇게 말했습니다. 아버지가 문밖에서 그 소리를 들었습니다. 문을 확 열고 이렇게 말했습니다. "너, 말조심해라. 나는 너희 둘을 다 사랑한다. 말을 잘 들으면 좋은 마음으로 사랑하고, 말을 안 듣고 말썽을 부리면 아픈 마음으로 사랑한다. 사랑하는 건 마찬가지다. 그건 변함이 없다." 동생 녀석이 문 열고 나가면서 "그것 봐." 그러더라고요. 사랑은 병든 자식을 더 사랑하고, 집 나간 자식을 더 사랑하는 것입니다. 실패한 자식을 더 사랑하는 것입니다. 아시겠습니까?

여러분, 믿음으로 우리는 구원을 얻었습니다. 그 사랑을 믿음으로써 구원을 얻었습니다. 그리고 사랑받은 자가 되었습니다. 십자가의 깊은 의미가 여기 있습니다. 사랑은 사랑의 대상을 창조하는 것입니다. 제가 늘 외우는 칼 바르트(Karl Barth)의 신학이론 한마디가 있습니다. "God's love does not find the object, but creates." 유명한 얘기입니다. '하나님의 사랑은 사랑의 대상을 찾아 헤매는 게 아니고 대상을 창조하는 것이다. 사랑하는 자로 만들어가는 것이다.' 사랑을 받았느니 안받았느니, 그건 사랑 아닙니다. 사랑의 눈으로 봅니다. 사랑의 마음으로 대합니다. 사랑의 시선으로 볼 때에 무한한 가능성이 있는 것입니다. 십자가 속에서 말씀하십니다. 예수님께서는 믿으셨습니다. "아버지께서 내게 주신 잔을 내가 마시지 않겠느냐." 요한복음 18장에서 말씀하십니다. 십자가였습니다. 그 십자가 사건을 아버지의 사랑으로 받아들입니다. 부활의 아침을 바라봅니다. 거기에 소망이 있습니다. 십자가 위에서 말씀하십니다. "저들의 죄를 사하여 주옵소서." 이것이 사랑입니다. 믿음, 소망, 사랑은 항상 있어야 합니다. 이것이 없으면 아무것도 아닙니다. 그런데 그 중에 제일은 사랑입니다.

옛날 교회에서 설교할 때 비사를 써서 말씀하는데 옛날 어른들 잘 알아듣도록 말씀한 그 이야기를 늘 기억하고 있습니다. 여러분, 우리는 지금 그런 걸 보지 못하지만 옛날에는 가마꾼이라는 게 있지 않았어요? 신부인 색시가 여기에 타고 있고 앞에 가마꾼이 가마를 들고 갑니다. 앞에 있는 가마꾼, 뒤에 있는 가마꾼, 그리고 가운데 가마에 색시가 탔어요. 이렇게 가마가 갑니다. 이 장면을 가만히 생각해 보세요. 앞에 있는 자는 저 앞을 보면서 갈 곳을 생각하며 방향을 보면서 갑니다. 소망. 뒤에 있는 사람은 앞에서 이끄는 대로 그냥 아무것도 못보고 따라갑니다. 믿음. 그리고 소망과 믿음은 천국 문에서 끝나고 그 다음에는 색시가 안으로 들어갑니다. 오직 사랑만이 하늘나라에는 존재한다고. 그렇습니다. 믿음, 소망, 사랑, 그 중에 제일은 사랑입니다.

　여러분, 이 사랑이라는 것은 헬라말로 '아가페'입니다. 우리가 혈족의 사랑, 가정의 사랑을 '스톨게'라고 하고, 친구의 사랑을 '필로스'라고 하며, 이성의 사랑을 '에로스'라고 하는데, 오늘 여기에서 말씀하는 사랑은 '아가페'입니다. 오직 사랑. 이 세 가지는 항상 있어야 합니다. 믿음, 소망, 사랑. 그 중에 제일은 사랑입니다. 여러분, 사랑을 얻었으면 성공한 것입니다. 사랑을 잃었으면 다 실패한 것입니다. 점점 소망의 세계가 밝아지면 성공한 것입니다. 소망의 별빛이 보이지 아니한다면 그 사랑은 사랑이 아닙니다. 여러분, 믿어집니까? 엄청난 말도 믿어집니까? 그렇습니다. 믿어지면 사랑입니다. 의심이 갑니까? 정말 믿을 것이 하나도 없습니까? 당신은 사랑을 잃어버렸습니다. "믿음, 소망, 사랑, 이 세 가지는 항상 있을 것인데 그 중에 제일은 사랑이라."　△

이 사람의 신앙고백

　　주께서 내 장부를 지으시며 나의 모태에서 나를 조
직하셨나이다 내가 주께 감사하옴은 나를 지으심이
신묘막측 하심이라 주의 행사가 기이함을 내 영혼이
잘 아나이다 내가 은밀한 데서 지음을 받고 땅의 깊
은 곳에서 기이하게 지음을 받은 때에 나의 형체가
주의 앞에 숨기우지 못하였나이다 내 형질이 이루기
전에 주의 눈이 보셨으며 나를 위하여 정한 날이 하
나도 되기 전에 주의 책에 다 기록이 되었나이다 하
나님이여 주의 생각이 내게 어찌 그리 보배로우신지
요 그 수가 어찌 그리 많은지요 내가 세려고 할지라
도 그 수가 모래보다 많도소이다 내가 깰 때에도 오
히려 주와 함께 있나이다 하나님이여 주께서 정녕히
악인을 죽이시리이다 피 흘리기를 즐기는 자들아 나
를 떠날지어다 저희가 주를 대하여 악하게 말하며 주
의 원수들이 헛되이 주의 이름을 칭하나이다 여호와
여 내가 주를 미워하는 자를 미워하지 아니하오며 주
를 치러 일어나는 자를 한하지 아니하나이까 내가 저
희를 심히 미워하니 저희는 나의 원수니이다 하나님
이여 나를 살피사 내 마음을 아시며 나를 시험하사
내 뜻을 아옵소서 내게 무슨 악한 행위가 있나 보시
고 나를 영원한 길로 인도하소서

(시편 139 : 13 - 24)

이 사람의 신앙고백

　뉴욕 타임즈가 발표한 베스트셀러 가운데 아마존 출판사에서 나온 아주 흥미있는 책 한권이 있습니다. 「You the Owner's Manual」이라고 하는 책입니다. 우리말로 옮겨서 「내 몸 사용 설명서」입니다. 나라고 하는 존재에 대한 사용 설명서—왜냐하면 많은 사람들이 자기 인생, 자기 몸, 그거 하나 제대로 모르고 있다는 것입니다. 뭘 많이 아는 것처럼 하지만 정작 자기 몸 하나를 제대로 모르고 바로 관리하지 못하고 있더라는 것입니다. 그래서 의약분야의 권위자들이 모여서 쓴 아주 유명한 책입니다. 자기 몸을 어떻게 관리해야 하나, 이 소중한 몸 하나를 어떻게 관리해야 가장 효과적이고 성공적인 생을 살 수 있을까에 대답하는 책입니다. 그런데 이거 읽어봐야 별애기는 없습니다. 10가지를 말하고 있는데, 이러이러해야 한다고 하지만, 그거 다 안지키더라도 5가지만 지켜도 훌륭한 건강을 얻고 성공적인 생(生)을 살 수 있다고 말합니다. 첫째가 혈압조절입니다. 둘째가 금연입니다. 셋째가 날마다 30분은 꼭 운동을 해야 한다, 넷째는 적절한 영양을 섭취하라, 굶지 말고 편식하지 말고 과식하지 말고…… 뭐 그런 얘기입니다. 그런데 이 하나가 제일 중요합니다. '스트레스를 받지 말아야 한다.' 스트레스란 있는 것입니다. 문제는 받는다는 데 있어요. 사건은 있는데 스트레스를 내가 받느냐 안받느냐에 문제가 있는 것입니다. 여기에 내 인생 매뉴얼의 결론이 있습니다.

　여러분, 일반적인 생각으로는 환경에 의해서 인간이 사는 줄 알고 있지만 그렇지 않습니다. 환경이 더 어려울 때에 더 건강했어요. 인격적으로도 더 훌륭했어요. 이제쯤은 생각해 보세요. 환경이 좋고 나쁘고의 그런 문제가 아니라고 인생 매뉴얼은 말하고 있습니다. 스트레스가 결정적으로 작용을 하는데 이건 환경 문제가 아니다ㅡ 결국은 믿음의 문제입니다. 사람은 믿는 만큼 살아요. 뭘 믿고 사느냐? 거기에서 인생의 운명은 결정되는 것이란 말입니다.

마태복음 16장에 예수님께서 제자들에게 심각한 질문을 하십니다. "너희는 나를 누구라 하느냐." 너희는 나를 누구라 하느냐. 사람은, 더구나 그리스도인은 그리스도를 누구라 하느냐에 따라서 그 운명이 정해집니다. 그리스도를 누구라고 생각하십니까? 바로 그것이 나 자신의 운명이라는 것. 그것이 바로 내 몸 사용 설명서의 결론이라는 것을 생각해야 합니다. 내 운명을 결정하는 것입니다. 여러분, 하나님을 믿어요. 어떤 하나님으로 믿습니까? 그것이 문제입니다. 하나님을 누구라고 생각하십니까? 그 고백이 나의 운명, 나의 건강, 나의 한순간의 생각까지도 다 결정을 해주는 것입니다.

본문 시편 139편은 하나님의 전지전능에 대하여 높이 찬양하는 말씀입니다. 이 긴 시를 읽고 읽고 또 읽어보면 정말 하나님의 그 무한대한 능력, 그 놀라운 지혜와 지식 안에 내가 깊이 흡수되어 있음을 발견하게 될 것입니다. 그래서 시편 139편 1절에서 말씀합니다. "여호와여 주께서 나를 감찰하시고 아셨나이다." '주님이 아십니다'로부터 출발합니다. 시종일관 그 얘기를 설명하고 있습니다. 하나님은 아신다ㅡ 어떻게? 조성되기 전에, 내 생이 시작되기도 전에, 그때부터 시작해서 내 운명, 내 종말, 내 한순간의 생각까지 다 그가 알고 계시다. 그래서 전지전능이라고 말합니다. Omniscience, Omnipotence,

바로 그 신앙고백 안에서 살아가야 돼요. 그 신앙고백을 새롭게 해야 돼요. 하나님은 아십니다. 하나님은 내 생각을 아십니다. 내 뜻을 아십니다.

여러분, '하나님은 다 아십니다' 할 때 마음이 평안하십니까? 그러면 당신은 건강할 것입니다. 그런데 어디서부터 문제가 되느냐? 하나님도 모른다, 이 사정은 하나님도 모른다, 그 때부터 문제가 돼요. '하나님은 아신다' 할 때, 두려움이 온다면, 바로 거기에 문제가 있는 것입니다. 나는 살아남을 수가 없어요. '하나님은 아신다' 하는 고백 속에서 가장 큰 평안을 느낄 수 있는 사람, 그 사람만이 하나님의 사람입니다. 또 건강을 지켜갈 수 있어요. 가만히 보면 많은 경우에 고민하는 사람들이 그런 생각을 해요. '아무도 모른다. 하나님도 모른다. 아, 하나님께서 왜 몰라주실까? 이 사정을 하나님이 모르고……' 심지어는 그런 생각까지 해요. 하나님이기 때문에 모른대요. '이 사정을 하나님이 아실 리가 없다' 그런 생각을 해요. 바로 여기에 문제가 있는 것입니다. '하나님은 아신다. 하나님은 능력이 계시다. 하나님께 지혜가 있다. 그리고 하나님은 나를 사랑하신다.' 고백하고 그 고백 속에 삽니다.

자, 이 고백을 기초하고 보면 우연은 없습니다. 하나님이 모르시는 사건이 없으니까. 하나님은 전능하십니다. 전능한 가운데 이 사건이 있는 것입니다. 우리는 지진이 났을 때 '왜 지진이 났을까? 하나님은 뭘 하고 계셨나' 생각하지만 하나님 계시기 때문에 지진이 난 것입니다. 하나님이 계시기 때문에 이 사건이 있는 것입니다. 이것을 바로 받아들이고 고백할 수 있어야 합니다. 하나님의 능력, 하나님의 지혜, 좀더 나아가서는 하나님의 사랑입니다. 아니, 사랑하시기 때문에 내가 병들었어요. 사랑하시기 때문에 혹은 실패하기도 했어요. 사랑하시기 때문에. 다 깊은 신앙 가운데서 소화해 보면 사랑 아닌 것이 없어요. 전부가 사랑입니다. '하나님은 사랑이다.' 그 고백 속에 평안합니다. '우연은 없다. 돌발 사고는 없다.' 여러분, 한 번 깊이 생각해 보세요. 정치·경제·문화 무엇이든지간에 때때로 없어야 할 사건같지만 있어요. 왜요? 있어야 하니까 있는 것입니다.

이제 긍정적으로 한번 생각해 보세요. 이 사건 속에서 엄청난 문제가 해결되고 있는 것입니다. 주님께서 아십니다. 주만이 아십니다. 욥은 무진한 고생을 하면서도 고백합니다. 욥기 23장입니다. '하나님이여 주께서만 내 길을 아십니다. 주님만이 아십니다.' 더구나 오늘 본문에서는 말씀합니다. 23절에서 보면 "하나님이여 나를 살피사 내 마음을 아시며 나를 시험하사 내 뜻을 아옵소서." 나를 아옵소서. 나를 시험하여 나를 아옵소서. 좀더 확실하게 사건 속에서, 이 많은 사건 속에서 나를 아옵소서. 이 사건 속에 부딪치면서 내가 어떤 모습으로 변하고 있는지 어떻게 내 진실이 드러나고 있는지를 주님은 아시옵소서.

사실 그래요. 사랑도 진실도 믿음도 한번 흔들어봐야 본체가 드러납니다. 편안할 때는 도대체가 이게 의인지 불의인지 선인지 거짓인지 알 수가 없어요. 한번 흔들어 놓으면 참사랑이 여기에 있고, 진실이 여기에 있다는 것을 우리는 그 깊이를 더해가면서 하나님을 알게 됩니다. 그래서 오늘 본문에 보면 "내 뜻을 아시옵소서" 할 때, 히브리말로 보면 '사르아파'라고 합니다. 내 깊은 고민 속에 있는 내 생각을 하나님 아시옵소서. 요한복음 21장에 보면 두고두고 생각해도 신비로운 말씀이 있는 걸 여러분 아시지 않습니까? 베드로가 예수를 세 번이나 모른다고 했지요? 그리고 너무 부끄러워서 부활하신 예수를 만나본 다음에도 뭐 속으로 그랬겠지요. '저는 옛날 직업으로 돌아갑니다. 나를 찾지 마세요. 나는 제자의 자격이 없습니다.' 그리고 갈릴리 바다로 돌아갔어요. 돌아간 그 제자를 또 찾아가서 예수님 말씀하십니다. 나는 참 궁금한 게 있어요. 나같았으면 '베드로야, 네가 나를 세 번이나 모른다고 했지. 그래 내가 경고하지 않았느냐? 그런데 깨어 기도하지 않고 있다가 나를 모른다고 했는데. 야, 이놈아, 한 번쯤 부인하면 몰라도 세 번이나 부인할 게 뭐 있느냐? 게다가 또 맹세를 하면서 저주는 왜 했느냐?' 할말 많아요. 따져야 할 것이 많습니다. 그러나 이 모든 말을 다 접어놓고 딱 한마디만 물으셔요. '아가파스 메'― 네가 나를 사랑하느냐? 네가 나를 사랑하느냐 하고 물으십니다. 아, 참 이건 기가막힌 것입니다. 그때의 대답을 좀 들어보세요. "퀴리에 수 오이다스 오티 필로 세." 주님이여, 내가 주를 사랑하는 줄을 주께서 아십니다― 얼마나 겸손합니까? 얼마나 진실합니까? 얼마나 진솔합니까? 보세요. '주께서 아십니다. 주여, 내가 주를 모른다고는 했지마는 내 마음 깊은 곳에 주를 사랑하고 있는 것 주님은 아시지 않습니까? 사람들은 모릅니다. 누구도 모릅니다. 주님이 나를 알고 있지 않습니까? 모르는 것이 없으시는 주님이 내 중심을 알고 있지 않습니까? 비록 모른다고 하고 도망갔지만 내가 주를 사랑하는 줄 당신이 아십니다.' 아, 기가막힌 얘기입니다. 바로 이 순간 주님께서 말씀하십니다. "내 양을 먹이라." 얼마나 귀중한 시간입니까? 여러분, 주님만이 아십니다. 사람은 고백한 만큼 삽니다.

인생은 5가지 동사로 요약된다고 합니다. 첫째가 To want, 욕망입니다. 무엇을 욕망하고 사느냐. 둘째는 To have. 무엇을 소유하고 사느냐. 그 다음에는 To run. 무엇을 위해서 뛰고 있느냐. 추진하고 있느냐. 그러나 이것이 아닙니다. 좀더 깊은 세계에서는 To love. 무엇을 사랑하고 살았느냐. 얼마나 사랑하고 살았느냐. 얼마나 사랑을 알고 살았느냐. 사랑한 만큼만 산 것입니다. 가끔 보면 뭐 좀 분하고 억울해서 미워하더니 복수하겠다고 몸부림을 치다가 마지막 복수하고 나서 제가 죽어요. 그 사람은 산 게 아닙니다. 그로부터 벗어났어야 했지요. 증오에 사로잡혀 있는 시간은 내 생이 아닙니다. 그 사람의 생에 내 생을 바치고 있는 것입니다. 이걸 잊지 말아야 합니다. 사랑한 만큼만 산 것입니다. 또 다섯째는 To believe. 믿어야 합니다. 믿은 만큼만. 뭘 믿었어요. 돈을 믿었어요? 건강을 믿었어요? 지식을 믿었어요? 이거 다 헛된 것입니다. '이제 깨달았습니다' 하고 나니 믿을 게 못돼요. 세상에 믿을 것이 못돼요.

오죽해서 요새 점점 개를 많이 키운다면서요? 개 키우는 게 보통일이 아닙니다. 그게 보통 시중드는 게 아닙니다. 얼마나 수고를 합니까? 그래가지고 키워요. 왜 그렇게 키우느냐? 대답은 간단해요. 이놈은 배신을 하지 않는대요. 내 자식도 다 배신하는데 이 개는 끝까지 자기를 믿어 준다는 것입니다. 그러니까 사람이 개만도 못한 것입니다. 믿어야 합니다. 믿음의 차원에서 볼 때 뭘 믿었느냐 하는 것과 믿는 마음의 분량만을 생각해본다면 사람은 정말 보잘것없습니다. 얼마나 믿었느냐? 무엇을 믿고 살았느냐 하는 것입니다. 그래서 사람은 믿은 만큼 산 것입니다. 소유가 아닙니다. 그리고 욕망도 아닙니다. 남는 것은 믿음밖에 없습니다. 무엇을 믿고 오늘까지 살아 왔는가?

오늘 시편 저자는 결론을 내립니다. '하나님이여 나를 아옵소서. 나를 아시나이다. 아시는 분께서 영원한 길로 인도하소서.' 자신의 지식을 반납하고 있는 것입니다. 나는 모릅니다. 주님만이 아십니다. 나는 모르는 생을 살아 왔습니다. 알고 인도하신 주님을 이제 깨달았습니다. 주께서 남은 생도 인도하셔서서 영원한 길로 인도하소서.

제가 여러 해 전에 캐나다에 부흥회를 인도하러 갔었습니다. 집회 끝난 다음에, 소망교회 여집사님이 한 분 거기에 있었는데, 아, 굳이 자기 집에서 점심을 대접한다고 그래요. 아, 사실 시간이 어려운데 쪼개가지고 그 집을 방문했습니다. 그랬더니 그 여집사님이 심각한 고민을 내놓습니다. "목사님, 해답을 주세요." 한국에 있는 은행의 캐나다 밴쿠버의 지점장으로 와서 가족들이 이렇게 3년을 지냈는데, 애들이 여기 와서 벌써 3년 동안에 영어를 다 익혀서 아주 적응을 잘해서 공부를 잘하고 있는데, 이제 한국으로 돌아가야 되겠는데 남편은 여기에 할일이 없으니 다시 한국으로 돌아가서 은행 지점장으로 일하게 될 거라고 돌아가자고 하는데, 애들은 안간다는 것입니다. 그리고 자기는 중간에 서서 가야 되나 말아야 되나, 이걸 나한테 물어보는 것입니다. 가야 좋을까요? 안가야 좋을까요? 내가 점쟁이입니까? 어떻게 알아. 갈까요? 말까요? 어떡하면 좋을까요? 남편은 여기에 할일이 없으니 가겠다고 같이 가자고 하고, 애들은 여기가 좋으니 여기 있겠다고 하고, 그래야 앞날이 좋겠다고 하니 부인은 자기도 조금 아이들 쪽으로 기울어지고 있더래요. 그러나 좌우간 이럴 수도 없고 저럴 수도 없고 해서 제게 물어보는 것입니다. "내가 하나만 물을 테니 대답하세요. 애들이 여기 있어야 좋을지 나쁠지, 앞으로 큰 다음에 여기 있는 게 유리할지 한국에 들어가야 좋을지

애들이 알고 있습니까?” 하고 물었어요. “모르죠. 나도 모르는데요.” “그러면 모르는 자에게 왜 물어 보나?” 아주 민첩한 분입니다. “해답을 얻었습니다. 데리고 가겠습니다.” 한국에 와서 잘살아요. 여러분, 모르는 자에게 뭘 물어봐? 그걸 왜 또 믿겠다는 거요? 이런 맹랑한 일이 있나. 바로 여기에 문제가 있어요. 내가 내 지식도 못믿는데 무얼 알고 거기다가 신뢰를 두겠다는 것입니까? 믿을 것이 못돼요, 내 지식이라는 것이. 하나님만이 아십니다. 하나님의 능력만이 확실해요.

여러분, 숨겨진 비밀이 하나 있답니다. 제가 미국에서 76년도에 돌아왔습니다. 공부를 다 마치고 돌아와서 직장이 없었습니다. 한 5개월 동안 놀았습니다. 아, 거참 큰일이데요. 돈 몇푼 가지고 온 거 다 없앴고, 애들도 다 커가는데 하루하루 사는 게 정말 걱정이었습니다. 그래 내 친구들이 만나자고 해서 만나보면 몇마디 하다가 일어섰을 때 금일봉을 주더라고요. 그래서 내가 “내가 거지냐?” 그랬더니 “아니, 얻어 가지면 거지지. 거지가 말이 많아, 이거.” 하면서 금일봉을 줘서 제가 먹고 살았어요. 바로 이런 처지를 어떻게 아시고 한경직 목사님이 남한산성에서 나한테 전화 연락을 해 주셨어요. 오라고. 그래서 갔더니 “이 사람아, 한국에 나올 때 ‘공부 끝났으니 갑니다’ 하고 한번 편지라도 하든지 전화라도 하고 오지. 그냥 무턱대고 오면 어떡하나.” 그래서 “내가 뭐 잘났다고 목사님에게 직장을 소개해 주세요, 뭘 하세요, 이렇게 하겠습니까? 그저 하나님께 기도하고 ‘하나님 맨 첫번 오라는 데로 가겠습니다’ 그러고 왔죠.” “믿음은 좋은데 큰일이구만.” 그러셔요. 그러면 며칠 지내보자고 하더니 다 알아보고, 제가 다 소개는 안하겠습니다, 세 가지 직장을 딱 구해

놓고서 "이 셋 다 갈 수 있네. 이건 내가 자신 있게 보낼 수 있는데 셋 중에 어딜 가겠나?" 물으십니다. 그래, 제가 대답을 그렇게 했습니다. "목사님, 저보다 경륜도 높고 지혜도 계시는데 또 나를 잘 아시지 않습니까? 내가 누군지 내가 앞으로 뭘 해야 될지도 목사님이 더 잘 아시니까 목사님이 하나 골라주세요. 그대로 갈 것입니다." 그때 한 목사님 껄껄 웃으시면서 "아, 이거 참 사람을 어렵게 만드네, 이거" 그리고 결정해 줘서 숭의여자대학에 학장으로 갔습니다. 정말 팔자에 없는 학장을 하게 됩니다. 그래서 소망교회를 세운 것입니다. 학장을 하니까 주일날은 놀잖아요. 그래서 소망교회가 탄생을 합니다. 여러분, 그 때 저는 대답을 이렇게 했습니다. "나보다 목사님이 나를 더 잘 아니까 목사님이 선택을 해 주세요. 나는 따를 것입니다." 여러분, 우리가 하나님 앞에서도 잘난 척하지 맙시다. 고집 부리지 마세요. 성공했느니 실패했느니 그걸 누가 말할 것입니까. 그냥 순리대로 따르세요. '나보다 나를 더 잘 아시는 하나님, 선하신 길로 인도해 주세요. 영원한 길로 인도해 주세요. 내가 따를 것입니다. 즐거움으로 따를 것입니다. 양이 목자를 따르듯이 따를 것입니다.'

록펠러(John D. Rockefeller)라는 사람의 이야기는 너무나 유명합니다. 소년시절에 남보다 특별히 건강했고, 튼튼했고, 운동도 잘했고, 건강하고, 공부도 잘하고 성공해서 53세에는 세계가 인정하는 최고 부자가 됐습니다. 그러나 몸에 이상이 오면서 점점 약해지더니 지독한 피부병까지 걸려서 머리카락이 다 빠지고 눈썹까지 다 빠졌습니다. 바싹 마르기 시작하는데 정신이 없어요. 1주일에 수백만 불씩 수입이 되지만 아무 소용이 없고, 위로가 되지 않습니다. 몇 조각의 비스킷을 먹고 물을 마시면서 생을 연명하고 있었습니다. 그를 미워하는 사람들도 있었기에 그는 경호원을 데리고 다니면서 살았습니다. 언젠가 한번 신문을 보았더니 신문에 이렇게 나 있습니다. '록펠러가 중한 병에 걸려서 1년밖에는 못산다더라' 하는 기사입니다. 1년 내에 죽을 수밖에 없다더라고 하는 이 신문을 들고 한없이 울었습니다. 어째서 내게 이런 시련이 있습니까? 그는 여기서 생의 전환점을 만듭니다. 지금까지는 벌기 위해 살았지만 이제는 베풀기 위해 살 것이라고. 그 때만 해도 자선재단이라는 것은 생소한 때입니다. 자선재단을 만들며, 교육재단을 만들며, 교회를 건축하며, 이렇게 베푸는 생으로 바꾸어 살았습니다. 너무 즐거웠습니다. 98세까지 살았습니다.

여러분, 그가 아십니다. 꼭 이래야 되겠다는데 어찌하겠습니까? 하나님의 뜻이 그러하다는데 누가 반항을 할 것입니까? 조용히 묵상하며 주께서 나를 어느 길로 인도하시는지 생각해 보세요. 사람 아무도 몰라도 돼요. 아니, 나도 몰라요. 알 필요도 없어요. 이제는 주 앞에서 고백을 합시다. 주께서 아십니다, 그리고 나를 영원한 길로 인도하소서, 내가 조용히 따를 것입니다, 감사하며 따를 것입니다. △

그리스도와 함께 죽는 사람

만일 우리가 그리스도 안에서 의롭게 되려 하다가 죄인으로 나타나면 그리스도께서 죄를 짓게 하는 자냐 결코 그럴 수 없느니라 만일 내가 헐었던 것을 다시 세우면 내가 나를 범법한 자로 만드는 것이라 내가 율법으로 말미암아 율법을 향하여 죽었나니 이는 하나님을 향하여 살려 함이니라 내가 그리스도와 함께 십자가에 못박혔나니 그런즉 이제는 내가 산 것이 아니요 오직 내 안에 그리스도께서 사신 것이라 이제 내가 육체 가운데 사는 것은 나를 사랑하사 나를 위하여 자기 몸을 버리신 하나님의 아들을 믿는 믿음 안에서 사는 것이라 내가 하나님의 은혜를 폐하지 아니하노니 만일 의롭게 되는 것이 율법으로 말미암으면 그리스도께서 헛되이 죽으셨느니라

(갈라디아서 2 : 17 - 21)

그리스도와 함께 죽는 사람

　그러니까 아주 오래전 애기입니다. 교회를 위해서 수양관 지을 땅을 좀 주시겠다고 하는 교인이 계셨습니다. 어떤 산을 하나 가지고 있었는데 주시겠다고 해서 답사를 간 일이 있습니다. 강화도 남단에 있는 어느 시골인데 얼마간의 땅을 교회에 기증하시겠다고 해서 제가 한번 방문해 보았습니다. 여름이었는데 점심때가 되어서 동네 한가운데 커다란 미루나무가 있는 나무 밑에다 점심밥을 차려놨어요. 우리 일행을 위해서 시골점심을 참 정성껏 잘 준비해 놓았습니다. 고기도 굽고 푸짐하게 마련해주셨습니다. 그런데 이 일을 위해서 시중을 드는 분이 있었어요. 주인 아주머니는 전체를 주장하고 그 남편이 시중을 하면서 수고를 하고 있는데 그 집 아주머니가 그저 쉽게 말해서 옛날 아주 질 나쁜 주인이 자기 노예를 부리듯이 남편을 대하는 것입니다. 이래라 저래라, 뭐 그따위로 하느냐, 그래가지고 밥 먹겠냐…… 좌우간 구박을 하는데 심한 욕을 해가면서 남편을 한마디로 부려먹는데 민망해서 앉아 있을 수가 없어요. 아, 밥맛이 다 도망갔어요.

　가까운 분에게 물어 보았습니다. 어떻게 이런 일이 있느냐고. 알고 보니 결혼한 다음에 어린아이가 셋이나 있는데도 남편이 바람이 나서 서울로 가버렸어요. 가출을 해서 여러 여자와 동거하며 사업을 일으키고 뭐 하고 지내다가 이제 다 잃어버리고 몸도 병들고 죽게 돼가지고 60이 넘어서 다시 본처를 찾아온 것입니다. 정말 문자 그대로 죽지 못해서 사는 세상입니다. 죽어지내는 것입니다. 죽어지낸다는 것이 뭔가를 거기서 보았습니다. 후회와 자책, 살았으나 죽은 것입니다. 그리 당당하던 남편의 위세는 없고 종도 아주 쓸모없는 종으로 그렇게 구박을 받아 가면서 사는 한 남자를 보면서 참 같은 남자로서 측은하게 여겼습니다. 여러분, 다시 한 번 생각해 봅시다. 죽지 못해 사는 인생, 죽어서 사는 사람, 요새 많습니다. 그걸 살았다고 할 수 있어요? 그저 살았으니 숨쉬는 거지 그 기세 다 어디 갔습니까? 죽어 사는 것입니다. 죽지 못해 사는 것입니다.

갈라디아서 5장 24절에 "그리스도 예수의 사람은 육체와 함께 정과 욕심을 십자가에 못박았느니라"라고 말씀합니다. 육체의 정욕을 따라가면 마지막 이런 생이 되는 것입니다. 바른 길을 가지 못하고 그렇게 잘못된 생을 살고 보니 마지막에 정말 죽지 못해 사는 그런 비참한 운명이 되어버리는 것을 보았습니다.

울필라스 마이어(Ulfilas Meyer)라고 하는 분이 「Happy aging」이라고 하는 유명한 책을 내놓았습니다. Happy aging, '아주 행복하게 나이를 먹는 법'— 이런 것입니다. 세월을 살아가면서 지혜롭고 의미 있게 사는 생활철학이 무엇일까? 나이든 분들 함께 생각해봅시다. 50이 넘었거든 심각하게 들으세요. 이제 나이먹으면서는 그 젊었을 때 같은 그런 생각으로 살아서는 안되는 것입니다. 역시 나이가 들면 지혜입니다. 이젠 힘이 아닙니다. 의욕이 아닙니다. 지혜입니다. 그래서 그는 지혜를 정신의 질서라고 표현합니다. 정신의 질서, 생각의 질서를 가집니다. 새로운 생각의 지혜로운 패러다임을 가져야 하겠다는 것 옳은 말입니다.

첫째는 자기가 원하는 것을 선택하고 선택한 것을 좋아하는 습관을 키워야 합니다. 지금도 '이것도 할 수 있고, 저것도 할 수 있고,

뭐 이래도 될 수 있다'는 그런 생각 하지 마세요. 이제는 그런 때는 지났어요. 선택을 했으면 선택한 것에 대한 책임을 질 뿐만 아니라 이미 선택한 것을 즐길 줄 아는 지혜가 있어야 합니다. 내가 사는 집, 내가 사는 마을, 내가 아는 사람, 그걸 즐길 줄 아는 그런 지혜입니다. 동시에 그 외의 것은 버려야 됩니다. 이것 저것 다 될 수 있을 것처럼 그렇게 아직도 허황한 꿈을 꾸어서는 안되는 것입니다. 그래서 지혜로운 생각을 해야 한다는 것입니다.

둘째는 단순함을 선택해야 합니다. '욕심을 버리고 소화할 수 있는 만큼만 먹어라. 관리할 수 있는 만큼만 가져라. 꼭 필요한 것만 갖고 나머지는 버려라.' 이거 꼭 중요합니다. 요새도 보니 돈이 없어서 고민하는 게 아닙니다. 돈이 너무 많아서 문제입니다. 관리능력을 벗어나는 것입니다. 정신이 없어요. 참으로 불쌍해요. 어쩌다가 저렇게 수전노가 됐나? 안됐어요. 나이 60이 넘어가지고도 아직 돈독이 올라서 그렇게 사는 것은 불쌍한 사람이지요. 그게 무슨 소용이 있는데요. 적당히 먹고 적당히 소화하고요. 쓸 만큼만 있으면 돼요. 그 이상은 바라지 마라. 지위도 그렇지 않습니까? 감당할 수 있을 만큼만. 그저 아무 지위나 주어진다고 되는 게 아니지요. 내 개인 경험을 하나 말씀드릴까요? 제가 소망교회를 은퇴한다고 하니까, 다섯 대학에서 총장으로 오래요. 내가 그렇게 유명한 사람인 줄 몰랐지요? 아니 이 대학 저 대학에서 총장으로 와 달래요. 아, 그래서 아니, 목회하던 사람이 웬 총장이냐고, 그건 나와 상관이 없다고. 아, 그거 더도 말고 4년만 뭐라고 그래서 내가 "천만의 말씀입니다. 아니올시다." 그거 거절하는 것도 쉽지 않았어요. 그러나 내 마음 깊은 곳에는 턱도 없어요. 그걸 내가 왜 합니까? 여러분, 이만큼은 포

기하고 살아야 돼요. 지금 생각해 봐도 그 총장 안한 것이 얼마나 잘
됐는지 모르겠어요. 그러니까 여러분을 만나잖아요? 여기서 설교도
하고. 하던 일만 해야지 안하던 결재나 하고 살 필요가 없습니다.

셋째가 중요합니다. '느림을 선택하라. 속도전을 포기하라.' 제
발 이제는 '빨리 빨리'는 버리세요. 아주 느림보가 되세요. 너무 서두
르지를 말아요. 자연스럽게 물 흘러가는 대로 그렇게 합시다. 뭐 신
문에 뭣이 나고 뭐 방송에 뭐 나온다고 호들갑을 떨고 뭐 다 끝난 것
처럼 그러지 마세요. 아니올시다. 또 다 된 것처럼 그렇게 하지 마세
요. 되긴 뭘 돼요? 그냥 느긋하게 기다려 봅시다. 이것이 정신질서
의 방향입니다. 지혜라고 하는 것입니다. Happy aging, 나이가 들었
으면 적어도 이만한 지혜는 가지고 살아야 돼요.

오늘본문에 보면 사도 바울은 말씀합니다. "I have been crucified
with Christ." 유명한 말씀입니다. 제가 아주 좋아하고 늘 외우는 성
경 구절입니다. 내가 그리스도와 함께 십자가에 못박혔다, 내가 그
리스도와 함께 십자가에 못박혔다— 하루에 백번이라도 외워 보세
요. 그러면 모든 문제가 다 풀립니다. 내가 그리스도와 함께 십자가
에 못박혔다— 여기엔 두 가지의 의미가 있어요. 하나는 '내가 죽었
다' 그 말입니다. 스스로 죽었어요. 큰 포기를 말합니다. 자기 부정을
말합니다. 자기를 완전히 비워버리는 것입니다. 자기 십자가를 지는
것입니다. 두 번째는 '그리스도와 함께'입니다. 여기에 신비가 있고
mystery가 있습니다. 그리스도와 함께. 그게 무슨 뜻일까? 이걸 경
험해야 그리스도인입니다. 그리스도와 함께 십자가에 못박혔다—
여러분, 내가 죽으면 아니, 나를 죽이면 평안해지는 것 우리 다 압니
다. 흔히 말하기를 불교적 영향을 받아서 쉽게 이런 말을 하지요. '마

음을 비워라. 마음을 낮춰라.' 비워라, 빌 공(空)자입니다. empty. 어느 정도 비워야 되는가 하면 내가 영어로 불경을 읽어 봤는데 이렇습디다. 'empty of empty in empty' 그랬어요. 그거 한문으로 '공(空), 공(空), 공(空)' '빈 공'자 석 자를 써놨어요. 그걸 풀이한 한 권의 책이 있어요. 공이 뭐냐? 첫 번째 비웠어요. 가지고 싶은 마음 다 비웠어요. 예를 들면 내가 무엇을 잃어 버렸어요. 여기다가 책을 놓고 잊어버리고 갔어요. 내가 내 것을 가지고 가지 못했으니까 잃어버린 거지요. 그리고 잊어버렸어요. 그 다음엔 잊어버렸다는 사실도 잊어버렸어요. 그러니까 마음이 편안해요. 언제 문제가 되느냐? 잊어버렸다는 것을 생각하는 순간부터 괴로워요. 아이쿠, 그걸 못가져왔구나. 그건 잘못된 것입니다. 이건 또 한 번 잃어버린 것입니다. 세 번째 잊어버린 건 뭐냐하면 어느 분이 그 책을 가지고 와서 "이거 목사님 거죠?" 그렇게 물어요. 그때 가서 '아, 그거 내겁니다.' 그러면 안 돼요. 그건 도가 모자라요. '이거 목사님 거죠?' 그럴 때 '아니오.' 그래야 돼요. 거기까지 가야 되는 것입니다. 3단계를 거쳐서요. 3차원의 세계입니다. 깨끗이 잊어버려. 그러니까 아침에 일어나서도 이게 내 아내인가, 내 남편인가, '여보!' 하고 불러도 '당신 누구요?' 그래야 된다 그 말입니다. 그거 깨끗이 잊어버려라. '공(空), 공(空), 공(空)' 그랬어요. 이럴 수 있다면 얼마나 좋겠어요? 이게 사실이라면 얼마나 좋겠습니까. 그런데 배가 고파오잖아요? 그건 아니잖아요? 이건 말은 되는데 실천이 안돼요. 실행에 옮길 수가 없는, 실효성이 없는 것입니다. 그래서 여러분 잘 아시지만 나를 죽이면 된다는 것, 마음을 비우면 된다는 것, 아 그래요, 비우면, 깨끗이 비우면 되고말고…… 그러나 가능합니까? 그것이 가능합니까? 이게 얼마나 어려워요. 아니 불가능해요. 소유욕, 탐구욕, 명예욕, 성취욕, 가장 중요한 것 자존심. 잃어버려! 지워버려! 죽여 버려! 그러고 산다면 얼마나 좋겠어요?

여러분, 여러분이 가지는 고민들 가만히 보면 깊은 곳에 그 변변치 않은 자존심이 있어요. 어찌 생각할 때는 아직도 자존심이요? 자존심 끝난 지가 언젠데? 그런데도 아직도 그 밑바닥에 그 놈이 딱 걸려 있어서 화가 나고, 고민도 되고, 잠도 안오고, 뭐 여러 가지가 생각나요. 이놈의 자존심 때문에. 사업이 망하는 게 문제가 아닙니다. 망했다고 소문나는 게 문제라니까요. 안그래요? 내가 병든 게 문제가 아닙니다. '아무개 병들어 죽었대.' 그게 괴로운 것입니다. 그래서 여자들은 병원에 입원해도 병원에 위문 오는 분을 거절하잖아요? 왜 거절하느냐? 내가 아파 죽는 건 좋지만 추한 꼴을 보이고 싶지 않다, 죽어도 화장을 하고 죽어요. 이게 여자의 마음이라고요. 아, 이거 참 힘듭니다. 그 자존심 말입니다. 그거요, 그 추한 꼴을 보이고 싶지 않은 거, 이거 심리학적으로 생각하면 얼마나 깊은 데 뿌리박고 있습니까? 생각해 보세요. 이거 죽여 버려야 되는데. 아, 추하면 어때요? 남이 뭐라고 하면 어때요? 사실대로 수긍하면 좋겠는데. 이게 안되는 것입니다. 버려야 돼요. 죽여야 돼요. 없애야 돼요. 잊어버려야 돼요. 그러나 여러분 인정하세요. 불가능합니다. 내가 나를 죽이는 것도 불가능합니다. 내 마음을 비우는 것 불가능합니다. 내 마지막 자존심 버리는 거 안됩니다. 나로서는 할 수가 없어요.

그래서 오늘 성경은 말씀합니다. "내가 그리스도와 함께 십자가에 못박혔다." 내가 나를 죽이는 것은 불가능합니다. 그리스도 앞에서 그리스도 때문에 죽어가야 합니다. 여기에 두 가지의 깊은 원리가 있습니다. 하나가 율법이고 하나가 은혜입니다. 여러분, 징계 때문에 죽는 사람이 있어요. 벌이 무서워서 죽고요. 하나님의 진노가 무서워서 벌벌 떨며 죽어지내는 사람이 있어요. 양심의 가책이 무서워서 죽어지냅니다. 살았으나 죽은 것입니다. 그 많은 죄, 많은 과거 때문에 벌벌 떨면서 죽어지냅니다. 이것이 바로 율법이 나를 죽인다는 것입니다. 하나님의 심판 앞에, 하나님의 진노 앞에 내가 죽는 것입니다. 사람이 죽는다 할 때 죽음이 무서운 게 아닙니다. 지옥이 무서운 거지. 만약 천당 지옥이 있다면 '나는 지옥이다' 해서 무서운 것입니다. 그렇게 죽어가는 사람들 보면 얼굴이 새까매집니다. 왜요? 지옥불이 보이니까요. 그 순간 내가 죽어요. 그게 진노 앞에서 죽는 모습입니다.

그런가하면 또 하나는 은혜 앞에서의 죽음입니다. 사랑 앞에서. 그의 사랑이 너무나 커요. 받은 사랑이 너무 커요. 이 은혜로 생각해 볼 때 그럼에도 불구하고 나를 사랑하신 하나님. 가만히 생각하니 이것도 사랑, 저것도 사랑 사랑입니다. 그러고 보니까 어느 사이에 사랑에 감복하는 순간 나 자신이 사라져 버려요. 이제 자신의 교만이나 욕망 같은 것은 눈 녹듯이 다 사라져요. 여러분은 이것을 경험해 보셨습니까? 이것이 기독교 교리의 원천적 의미입니다. 십자가를 바라볼 때 율법을 계시해 줍니다. '너는 십자가에 죽어 마땅한 존재다.' 죄인임을 가르쳐 줍니다. 진노 앞에 있는 나, 하나님의 진노가 십자가 위에 떨어졌습니다. 이것을 우리에게 계시해 주고 있습니다. 동시에 예수께서 십자가의 값을 치르고 대신 죽어가면서 나를 살리셨습니다. 그 큰 은혜, 그 놀라운 은혜를 발견합니다. 그 은혜를 발견하는 순간 내가 뭐 잘나고 못나고 할 수 있었고, 없었고, 뭐 그런 욕망 같은 것은 눈 녹듯이 사라집니다. 이걸 잊지 말아야 합니다. 이 것이 그리스도인입니다. 사랑 앞에 무슨 할말이 있습니까? 그 엄청 난 사랑 앞에 내가 나를 내세울 게 뭐 있습니까?

여러분, 탕자를 보세요. 탕자가 처음에 집에 돌아올 때에 아버 지가 그를 영접합니다. 그때 그는 율법적인 대답을 합니다. '아버지, 나는 하늘과 아버지께 죄를 지었기 때문에 아들의 하나로 맞아주시 지 마시고 머슴꾼의 하나로 저 외양간으로 가서 살도록 해 주세요. 노예 중의 하나로 살게 해 주세요' 합니다. 사실은 그것도 자격 없는 것입니다. 어쨌든 그는 나름대로 가책이 있어서 이렇게 말합니다만 아버지는 말합니다. '아니다. 나는 너를 기다렸다. 돌아왔기 때문에 용서하는 게 아니라 용서하고 기다렸다. 죽었던 아들이 살아왔다. 잃었던 아들이 돌아왔다. 잔치를 하자.' 아, 이거 보세요. 이 아버지 의 마음이 이렇게 행복하고 기뻐하는데 이 아들이 그 앞에서 지금 자기 죄책에 매여 있을 수가 있습니까? 나는 이런 죄인입니다, 나는 이런 자격이 없습니다, 자격을 말하는 순간 벌써 그는 율법적 관계 에 서는 것입니다. 자격과는 관계가 없어요. 아버지가 사랑한다는 거뿐입니다. 그가 나를 위하여 십자가를 지셨다는 사실, 이 은혜 앞 에 나라는 존재, 탕자가 이제 무슨 말을 하겠습니까? 무슨 자존심이 거기에 있습니까? 단 한푼어치의 의도 없는 것입니다. 그대로 감사 할 뿐입니다. 이 은혜의 관계, 이것이 바로 자기를 죽이는 관계입니 다. 아니, 죽어지는 관계란 말입니다.

그래서 고백할 수 있습니다. '내가 그리스도와 함께 십자가에 못 박혔다.' 십자가를 쳐다보는 순간 우리는 그 속에서 율법과 은혜의 긴장관계를 발견합니다. 내가 사라지는 것을 봅니다. 그리고 계속해서 성령의 확증으로 내가 이미 죽었음을 말해 줍니다. 나는 이미 죽었습니다. 성령이 말씀합니다. 너희 옛사람은 죽었다— 잊지 말고 한 순간도 이 사실에서 떠나서는 안됩니다. 어떤 시련을 겪어도 은혜 안에 있습니다. 십자가의 은혜 안에 내가 시련을 겪는 것입니다. 그런고로 이 시련마저도 하나님의 사랑 안에서 소화해야 됩니다. 아니, 소화되는 것입니다. 그래서 말입니다. 사도 바울의 고백을 들어 보세요. "자기 아들을 아끼지 아니하시고 우리 모든 사람을 위하여 내어 주신 이가 그 아들과 함께 모든 것을 은사로 주지 아니하시겠느뇨." 로마서 8장에서 말씀합니다. 아들을 아끼지 아니하시고 십자가에 내어주신 이가 어찌 아들과 함께 무엇을 안주시겠느냐? 우리 입장에서는 다 받은 것입니다. 다 사랑입니다. 모든 시련, 모든 환경, 모든 여건이 그대로 하나님의 사랑 안에 있다고 생각할 때 나 자신의 사사로운 생각은 다 사라지고 맙니다. 또한 계속적인 reminding이 필요합니다. 사도 바울은 고리도전서 15장 31절에서 말씀합니다. "나는 날마다 죽노라." 조금만 내버려두면 또 들먹들먹해요. 옛사람으로 돌아가요. 날마다 죽노라— 이 말씀을 받아서 마르틴 루터는 이렇게 말합니다. '신앙이란 뭐냐? Daily baptism이다. 매일 세례받는 것이다. 옛사람으로 죽고 새사람으로 사는 것이다.'

저는 김익두 목사님을 직접 몇번 뵌 일이 있었습니다. 그는 신천의 유명한 깡패였습니다. 깡패 두목이었다고 합니다. 이 사람이 예수를 믿고 이제 목사가 되서 전도하러 다닙니다. 그 때 다니던 경험을 애기하시는데 나는 그 때 들은 말을 잊을 수가 없습니다. 늘 생각이 납니다. 그때는 걸어서 부흥회를 다녔거든요. 보따리를 걸머지고 산을 넘어서 걸어서 부흥회 장소로 가고 있는데 산을 올라갈 때 너무 더워서 다 올라가자 저쪽에서 불어오는 바람을 쐬면서 옷을 활활 벗고 있는데 저쪽에서 술취한 청년 하나가 올라오더랍니다. 그런데 올라오더니 다짜고짜로 "너 왜 나보다 먼저 올라왔냐?" 하고는 두들겨패는 것입니다. 본인 말씀대로 표현할까요? '이사간 집 굴뚝 허물듯이'— 무슨 말인지 모르실 겁니다. 이사간 집 굴뚝을 헐어버리듯이 패는데, 아이고, 이리 맞고 저리 맞았는데 한참 때리다가 대항을 하지 않으니까 씩씩하고 숨을 몰아쉬더랍니다. 그래서 손을 딱 잡고 "형님 다 때렸소?" 저도 악수를 해 봤습니다만 김익두 목사님이 손이 커요. 꽉 쥐면 손이 부서질 것같아요. 아, 이거 꽉 잡히고 보니 벌써 알아봤지요. 그 때 유명한 말을 했습니다. "예수는 내가 믿고 복은 자네가 받았네. 내가 예수를 안믿었더라면 너 여기서 죽었어. 끝난 거다. 그런데 내가 예수를 믿었기에 내가 죽어서 네가 살았다." 야, 기가막힌 얘기입니다. 그래 이 사람이 "어떡하면 좋겠습니까?" 합니다. "뭘 그래? 따라와." 그래 데리고 가서 부흥회 참석시키고, 그가 회개해서 뒷날 장로 됐대요. 싱글벙글하면서 하시던 그 얘기가 귀에 선합니다. 여러분 생각해 보세요. 내가 죽어야 네가 살아요. 아니, 내가 살아요. 시인 괴테는 행복한 삶을 위한 5가지 작은 원칙을 말합니다. 이건 자기 생활 원칙입니다. '첫째, 지난날의 일에 연연하지 말자. 지나간 거니까. 둘째, 작은 일에 화내지 말자. 자존심을 버려. 셋째, 인생은 현재의 연속이다. 현재에 감사하며 살자. 현재가 하나님이 내게 주신 축복이다. 넷째, 사람을 미워하지 않는다. 나는 심판주가 아니니까. 미워하는 순간에 내가 사는 세상을 미워하게 될 것이니까. 다섯째, 최선을 다하라. 미래는 하나님께 맡기는 것이다.' 여러분, 여유 있게 삽시다. 그 은혜 안에 감사하면서. 더는 가

책에 매이지도 말고 더는 욕망도 말고 더는 고집도 말고. 아직도 버리지 못한 것으로 인해서 고통은 따릅니다. 아직도 죽이지 못해 사건이 터집니다. 잊어버리세요. 십자가를 쳐다보세요. 어느 사이에 나는 다 사라지고 하나님의 은혜만이 환하게 다가옵니다. 다시 성경을 외웁시다. '내가 그리스도와 함께 십자가에 못박혔다. 이제 내가 사는 것은 내 안에 그리스도께서 사신 것이라. 그의 사랑을 믿는 믿음 안에서 사는 것이다. 그의 사랑 안에 감사하며 사는 것이다. 그것뿐이다.' △

자유의 종의 실체

그런즉 어찌하리요 우리가 법 아래 있지 아니하고 은혜 아래 있으니 죄를 지으리요 그럴 수 없느니라 너희 자신을 종으로 드려 누구에게 순종하든지 그 순종함을 받는 자의 종이 되는 줄을 너희가 알지 못하느냐 혹은 죄의 종으로 사망에 이르고 혹은 순종의 종으로 의에 이르느니라 하나님께 감사하리로다 너희가 본래 죄의 종이더니 너희에게 전하여 준 바 교훈의 본을 마음으로 순종하여 죄에게서 해방되어 의에게 종이 되었느니라 너희 육신이 연약하므로 내가 사람의 예대로 말하노니 전에 너희가 너희 지체를 부정과 불법에 드려 불법에 이른 것같이 이제는 너희 지체를 의에게 종으로 드려 거룩함에 이르라 너희가 죄의 종이 되었을 때에는 의에 대하여 자유하였느니라 너희가 그 때에 무슨 열매를 얻었느뇨 이제는 너희가 그 일을 부끄러워하나니 이는 그 마시막이 사망임이니라 그러나 이제는 너희가 죄에게서 해방되고 하나님께 종이 되어 거룩함에 이르는 열매를 얻었으니 이 마지막은 영생이라 죄의 삯은 사망이요 하나님의 은사는 그리스도 예수 우리 주 안에 있는 영생이니라

(로마서 6 : 15 - 23)

자유의 종의 실체

복음주의 신학자 중의 한 사람인 존 헤이지(John Hagee)라고 하는 목사님께서 「나도 행복해지고 싶다」라고 하는 책을 쓰셨는데 탐험가 밥 바틀렛이라고 하는 사람으로부터 전해들은 생생한 체험기가 실려 있습니다. 어떤 항해사가 큰 배를 타고 온 세계를 여행하는 중에 특별한 곳에 가서 참 진기한 새들을 많이 보았습니다. 그걸 다른 곳으로 옮겨서 많은 사람에게 보여주고 싶어서 새를 많이 샀습니다. 새를 새장에 넣어 배로 싣고 가는데, 다른 새들은 그런대로 조용하게 적응을 하는데 그 중의 한 마리가 유난히 요란을 떱니다. 새장에 갇혀 있는 것을 참지 못해서 잠시도 가만히 있지 않고 푸덕거리며 줄기차게 울면서 새장을 할퀴고 흔들어대는 것입니다. 아, 정신이 없어요. 좌우간 얼마나 요란을 떨었는지 어찌어찌해서 새장 문이 열렸어요. 이 새는 새장 밖으로 나왔습니다. 그래서 창공으로 높이 날아올랐습니다. 미친듯이 올라 날아가 버렸습니다.

그 때에 선원들은 좋은 새 한 마리 놓쳤다고 생각했습니다. 그러나 몇 시간 후에 놀라운 광경이 벌어졌습니다. 창공으로 날아갔던 그 새가 다시 돌아온 것입니다. 날개에 힘이 없고 지쳐서 가까스로 배에 도착해서는 갑판 위에 그대로 털썩 쓰러지고 마는 것입니다. 필사적으로 이 배를 찾아온 것입니다. 왜 그랬겠습니까? 망망대해에 아무리 올라 날아봐도 발붙일 데가 없어요. 결국은 몇 바퀴 돌다가 다시 배로 돌아오는데 아마도 죽을힘을 다해서 간신히 돌아와서 갑판 위에 쓰러지고 말았습니다. 여러분, 자유가 무엇입니까? 여러분은 자유가 무엇이라고 생각하십니까?

저는 워싱턴 D.C 에 갈 때마다 꼭 두 가지를 봅니다. 하나는 6·25기념관이고, 다른 하나는 유대사람들의 고난의 역사를 말해주는 유대인 박물관입니다. 시간을 내서 이 두 가지를 찾아서 몇 시간이고 돌아보곤 합니다. 여러분도 기회가 있다면 그리 한번 해보시기를 권합니다. 6·25 기념관에 가면 무슨 건물이 있는 게 아니고 그 마당에 6·25 당시에 고난당한 사람들의 이름과 군사들에 대한 기록이 즐비하게 설치되어 있습니다. 제가 좋아하는 것은 한쪽 벽에 있는 큰 글귀입니다. 'Freedom is not free.' 저는 우리 모든 젊은이들이 아니, 우리 모두가 꼭 그 자리에 나가서 이 글귀를 마주서서 몇 번이고 읽어보았으면 합니다. Freedom is not free. Freedom is not free. 자유는 공짜가 아닙니다. 자유는 거저 주어지는 게 아닙니다. 합당한 대가를 치르고 주어지는 것입니다. 또한 자유는 거저 지켜지는 게 아닙니다. 합당한 수고와 희생이 있고야 이 고귀한 자유를 알고 누릴 자격이 있는 것입니다. 자유는 공짜가 아닙니다. Freedom is not free. 충격적입니다. 저는 여러 해 전에 처음으로 그걸 봤을 때, 그 자리에서 발을 뗄 수가 없었어요. 너무나 충격적이었기 때문입니다. 우리가 이걸 몰랐더라는 것입니다. 몰랐기에 고귀하게 주어진 자유를 지킬 수가 없었단 말입니다.

자유와 자유인은 별개입니다. 우리는 8·15의 자유를 은총으로 얻었습니다. 걸핏하면 뭐 누가 항일 전쟁을 하고, 누가 뭐 어떻게 했다고 말합니다만 그것 아니지요. 공짜로 얻은 겁니다. 우리 민족의 많은 수고가 있긴 했습니다만 그로 인하여 자유를 얻었다고 생각할 수는 없습니다. 연합군의 승리로 인해서 거저 얻은 것입니다. 은총으로 얻은 것입니다. 그런고로 자유의 소중함을 몰랐어요.

제가 14살 때 8.15 해방이 됐어요. 아, 그 때 한 달 동안 좌우간 교회마다 하루종일 종을 칩니다. 매일같이 예배를 드리고 길거리를 돌아다니면서 노래를 부르고 찬송을 부르고 했습니다. 그런데 거기까진 좋았는데 왜 때려부수는 겁니까? 제가 초등학교에 다니면서 학교 그 실험실에 재미있는 장난감이 많았거든요. 그런데 그 중에서도 제일 매력 있었던 것이 뭐냐하면 증기기관차 모형이었습니다. 그 밑에다 자그마한 불을 켜 놓으면 물이 끓으면서 위에 있는 바퀴가 칙칙하면서 돌아가는데 요게 신기하거든요. 너무너무 갖고 싶었지만 그건 학교에 하나밖에 없는 거니까. 그랬는데, 그게 있었는데 아, 그 날 내가 학교엘 가봤더니 다 때려부쉈어요. 그게 자유입니까? 모조리 때려부수는 게 자유였냐고요. 저는 어렸을 때 그게 무슨 뜻인지를 몰랐습니다만 우리는 자유를 방종으로 착각했더라고요.

그래서 신학자 부르거만(W. Brueggemann)은 유명한 말을 우리에게 전해주고 있습니다. '인간은 'Who I am'이라고 정의될 것이 아니고, 'Whoes I am'으로 정의되어야 하는 것이다.' 내가 누구냐? 그거 중요하지 않아요. 문제는 누구의 사람이냐? Whose I am. 그렇게 결정이 돼야 된다. 누구에게 속했느냐? 그것이 바로 나의 나됨이라고 하는 것을 우리는 다시 알아야 하겠습니다. 참자유가 무엇입니까? 인간은 그가 누리는 자유 만큼 가치가 있습니다. 아니면 죄와 사망과 사단과 율법과 진노의 노예가 되는 것입니다. 우리는 이로부터 구원을 받아야 합니다. 이로부터 자유함을 얻어야 합니다.

그런데 말입니다. 성경은 굉장히 중요하게 말씀합니다. 의를 행하지 아니하면 죄의 종이 됩니다. 창세기에서 읽지 않습니까? 아벨과 가인의 이야기. 가인의 마음속에 질투가 생기면서 동생을 죽이려고 합니다. 그 때에 하나님께서 주신 메시지가 이것입니다. '의를 행하지 아니하면 죄가 문간에 엎드렸느니라.' 의를 행하지 아니하면 네가 죄의 종이 될 수밖에 없다— 오늘도 마찬가지입니다. 의를 행하지 아니하면 나도 모르게 죄의 노예가 됩니다. 보세요. 또한 믿음에 서지 아니하면 사망의 노예가 됩니다. 정말 그렇습니다. 어쩌다가 병원에 가보면 진찰실 앞에 쭉 앉아 있는 사람들을 봅니다. 그런데 그 얼굴이 다 썩었어요. 죽을까 걱정이 돼서. 내가 보니까 아파서 죽기보다 절망해서 먼저 죽겠더라고요. 그 죽음 앞에 벌벌 떨고 있는 모습, 초라해요. 그래서 '그냥 가지……' 하는 생각을 합니다. 진찰실 앞에 앉아 있는 모습이 가관입니다. '어차피 갈 건데……' 그런 생각이 종종 듭니다. 여러분, 믿음 위에 서지 아니하면 사망의 노예가 됩니다. 또한 기도하지 아니하면 사단의 노예가 됩니다. 은혜 안에 확실하게 살지 못하면 율법의 노예가 됩니다. 하루하루, 시간시간, 사건사건마다 하나님의 사랑을 확인하지 못하면 하나님의 진노의 노예가 되는 것입니다. 여러분, 참자유가 무엇입니까? 피조물로서의 자유란 제한된 것입니다. 아무리 가진다고 다 가질 수도 없고, 아무리 할 수 있다고 다 하는 것도 아닙니다. 뭘 조그만 거 해 놓고 무슨 굉장한 것처럼 그럴 것 없습니다. 그렇잖아요?

지금 베이징에서 올림픽을 연다고 뭐 굉장한 걸 했어요. 저녁에 잠도 못자고 봤습니다. 저도 개막식 하는 것을 봤는데, 굉장한 것을 본 것 같은데 다 보고 나니까 내가 뭘 봤는지 모르겠어요. 지난날의 역사를 어쩌고 어쩌고 떠들어 놨는데 아, 가만 보니까 활자 얘기, 여보세요! 그 활자가 지금 얼마나 말썽인데요. 중국은 지금도 80%가

문맹입니다. 그 놈의 한자 때문에. 이걸 뜯어고치지 않고는 중국의 장래가 없다고까지 말합니다. 컴퓨터를 하려니 이게 할 수 있어요? 그러니까 아예 영어를 배워버리고 말아요. 그렇지 않고는 컴퓨터를 해낼 수가 없어요. 자, 보세요. 그런데 무슨 한자가 자랑할 게 됩니까? 굉장히 스펙터클하긴 하지만 내용으로 볼 때는 맹자 얘기 하고 있더라는 겁니다.

피조물은 제한적입니다. 절대 자유란 없어요. 이 제한을 수용할 줄 알고 이 제한 속에 있는 하나님의 뜻을 알고 이 제한 속에서 감사를 발견해야 되는 것입니다. 물고기는 물 안에서 자유할 수 있어요. 물고기는 물 안에 있음을 자유해야 돼요. 만일에 물고기가 물 밖으로 나와야겠다고 소리를 지른다면 가라지요. 뭐. 그냥 죽겠지. 그건 아니잖아요. 여러분, 은혜 밖에로 떠나면 율법의 종이 됩니다. 죄의 종이 됩니다. 그래서 방종의 종, 불신의 종, 육신의 종, 불의 종이 됩니다. 철학자 루소(Jean J. Rousseau)는 말합니다. '십대는 케이크에 매이고, 이십대는 연인에 매이고, 삼십대는 쾌락에 매이고, 사십대는 야심에 매이고, 오십대는 탐욕에 매이고, 육십대는 명예의 노예가 되고, 칠십대는 허무의 노예가 된다.' 그래요. 다 자유함이 없어요. 자유한 것같아도 자유함이 없어요. 돈있는 사람, 자유한 것같아도 자유치 못해요. 나는 텔레비전 뉴스 나올 때마다 마지막쯤 가면 왜 그 증권시세 보여주느라고 증권 거래소에서 보여주는 보드판 앞에 머리 하얀 할아버지들이 앉아 있는 걸 봐요. 거기 쭈그리고 앉아서 쳐다보는 걸 볼 때마다 그 사람들 세상에 불쌍한 사람들입니다. 돈 없으면 저기 안갈 거 아닙니까? 거기 가서 증권 시세 오르락내리락 하는 거 그거 쳐다보고 앉아 있는 이 불쌍한 사람을 누가 구제할 거요? 저거. 참으로 불쌍한 사람들입니다. 돈이 우리를 자유케 하지 못합니다.

타락, 그건 방종입니다. 죄의 노예가 됩니다. 그래서 죄짓고, 형벌 의식에 매입니다. 또 하나 있어요. 회개치 않으면 변명의 노예가 돼요. 잘못해 놓고 깨끗한 마음으로 겸손하게 사과하지 못하면 요리조리 변명해요. 그 변명하는 꼬락서니는 정말 못봐줘요. 뻔한 일 가지고 이리저리 변명하고 있는 그 모습, 안쓰러워요. 얼마나 불쌍합니까? 꼭 그래야 되겠습니까?

본문 성경은 우리에게 말씀합니다. 순종과 믿음만이 자유하게 한다고. 죄의 요구에 끌려 순종한다면 죄의 종이요, 욕심과 혈기와 명예와 그리고 이 모든 정욕에 끌려 살고 있다면 나를 끌고 가는 그것에 내가 종이 되는 것입니다. 그런고로 자유는 없어요. 오직 은혜 안에 하나님께 순종함으로, 하나님의 법을 즐김으로 자유한 것입니다.

피터 마셜(Peter Marshall) 목사님이라고 있습니다. 그는 미국 상원의원 전속 목사였습니다. 제가 그 분의 책을 아주 젊었을 때 재미있게 탐독한 때가 있었습니다. 그가 상원의원들 앞에서 이렇게 기도한 기도문이 나와 있습니다. "주여, 자유는 우리가 하고 싶은 대로 하는 권리가 아니고, 옳은 일을 기쁘게 하는 기회라는 사실을 알게 하옵소서." 하고 싶은 대로 하는 게 자유가 아닙니다. 옳은 일을 기쁨으로 하는, 선한 일을 기쁘게 하는 바로 그것이 자유라는 것을 알게 해 달라고 기도하고 있습니다.

유명한 얘기가 전해집니다. 아브라함 링컨이 노예 해방을 일으키기 전에 뉴올리언스 노예 시장에서 있었던 일입니다. 노예 시장이 열렸고 많은 노예가 붙들려 와서 이제 경매로 팔려갑니다. 어떤 사람은 값싸게, 어떤 사람은 값비싸게 경매에 붙여지는데 여기에 혼혈아인 어떤 아가씨 하나가 끌려 왔습니다. 높은 자리에 세워놓고 경매에 붙입니다. 모두가 '얼마요, 얼마요, 얼마요' 하는데 앞에 앉았던 점잖은 노인 하나가 아주 큰 소리로 남이 부르는 값보다 언제나 더 부르는 것입니다. 엄청나게 더 불러요. 그 당시로서는 상상할 수 없는 값입니다. 1,450불. 경매에 돈을 내고 이 아이를 샀습니다. 다음 날 아침에 이 아가씨가 북부에서 온 이 노인에게 이렇게 얘기했습니다. "자, 이제는 주인이 저를 샀으니 제가 주인이 가는 곳에서 한평생 살 겁니다." "아니다. 내가 너를 산 것은 너를 자유케 함이다." 오돌오돌 떨고 있는 모습을 보면서 "내 마음에 감동이 있어서 너를 자유케 하려고 샀다. 여기에 자유보증서가 있다. 너는 오늘부터 자유다." 그랬습니다. 이 아가씨는 그 노인의 팔을 붙들고 "감사합니다. 감사합니다. 나를 자유케 해줘서 감사합니다. 그런데 말입니다. 이렇게 고마운 분을 위해서 내 한평생을 살 것입니다. 저를 데려가 주세요." 이건 자유의 노예입니다. 억지로 가는 길이 아닙니다. 주신 은혜에 감사해서 한평생을 당신을 위해 살겠습니다, 그러고 따라 나섰습니다. 이 자유함, 어떻게 생각하면 매인다는 말은 같습니다. 그러나 이건 자유의 노예입니다. 하고 싶어 하는 일이요 즐거워서 하는 일이요 사랑해서 하는 일이요 감사 감복해서 하는 일입니다. 이런 노예 생활, 사랑의 노예, 자유의 노예, 이것이 바로 그리스도인의 모습입니다.

여러분, 지금 어떤 형편에 있습니까? 아무것도 탓하지 마세요. 환경을 나무라지 마세요. 제도를 원망하지도 마세요. 가장 귀중한 것은 내 마음속에 있는 믿음과 사랑과 의와 자유함입니다. 자유의 종, 그는 순종의 종입니다. 믿음과 감사와 찬송입니다. 참자유인, 그는 거칠 것이 없습니다. 모든 일에서 하나님께서 주신 자유를 체험합니다. 모든 일마다 하나님의 사랑을 확인합니다. 그리고 또다시 헌신합니다. 헌신 그 자체를 그는 자유로 수용합니다. 여러분, 이제 더는 방황하지 말고 자유의 종으로서의 자유를 지켜갈 수 있는 신앙인이 되시기를 바랍니다.   △

그리스도의 침묵

　이에 빌라도가 예수를 데려다가 채찍질하더라 군
병들이 가시로 면류관을 엮어 그의 머리에 씌우고 자
색 옷을 입히고 앞에 와서 가로되 유대인의 왕이여
평안할지어다 하며 손바닥으로 때리더라 빌라도가
다시 밖에 나가 말하되 보라 이 사람을 데리고 너희
에게 나오나니 이는 내가 그에게서 아무 죄도 찾지
못한 것을 너희로 알게 하려 함이로라 하더라 이에
예수께서 가시 면류관을 쓰고 자색 옷을 입고 나오시
니 빌라도가 저희에게 말하되 보라 이 사람이로라 하
매 대제사장들과 하속들이 예수를 보고 소리질러 가
로되 십자가에 못 박게 하소서 십자가에 못박게 하소
서 하는지라 빌라도가 가로되 너희가 친히 데려다가
십자가에 못박으라 나는 그에게서 죄를 찾지 못하노
라 유대인들이 대답하되 우리에게 법이 있으니 그 법
대로 하면 저가 당연히 죽을 것은 저가 자기를 하나
님 아들이라 함이니이다 빌라도가 이 말을 듣고 더욱
두려워하여 다시 관정에 들어가서 예수께 말하되 너
는 어디로서냐 하되 예수께서 대답하여 주지 아니하
시는지라

(요한복음 19 : 1 - 9)

그리스도의 침묵

낚시를 아주 좋아하는 목사님이 한 분 계셨습니다. 어느 여름날 낚시를 하기 위해서 그 바쁜 목회 일정을 잠깐 쉬고 월요일날 아침 일찍이 조용한 호숫가에 나가서 낚싯대를 드리우고 물끄러미 물을 바라보고 있었습니다. 그 때 마침 아주머니 한 분이 가벼운 옷차림으로 목사님 옆에 와서 앉더니 역시 물끄러미 그 물을 지켜보는 것이었습니다. 얼마 후에 이 아주머니가 목사님에게 말을 걸어왔습니다. 날씨가 어떻고, 여기에 자주 오시는지, 뭐가 잡히는지, 이렇게 혼자 낚시를 오면 사모님은 불평이 없는지, 뭘 어쩌고 어쩌고 말이 많아요. 이 목사님은 정말 귀찮지만 어쩔 수가 없어서 침묵하고 꾹 참고 또 침묵하고 있었습니다. 그리고 낚시 하는 일에만 전념을 하고 있었는데 마침내 낚싯대가 휘청하면서 큰 붕어 한 마리가 잡혔습니다. 당겨올렸습니다. 아주 통쾌하게 한 마리 잡았는데 그 때 이 아주머니가 또 말을 합니다. "아이고 저런, 안됐다, 붕어야. 잡힌 네 신세가 참으로 안됐다. 불쌍하다." 목사님이 기가 막혀서 퉁명하게 아주 의미있는 한마디 말을 합니다. "입을 계속 벌리면 어떤 신세가 되는지 잘 보셨지요?" 이 붕어가 입을 벌리다가 물린 거 아닙니까. 입 벌리면 이 신세가 된다는 걸 아주머니도 알아야 된다고 그랬더랍니다. 여러분, 입 벌리면 붕어 신세 됩니다.

미국의 캘빈 쿨리지(John Calvin Coolidge)라고 하는 대통령이 한 분 계셨는데 이 분은 과묵하기로 유명한 분입니다. 말이 없는 분이지요. 누가 물었습니다. 왜 그렇게 말이 없느냐고 물었습니다. 그가 대답하는 말이 "나는 내가 말하지 않은 것에 대해서는 대답하지 않습니다. 그리고 해명할 필요가 없다는 것을 일찍이 깨달았습니다. 말은 아무 소용이 없는 것을 깨닫고 삽니다." 그렇습니다. 우리가 말을 해 봅니다만 어떻습니까. 들어먹습디까? 남은 얘기하지 맙시다. 내 자식도 말을 안듣는데, 내가 낳은 자식도 내 말을 듣지 않는데 괜히 서로 신경쓰지 마세요. 말을 통해서 무슨 문제를 해결해 보려고 그렇게 할 필요 없습니다. 이제쯤은 다 잊어버리세요. 말은 소용없는 것입니다.

이냐시오 로욜라 (Ignatius of Loyola)라고 하는 유명한 영성학자가 있습니다. 그는 한평생 연구한 수도 생활의 결론으로 이렇게 말합니다. '우리에게 가장 중요한 것은 겸손이다. 겸손하면 모든 문제가 해결이 된다.' 오로지 겸손. 그저 뭐니뭐니해도 교만하기 때문에 문제입니다. 겸손입니다. 그런데 겸손은 세 가지로 나타납니다. 첫째, 모든 욕망으로부터의 자유. 겸손하면 모든 욕망으로부터 자유를 느끼게 될 것이고. 둘째, 초연함. 높은 데서 세상을 내려다보는 것처럼, 구름 위에서 세상을 보는 것처럼 세상만사를 초연하게 볼 수 있는 것입니다. 셋째, 십자가의 선택입니다. 예수님의 말씀이 좁은 길로 가라고 하셨습니다. 넓은 길, 좁은 길이 있거든 좁은 길로 가고, 언제나 좁은 길을 선택하는 것, 즉 십자가의 길을 선택하는 자에게만 온전한 자유가 있고, 평안함이 있더라고 가르쳐주고 있습니다.

여러분, 정말 우리는 말많은 세상에 삽니다. PR시대라고 해서 얼마나 말이 많습니까? 뭐 지난 역사에 대해서, 뭐 역사 바로잡는다고 열심히 얘기하지만 바로잡힌 거 하나도 없습니다. 왜요? 아무도 지나간 일을 똑바로 알지 못하니까요. 알 길이 없으니까요. 그런데 말이 많습니다. 또한 현재의 일은 더더욱 그렇습니다. 계속 변화하고, 하룻밤 자고 나면 다른 이야기인데 어떻게 이것을 다 말로 표현하겠습니까? 또 생각한들 무슨 소용이 있겠습니까? 그리고, 앞으로 될 일 미리 얘기하는 것도 그렇습니다. 여러분, 요새 올림픽 경기 중계에서 봤지요? 그 입방아가 문제입니다. 천천히 말해도 되겠는데, 게임 다 끝난 다음에 말해도 되는데, 미리부터 입방아를 찧어서 문제가 되잖아요.

언젠가 차를 타고 가는데 누군가 잘 써놓았습니다. '예측신호 주행금지.' 여러분, 이런 거 보셨습니까? '예측신호 주행금지'는 뜻있는 얘기입니다. 아직 푸른 신호가 나오지 않았어요. 붉은 신호가 나왔으니까 조금 있다가 이제 푸른 신호 나올 것입니다. 푸른 신호 나온 다음에도 조금 기다려서 가야 됩니다. 그런데 예측신호, 푸른 신호 나올 것으로 생각하고 미리 떠나는 것입니다. 아주 죽으려면 마음대로 하세요. 그건 아닙니다. 예측신호, 이것 때문에 사고가 많이 납니다. 왜 이렇게 서둘러요? 푸른 신호를 조심해야 됩니다. 푸른 신호가 나온 다음에도 다른 사람들에게 좀 여유를 두고 그 다음에 내가 가도 되는데 예측 신호, 아직 신호가 나오지 않았는데 예측하고 미리 출발하는 것입니다. 똑똑한 척하지만 이것은 참으로 위험한 것입니다. 만사에 그렇습니다. 똑똑한 척하고 미리 미리 생각하고, 미리 말하고, 미리 결정하고, 미리 서두르지만 자기만 죽는 게 아닙니다. 많은 사람 죽입니다. 말 좀 한 박자 늦춰도 되겠는데. 뭐 미리 미리 말해서 뭐 금메달 다 따 놓은 거나 마찬가지라나. 딴 것하고 따지 않은 것하고는 다르지. 딴 것이나 마찬가지니 뭐니 하다가 국제 망신하는 것입니다. 왜 이렇게 서두릅니까. 왜 이렇게 말이 앞섭니까. 이럴 필요가 없는데요.

톨스토이(L. Tolstoi)라고 하는 유명한 작가는 이렇게 말합니다. '진정한 지식, 지혜라고 하는 것은 모든것을 안다는 데 있는 게 아니고 필요한 지식과 불필요한 지식을 구별하는 데 있는 것이다. 해야 할 말과 안해야 할 말, 내가 해야 할 말과 저가 해야 할 말을 바로 구별하는 데 있는 것이다.' 여러분, 「탈무드」에 있는 말. 저는 오래 오래 전부터 기억해 둔 게 하나 있습니다. '선물을 주며 말을 많이 하면 안주는 것만 못하다.' 특별히 선물을 줄 때, 말 많이 하지 마세요. 아이들에게 용돈 줄 때 설교하지 마세요. 용돈 줄 때는 거저 주세요. 주려거든 거저 주고 아니거든 말고. 용돈 주면서 설명하지 마세요. "돈 아껴라. 내가 돈을 낳는 줄 아냐. 남의 집 아이들은 안쓰는데 너는 왜 이렇게 많이 쓰냐?" 그렇게 뭐라고 뭐라고 한참 설교하면 아이가 나가면서 뭐라는지 아세요? "역시 돈버는 건 힘들다. 이 잔소리를 다 들어줘야 되니까." 여러분, 한마디가 얼마나 중요해요. 그냥 주세요. 없으면 말고. 설교는 딴 시간에 합시다. 말을 많이 하고 설명을 많이 하는 것은 아무 소용이 없어요.

여러분, 성경을 보면 이렇게 말씀합니다. '승리는 인내다.' 인내. 그래서 마태복음 24장에 보면 "나중까지 견디는 자는 구원을 얻으리라" 하십니다. 많은 핍박과 환난이 있을 것이다, 끝까지 견디는 자 구원을 얻을 것입니다. 또한 누가복음 21장에 보면 "인내로 너희 영혼을 얻으리라" 하십니다. 인내, 견디는 것, 여기에 있습니다. 그러면 인내는 믿음이요, 믿음은 인내인데, 문제는 인내의 성격입니다. 이게 negative한 것이냐 positive한 것이냐 하는 것입니다. 할수없이 참는 것이냐 기쁨으로 참는 것이냐? 굴욕적으로 참는 것이냐 믿음으로 참는 것이냐? 이건 다릅니다.

저는 그 아나운서들이 올림픽 경기 해설하는 데 문제가 있다고 생각합니다. 뭐 4년의 한을 풀었다? 스포츠가 한(恨)입니까? 한이 뭡니까? 운동이 어떻게 한으로 하는 겁니까. 이건 말이 안되는 것입니다. 운동을 즐겨야지. 즐기면서 운동을 하는 것이지, 금메달 하나를 위해서 4년 동안의 굴욕을 참았다면 그 스포츠는 죄악이지 무슨 스포츠입니까. 그 자체를 즐겨야 하는 거 아니겠어요? 여러 번 똑같은 얘기 많이 들으셨을 것입니다. 그 금메달 따는 사람, 기분이 좋지요. 그러나 동메달 따는 사람이 제일 기분이 좋대요. 올림픽에 참여한 것만으로도 만족해요. 제일 불행한 사람이 누구냐? 은메달 딴 사람이래요. '조금만 더 애쓰면 금메달 딸 걸' 해서 말입니다. 또 4년 동안 한을 품어야지. 이것은 아닙니다. 스포츠는 한이 아니지요. 운동으로 즐기고 도달하면 여기에 성공이 있고, 의미가 있는 것이지 한풀이가 되어서는 안되는 겁니다.

저는 권투시합 보는 걸 좋아해요. 옛날부터 권투 시합 하는 것을 텔레비전으로 보니까 집사람이 "아, 이거 목사가 돼가지고 말이야 왜 남 때리는 거 좋아하는가" 합니다. 아, 글쎄 모르겠지만 난 권투시합을 좋아하는 이유가 하나 있어요. 그 때릴 때 보면 꼭 죽으라고 때리는 거같아요. 피가 나오면 더 때려요. 남 아파하는 덴 더 집중적으로 때려요. 이 난리를 치다가도 땡! 하면 끌어안아요. 난 그게 마음에 들어. 땡! 하면 끌어안는다는 거 그거 하나 보기 위해서 권투시합을 봅니다. 여러분, 그게 미워서 때리는 겁니까? 그게 한풀이입니까? 이거 깊이 생각할 문제입니다. 인내가 뭡니까? 형식적으로는 같은 거같으나 그 내용은 전혀 다른 겁니다. 아주 positive해야 돼요.

그래서 믿음으로 신뢰로 그리고 사랑으로 참아나가는 것입니다.

오늘 본문에 보면 예수님께서 빌라도 앞에 서셨습니다. 여러분, 이건 일반용어가 됐습니다. '빌라도 법정'. 모순 덩어리입니다. 있을 수 없는 것입니다. 의인을 죄인으로 만들고, 십자가에 못박도록 하는 겁니다. 그 굴욕과 그 고통과 그 억울함, 무슨 말로 하겠어요. 문자 그대로 빌라도 법정입니다. 이건 말도 안되는 법정입니다. 예수님께서는 말이 없으십니다. 침묵이 있습니다. 그 침묵에 특징이 있습니다. 이 침묵은 신앙적인 침묵입니다. 대답할 필요가 없어요. 초연합니다. 잘들 노는구만. 마음대로 해 봐라. 보세요. 예수님께서는 사건에 대하여 초연하십니다. 생각할 필요도 없고, 대답할 필요도 없어요. 빌라도가 예수를 놓아 줄 생각에서 이 모양 저 모양으로 시도를 합니다. 왜 말이 없느냐? 왜 대답이 없느냐? 서른세 살 아까운 나이에 인기도 좋고, 능력도 많고, 지혜도 많은데 왜 죽으려고 하느냐? 말 한마디에 죽고 사는데 왜 대답이 없느냐? 빌라도가 아무리 물어도 대답치 아니하십니다. 왜요? 예수님께서는 듣지도 않으십니다. 지금 이 시간은 하나님만 바라보고, 하나님께 귀를 기울이시는 시간입니다. 체포될 때에 예수님 말씀하십니다. 베드로가 제사장의 종 말고의 귀를 칼로 잘랐을 때, 이걸 도로 붙여주십니다. 그 와중에도 귀를 붙여주시면서 예수님, 귀한 말씀을 하십니다. "이것까지 참으라." 왜, 왜 이렇게 발광을 하느냐? 왜 쓸데없는 짓을 하느냐? 이것까지 참으라. 이것까지 참으라. 얼마나 귀한 말씀입니까. 그렇습니다.

예수님께서는 그런 일에만 참으신 게 아닙니다. 베드로가 예수님을 세 번이나 부인했습니다. 예수님께서는 베드로에게 여러 번,

여러 번 경고했습니다. 깨어 기도하라. 시험에 들지 않게 기도하라. 간곡히 부탁하셨습니다. 그러나 베드로는 겟세마네 동산에서 잠들었습니다. 이제 예수님께서 체포되십니다. 베드로는 예수님과 함께 십자가를 지지 못합니다. 부활하신 예수님을 뵈었지만 그는 갈릴리로 다시 돌아가서 옛날 직업대로 물고기를 잡으려고 합니다. 밤새껏 한 마리도 못잡았습니다. 피곤에 지친 베드로, 예수님께서 새벽에 찾아오셔서 말씀하십니다. 어떻습니까? 이렇게 만났을 때, 저같으면 참 할말이 많습니다. '이 놈아 그러기에 내가 깨어 기도하라 하지 않더냐? 조심하라 하지 않더냐? 어찌하여 이쪽에 여기 물고기 잡으러 다시 왔느냐?' 뭐 할말이 많습니다. 그러나 예수님 아무 말씀도 없어요. 이것도 침묵입니다. 전혀 침묵하며 말씀하십니다. "아가파스 메." 네가 나를 사랑하느냐? 내 양을 먹이라. 끝. 그의 과거를 묻지 않으십니다. 그의 허물을 추궁하지 않으십니다. 지금 나를 사랑하느냐? 내 양을 먹이라. 이것뿐입니다.

　여러분, 잘 아시는 것처럼 탕자가 집에 돌아옵니다. 아버지의 유산을 받아서 허랑방탕 다 써버리고 거지가 돼서 돌아왔습니다. 자, 이 아버지 역시 그 아들을 만날 때 얼마나 할말이 많아요? '그러게 집을 나가지 말라 하지 않더냐? 그 동안에 어떻게 살았나?' 뭐 얼마나 할말과 사연이 많을까만 아버지는 아무 말이 없습니다. "죽었다 살았고 잃었다 얻었노라. 나는 기쁘다." 만일에 이 아버지가 아들에게 '그러기에 내가 집을 나가지 말라 하지 않더냐?'고 딱 한마디만 했더라도 이 탕자는 다시 집을 나갔을 것입니다. 아무 말씀도 없어요. 그 침묵 속에 무궁무진한 사랑이 계시되어 있더란 말입니다. 여러분, 사랑은 말이 아닙니다. 아니, 말이 필요 없습니다. 행동일 뿐입니다. 그리고 그 속에 깊은 사랑이 계시되고 있는 것입니다.

여러분, 때로 변명할 때가 있습니까? 변명을 하고 나면 인간은 초라해집니다. 변명할수록 점점 더 초라해집니다. 일은 점점 꼬입니다. 그냥 뉘우치든지 그냥 하나님 앞에 바로 자기를 정비해야 될 것입니다. 기도하는 사람은 사람에게는 말을 하지 않습니다. 왜요? 하나님을 믿으니 그렇고, 하나님께 소망이 있으니 그렇고, 하나님의 그 놀라운 사랑을 느끼고 있기에 이제 사람에게 변명할 필요가 없습니다. 예수께서 말씀하십니다. 나는 길이요 진리요 생명이다, 라고요. 원문대로 말하면 거기에 관사가 있습니다. 나는 그 길이요 그 진리요 그 생명이라고. 예수님이 길입니다. 우리에게 삶의 길을 보여주셨습니다. 길은 인내요, 길은 침묵입니다. 여러분, 말을 줄입시다. 그리고 침묵하며 이제 주의 음성을 들읍시다. 말을 많이 하다보면 들을 수 없게 됩니다.

유명한 얘기가 있습니다. 어떤 수도사가 있는데 누가 찾아와서 애길 했습니다. "아, 어떤 분이 당신에 대해서 욕을 합디다. 뭐라고 뭐라고 합디다." 그 사람 워낙 말이 많은 사람입니다. 그러니까 그 수도사가 가만히 있더니 "그 사람이 그렇게 내게 대해서 말할 리가 없는데요." 그러니까 "아, 진짜 했는데요." 그러니까 마지막 말을 이렇게 했습니다. "당신은 말을 워낙 많이 하는 사람인데 그렇게 말을 많이 하면서 그 사람이 나에 대해서 하는 말을 언제 들었겠어요?" 여러분, 깊이 생각합시다. 인생은 역전 드라마입니다. 그것을 아는 사람은 참습니다. 믿고 기다립니다. 말없이 말입니다. 인내는 곧 침묵입니다. 하나님의 뜻과 그 경륜을 알고 있기에, 이 시나리오를 알고 있기에 그 final triumph, 마지막 승리를 알고 있기에 우리는 기다립니다. 그리고 조용히 묵상할 것입니다. 세상에 대해서 대답할 필요도 없고, 대답할 말도 없습니다. 확실히 이 인내는 거저 인내가 아니고 기다림입니다. 이 침묵은 기다림입니다. 이 침묵은 바로 듣는 마음입니다. 하나님의 말씀을 듣는 마음과 하나님의 뜻을 기다리는 마음입니다. 예수께서는 침묵하시고 그리고 십자가를 지셨습니다. △

나를 유쾌하게 하는 사람

아시아에 있는 모든 사람이 나를 버린 이 일을 네가 아나니 그 중에 부겔로와 허모게네가 있느니라 원컨대 주께서 오네시보로의 집에 긍휼을 베푸시옵소서 저가 나를 자주 유쾌케하고 나의 사슬에 매인 것을 부끄러워 아니하여 로마에 있을 때에 나를 부지런히 찾아 만났느니라 (원컨대 주께서 저로 하여금 그 날에 주의 긍휼을 얻게 하여 주옵소서) 또 저가 에베소에서 얼마큼 나를 섬긴 것을 네가 잘 아느니라

(디모데후서 1 : 15 - 18)

나를 유쾌하게 하는 사람

철학자 마틴 부버(Martin Buber)는 인간의 만남을 우주적 동작이라고 설명하고 있습니다. 만남의 관계라고 하는 것은 매우 중요합니다. 인격적 존재에 있어서 서로 만난다는 사실은 매우 중요하고 여기서 운명도 결정이 되고 혹은 존재의식이 생기게 됩니다. 존재적 가치도 만남 속에서 생기는 것입니다. 그래서 우주적 동작이라고까지 말했습니다. 인간은 만남을 통해서 존재의 크기가 우주로 확장되어 갑니다. 만남의 관계가 건강할 때 건강하고, 만남의 관계가 점점 그 영역을 넓혀갈 때 그 우주가 더 커지는 것입니다. 우주적 동작, 이것을 깊이 생각해 봅시다. 마틴 부버는 다음과 같은 재미있는 이야기 하나를 그의 책에서 소개하고 있습니다. 아주 평범한 이야기이지만 함께 생각해 보시기 바랍니다.

한 여행자가 길을 가다가 한 농부의 무거운 수레가 길가에 뒤집혀 있는 것을 보았습니다. 농부는 이걸 혼자서 일으킬 수가 없습니다. 수레는 뒤집혔는데 난감합니다. 농부는 수레를 버리고 갈 수도 없고 난감해하는 중에 지나가던 여행자를 본 것입니다. 농부는 이 여행자에게 부탁을 합니다. "날 좀 도와주세요." 수레를 다시 일으킬 수 있도록 도와달라고 부탁을 합니다. 여행자가 보기에 두 사람의 힘으로는 이 수레를 되돌려 놓을 수 없다고 생각합니다. 불가능하다고 생각을 해서 그는 대답합니다. "해봤댔자 안될 거요. 나는 못하겠소." 그리고 가버립니다. 그 가버리는 사람에게 농부는 뒤에다 대고 한마디 했습니다. "당신은 할 수 있지만 하고 싶지 않은 거요. 못하는 게 아니라 안하는 거요." 아, 그러고 화를 냈습니다. "당신은 그 정도의 인간이오." 이 말을 듣자 이 여행자는 마음이 불편해지기 시작합니다. 생각을 해봤습니다. '내가 안하는 건가, 못하는 건가? 할 수 없는 건가, 할 수 있는 것을 안하는 건가?' 그 마음속에 고통이 옵니다. 그는 할수없이 다시 돌아가서 돕기 시작합니다. "어쨌든 해봅시다." 그리고 열심히 애를 썼는데 이 수레가 다시 돌려집니다. 이 여행자는 말했습니다. "왜 내가 당신을 돕지 않는다고, 못하는 게 아니라 안하는 거라고 그렇게 판단을 했습니까?"라고 말하니까 농부가 빙그레 웃으면서 하는 말입니다. "당신이 할 수 없다고 해서 그랬습니다. 해보지도 않고 할 수 없다는 말은 말이 안됩니다. 당신이 할 수 없는 게 아니라 하고 싶지 않았던 거요." 이렇게 또 말합니다. "당신이 나를 돕지 않고 가면 잠을 못잘 거요. 일생 동안 평안하지 못할 게요. 그걸 알기 때문에 나는 기다렸던 것입니다. 어쩌면 당신과 나를 만나게 하기 위해서 이 수레는 뒤집혔던 것입니다." 이 사건으로 인해서 당신과 내가 친구가 됐고, 그리고 여기서 새로운 의미를 발견하게 된 것이라고 말합니다. 여러분, 이것이 만남의 관계입니다. 만남은 내가 만드는 게 아닙니다. 만남 속에서 나의 나됨이 정립되어 가는 것입니다.

　세상 살다 보면 세 가지 만남의 사람이 있어요. 첫째, 그저 만나지 말아야 했던 사람이 있어요. 한 사람 잘못 만나서 망가진 사람 많아요. 만나지 말아야 했던 사람입니다. 둘째, 다시 만나고 싶지 않은 사람입니다. 한번 만났던 것으로 끝났어요. 가능하면 다시는 만나지도 말고 그저 그렇게 살았으면 좋겠어요. 셋째, 꼭 만나야 하는 사람입니다. 그런데 못만났어요. 꼭 만났어야 하는데 그만 그 관계가 잘못됐어요. 이렇게 살아가고 있습니다.

오늘 본문 성경에 보면 "저가 나를 자주 유쾌하게 하였느니라." 하는 말씀이 있습니다. 고린도전서 16장 18절에 보면 같은 사도 바울의 편지 중에 "저희가 나와 너희 마음을 시원케 하였으니……" 하는 말씀이 있습니다. 자, 유쾌하게 한다, 시원케 한다는 말이 있는데, 유쾌하다는 말은 헬라어로 '아넵쉬크센'이라고 하는 말이고요, 또 시원하게 했다는 말은 '아네파우산'이라는 말입니다. 사실은 비슷한 말입니다. 결국은 기분좋게 하고, 시원하게 하고, 용기를 주고, 소망을 주는 그런 사람, 그런 인간관계를 말하는 것입니다. 정말 만나고 싶고, 다시 만나고 싶고, 또 기억하고 싶고, 또 만나면 어느 사이에 모든 피곤이 다 없어지는 그런 관계입니다. 마음을 시원하게 하는 사람, 얼마나 좋습니까? 이런 만남의 관계. 아, 이런 관계 속에 산다면 인생 사는 그 자체가 아주 신바람이 나는 일이거든요.

자, 어떻게 하면 좋겠습니까? 이 문제를 사도 바울은 오늘 편지에서 설명합니다. 나를 유쾌하게 해 준 사람이란 어떤 사람이냐? 사도 바울은 말씀합니다. 구체적으로 "사슬에 매인 것을 부끄러워 아니하여" 그랬어요. 내가 감옥에 갇힐 때마다 감옥에 갇힌 일을 부끄러워하지 않았다. 오늘 우리는 감옥에 갇혔다, 순교했다, 뭐 이런 이야기를 정립된 신학이론 속에서 이해하고 있습니다만 실은 그렇지 않습니다. 상황으로 돌아가 보면 감옥에 갇힐 때, 혹은 순교할 때까지도 많은 오해가 있습니다. 그래서 순교사를 연구하는 사람들이 제일 어려운 점이 무엇인가하면 이게 정말 순교인가 아닌가를 판단하는 것입니다. 예수의 이름으로 죽는 것처럼 되기는 됐는데 그 사실 알고 보면 그렇지 않은 경우도 많거든요. 그만 얼마든지 그렇지 않을 수도 있었어요. 여러 가지로 복잡해집니다. 시련을 당하게 됩니다. 감옥에 갇힐 때에 '아, 주의 이름으로 감옥에 갇혔다. 아주 아름다운 일이다.' 그렇게 평가하는 게 아닙니다. 먼 훗날에는 그렇게 평가가 됩니다만 그 당시로 돌아가 보면 '아이구, 저 바울 또 실수했구먼, 안해야 될 말을 괜히 해서. 아, 거기는 안갔으면 되잖아. 왜 그렇게 정면으로 부딪쳤나.' 할말 많습니다. 이거 다 시련입니다. 가만히 보면 선한 일이나 의로운 일들도 오해가 될 때가 많아요. 나로서는 충심으로 그리스도를 위해서 한 일이지만 어떻게 생각하면 미련한 짓입니다. 아, 남은 감옥에 안가는데 왜 저만 감옥에 가요? 예수믿는다고 다 순교하는 거 아닌데 왜 저만 순교하고 야단이냐 말입니다. 왜 이렇게 미련을 떠는가 말입니다.

저는 어렸을 때 있은 일이지만 교회에서 많은 고민을 봤어요. 신사참배 문제 때, 왜정 말년에 신사참배를 놓고 말입니다. 우리 동리에도 신사가 있었어요. 8·15 해방 되자마자 가서 불질러서 불타오르는 걸 보았습니다만, 신사 그거 나무깽이입니다. 제가 한번은 당번이 되어서 가서 청소하느라고 앞뒤로 돌아가면서 전부 봐도 별것도 아닙니다. 그거 문 열어봤댔자 그 속엔 다 요만한 나뭇조각 하나밖에 없어요. 그 아무것도 아닌 그거 하나 그 언덕 위에 이렇게 놓여있는데 여기 가서 절을 하느냐 마느냐 그것입니다. 절 안하면 감옥에 가고요, 절하면 감옥에 안갈 수 있는 것입니다. 절하는 사람의 생각은 그래요. '아, 그거 아무것도 아닌데 까짓것. 그 시간에 기도하면 되지. 마음으로 기도하면 되지. 아, 그거 아무것도 아닌데 뭐. 그것도 국민의례인데, 뭐 별것도 아닌 것으로 고집부리고. 절 못한다고 감옥까지 가서 고생하고 죽기까지 하다니……' 오해가 많아요. 이거 큰 시련입니다. 이렇게 오해를 받고 시련을 당할 때마다 다른 사람들은 다 '사도 바울, 참 미련한 사람이다. 또 저 고생을 하는구만, 안 됐다.' 동정도 하고 그러지만 보세요. 오늘 이 사람, 오네시보로는 그렇지 않아요. 모든 사람이 오해해도 그는 이해했어요. 그리고 함께했어요. 오히려 부러워하고 자랑스럽게 생각하고 또 그가 감옥에 있을 때에 자기는 밖에 있기 때문에 죄송스럽게 생각하기도 했어요. 그 많은 날 수난을 당하고 감옥에 갇힐 때마다 시련도 되고, 오해도 되고, 비난도 있어요. 그러나 오네시보로는 충분히 이해했어요.

로마서 1장 16절에 유명한 말씀이 있습니다. 사도 바울은 말씀합니다. '나는 복음을 부끄러워하지 않는다.' 복음을 부끄러워하지 않는다― 굉장히 중요한 메시지입니다. 복음이 뭡니까? 십자가입니다. 당시에 이 십자가는 부끄러운 일이었어요. 왜 하필이면 십자가입니까. 아, 벌거벗겨서 못을 박아 길가에다 세워놓고 죽을 때까지 기다려서 묻어 버립니다. 생각해 보세요. 이 십자가, 얼마나 부끄러워요. 생각지도 못해요. 심지어 그런 기록도 있어요. 어느 로마 황제는 식사하다가라도 십자가 얘기만 나오면 그 말 한 사람을 죽여버렸다고 합니다. 입맛 없어진다고. 그 십자가 상상만 해도 너무너무 괴로워요. 그런 십자가, 부끄러운 십자가인데 예수 그리스도 메시야가 십자가에 죽으셨어요. 초대 교회에 있어서 이게 제일 큰 문제였어요. 메시야가 고난당한다고는 했지만 왜 하필이면 십자가냐? 이것 때문에 문제입니다. 그 때 사도 바울은 말씀합니다. '나는 십자가의 복음을 부끄러워하지 않는다.' 이것은 아주 중요한 말씀입니다. 이것이 신앙고백이요, 이것이 사랑입니다.

여러분, 예수께서 십자가에 돌아가실 때 제자들이 다 도망가 버렸어요. 왜 그랬을 것같습니까? 꼭 그 죽음이 두려워서입니까? 그것만은 아닙니다. 풀리지 않는 문제가 있었기 때문입니다. 왜 하필이면 십자가냐 이것입니다. 그 능력 많으신 예수님께서 말 한마디 없이 그 고초를 당하시고 왜 십자가에 죽으셨어야 하나. 이게 마음에서 풀리질 않아요. 이게 풀리질 않고 의문이 되기 때문에, 예수와 함께 죽을 수가 없었어요. 이것이 풀린 다음에 그들은 예수와 함께 십자가를 지는 것입니다. 아직은 마음에서 이것의 해답을 얻지 못했던 것입니다. 예수께서 십자가를 지신 다음에 숨어 있던 제자 아리마대 요셉이 와서 예수님의 시체를 찾아다가 장례를 하고 니고데모가 함께하게 됩니다. 나는 그 장례식 모습을 상상해 봅니다. 조용하게 몇 사람 모여서, 이렇게 마리아와 막달라 마리아 몇 분들이 정성껏 예수님을 수습해서 무덤에 모십니다만 베드로, 요한, 야고보 다 어디 갔습니까? 예수님께서 병 고침 주고, 병 고침을 받은 그 많은 사람들 다 어디 갔습니까? 다 도망가고 엉뚱하게 아리마대 요셉과 니고데모가 예수님의 시신을 모시는 장례식을 주관하게 됩니다.

제 마음이 아픈 것은 베드로, 요한, 야고보, 이 사랑하는 제자들 다 어디 갔나 하는 것입니다. 그런고로 생각합니다. 사도 바울이 감옥 생활 하는 것, 부끄러워하지 않았다— 이 한마디가 중요합니다. 부끄러워하지 않고 동참하는 마음을 가지고 아니, 함께하지 못한 것을 오히려 죄송스럽게 생각해요. 이것이 바로 그리스도인입니다. 빌립보서 1장에서 말씀합니다. "그리스도와 함께 영광을 얻기 위해서는 그리스도와 함께 고난도 받아야 할 것이니라." 고난당할 때, 함께해야지요. 그것이 바로 시원하게 하는 사람입니다. 그리고 특별히 오늘 성경은 말씀합니다. '자주 찾아 만났다. 부지런히 만났다.' 감옥을 자주 방문했어요. 이것 또한 중요합니다.

　아주 오래전 얘기입니다만 제가 저 신촌에 있는 세브란스 병원에 한번 다른 볼일이 있어서 방문했는데 그 원목 되는 목사님이 "목사님, 영락교회 최장로님 잘 아시죠?" "아, 알고말구요." "그 분이 지금 이 병원에 입원해 계십니다." "아, 그래요?" 물론 제가 시무하는 교회의 장로님은 아닙니다만 개인적으로 잘 아는 분입니다. "아, 그러세요? 갑시다."해서 그 병실을 들어갔어요. 그래 누워계시는데 그 분이 이런 말씀을 한 것을 제가 기억합니다. "제가 여기 병원에 있으면서 보니까 병원에 이렇게 가끔 찾아오시는 분들을 만날 때 너무너무 반가워요. 그래서 얘긴데요. 제가 가만히 생각해 봤더니 제가 결혼식에는 부지런히 다녔거든요. 그런데 제 일생에 병원을 방문한 일이 한 번도 없어요. 그래 내가 여기서 건강한 몸으로 나가게 되면 소식이 들려오는 대로 부지런히 가까운 분들의 병원 방문할 마음을 가지고 있습니다." 여러분, 병원 방문한다고 병을 고칩니까? 죽을 사람이 삽니까? 그러나 방문해서 말없이 한 시간 동안 앉아 있다가 가는 것, 어찌 생각하면 이론적으로 생각하면 무모하고 아무 쓸모없는 일 같아요. 그러나 병원에 입원해 보세요. 이보다 더 고마운 분이 없어요. 더 긴 얘기도 필요 없어요. 가만히 앉았다가 가면 돼요.

　그뿐입니까? 오늘 이 본문을 보면 감옥을 방문해서 무슨 할말이 있겠어요. 그러나 부지런히 방문했어요. 여러분, 친구는 몸으로 찾아가는 친구지 말하는 친구가 아니고, 변론하는 친구가 아니고, 또 생각하는 친구가 아닙니다. 전화통 붙들고 있다고 친구가 되는 게 아닙니다. 찾아가는 것입니다. "나를 부지런히 찾아 만났느니라." 아, 얼마나 중요해요? 그래서 사도 바울이 저 사람들은 내 마음을 시원하게 하고 유쾌하게 했다고 말씀합니다. 한평생, 부지런히 그러했습니다. 성경에 보니 '에베소에 있을 때도 그랬다. 나를 섬겼다' 합니다. 에베소에서 또 로마에서 한평생을 이렇게 사도 바울이 고난당할 때마다 찾아 방문해 주었어요. 그래서 저희들은 나를 유쾌하게 했다고 말씀합니다. 몸으로.

조관일 선생님이 쓰신 재미있는 책 한권이 있습니다. 「비서처럼 하라」그런 책이 있어요. 삼성 그룹의 사장단을 조사해 보면 많은 사장이 있는데, 사장의 49%가 비서실 출신입니다. 비서로 있던 분들이 크게 됐어요. 자, 그러면 거기에 특징이 있어요. 비서들의 특징이. 첫째는 멀티플레이어입니다. 비서는 한 가지 일만 해서는 안돼요. 뭐 자기전공 가지고 '나 전공 외에는 몰라' 하면 안됩니다. 비서는 이 일도 하고 저 일도 하고, 닥치는 대로 모든 일을 다 해낼 수 있어야 됩니다. 보스가 원하는 것이 무엇인지에 따라서 다 해낼 수 있어야 돼요. 둘째, 곁에 두고 싶은 사람입니다. 비서는 재능 있는 사람이 아닙니다. 충성된 사람입니다. 재능보다 믿음입니다. 둘 다 가졌다면 좋겠지만 재주 많은 사람은 비서 못합니다. 충성된 사람, 믿을 수 있는 사람이어야 해요. 셋째, 보좌하는 것에 그치지 않고 성공할 수 있도록 힘쓰는 사람입니다. 자기가 성공하는 사람이 아니라 보스를 성공시키는 사람입니다. 요새 보면 전부 자기가 성공하겠다고 날뛰거든요. 아닙니다. 다른 사람을 성공하게 하는 이것이 비서의 역할입니다. 넷째, 부지런해야 돼요. 아주 부지런한 성격이라야 하고, 다섯째, 균형 잡힌 시야가 있어야 돼요. 무슨 소리입니까? 비서는 보스만 아는 게 아닙니다. 보스의 친구를 알아야 되고, 가족을 알아야 되고, 주변 사람들을 다 알아야 돼요. 다 알아서 좋은 균형관계를 유지해야 돼요. 여섯째, 비서는 비서화법이 있어요. 수다를 떨어도 안되고, 설득력이 있어야 합니다. 일곱째, 비서는 good manner가 있어야 돼요. 겸손하고 친절한 매너가 있어야 돼요. 여덟째, 비서는 정보통이어야 해요. 주변에 있는 많은 이야기를 다 들어서 잘 소화해서 보스에게 그 정보를 정리해서 전달할 수 있어야 해요. 아홉째, 웃으면서 화를 내야 돼요. 웃으면서 화를 내야 돼요. 어떤 일에도 웃음을 잃어서는 안돼요. 화를 내도 웃으면서 화를 내야 돼요. 그리고 추천하고 싶은 사람이어야 해요. 내게만 좋은 사람도 아니고 다른 사람에게까지 '이 사람은 좋은 사람입니다' 할 수 있는 그런 사람, 이게 비서입니다. 비서처럼 살아라— 여기에 성공의 길이 있다고 그는 책을 한권 쓰면서 얘기했어요.

여러분, 오네시보로 같은 사람은 자기가 성공한 사람이 아닙니다. 사도 바울을 위해서 한평생을 산 사람입니다. 사도 바울은 말씀합니다. '저가 우리 마음을 시원하게 했느니라. 내게 아주 유쾌한 사람이 되었느니라.' 여러분, 이런 사람이 됐으면 해요. 내가 성공하는 게 아니라 남을 성공하게 하고 똑똑한 사람보다는 충성된 사람, 그리고 겸손한 사람이 되어서 만나고 싶은 사람, 곁에 두고 싶은 사람, 추천하고 싶은 사람, 그런 사람이 돼야 돼요. 여러분, 우리는 우리 주변 사람들이 이런 사람이 되었으면 해요. 이런 사람이 주변에 많았으면 하는 생각은 누구에게나 있어요. 그러나 내가 이런 사람이 되려고 생각을 못해요. 내가 좋은 이웃이 될 때, 저가 나에게 좋은 이웃이 될 수 있는 것입니다. 유쾌하게 하는 사람. 그리스도를 섬기듯이 이웃을 섬기고, 그를 통하여 그리스도의 냄새가 나고, 그리스도의 향기가 있고, 그리스도의 사랑을 느낄 수 있는 그런 사람. 많은 사람에게 힘과 용기를 주고 유쾌하게 하는 그런 기분좋은 사람이 돼야 돼요. 아니, 이렇게 될 때 내 기분도 좋아지는 것입니다. 나의 삶도 넉넉해지는 것입니다.　△

네 아버지께 기도하라

또 너희가 기도할 때에 외식하는 자와 같이 되지
말라 저희는 사람에게 보이려고 회당과 큰 거리 어귀
에 서서 기도하기를 좋아하느니라 내가 진실로 너희
에게 이르노니 저희는 자기 상을 이미 받았느니라 너
는 기도할 때에 네 골방에 들어가 문을 닫고 은밀한
중에 계신 네 아버지께 기도하라 은밀한 중에 보시는
네 아버지께서 갚으시리라 또 기도할 때에 이방인과
같이 중언 부언하지 말라 저희는 말을 많이 하여야
들으실 줄 생각하느니라 그러므로 저희를 본받지 말
라 구하기 전에 너희에게 있어야 할 것을 하나님 너
희 아버지께서 아시느니라

(마태복음 6 : 5 - 8)

네 아버지께 기도하라

초등학교에 다니는 소년이 하나 있었습니다. 이 어린이가 자기를 참으로 사랑하는 할머니에게 소원을 말합니다. "할머니, 자전거를 갖고 싶어요." 자전거를 사 달라고 졸랐습니다. 믿음이 좋고, 교회의 권사이신 할머니는 "그래? 자전거가 필요하면 하나님께 기도해라. 하나님은 네 기도를 들어 주시니 열심히 기도하면 하나님께서 아버지의 마음을 감동시켜서 자전거를 사 주게 될 것이다"라고 말했습니다. 이 어린아이는 할머니의 말씀대로 열심히 기도했습니다. 일주일 동안 기도했습니다. 그런데 아버지는 이 사실조차 절대로 모르는 것같았습니다. 아무리 시간이 지나가도 아버지가 자전거 사줄 생각을 안하는 것입니다. 다음날 아버지가 출근시간이 되었을 때, 이 어린아이는 자기 방에 들어가서 문을 열어 놓고 큰 소리로 "아버지가 자전거를 사 주시도록 우리 아버지의 마음을 감동시켜 주세요." 기도했습니다. 할머니가 옆방에서 이 기도 소리를 듣고 찾아가서 애기했습니다. "애야, 기도할 때에 그렇게 크게 기도하지 않아도 하나님께서는 다 들으신단다." 그랬습니다. 이 어린아이의 대답을 들어 보세요. "할머니, 내가 그걸 모르는 게 아니에요. 하지만 하나님도 들으시고 아버지도 들으셔야 효과가 있거든요." 여러분, 어찌 생각하십니까?

요새 가만히 보면 우리 예수소망교회만 빼 놓고, 다른 교회에 가면 기도소리가 너무나 커요. 정신이 없어요. 아, 통성기도 뭐 이런 거 하는 것을 보면 어떻게 소리가 큰지, 아니, 일반 사람은 그렇다

치고 여기에 사회자가 또 마이크를 대고 소리를 질러요. 앞에 나와서 쭉 서서 마이크 다섯 대가 동원이 되어서 소리소리 지르는데 내가 뒤에 앉았다가 너무 귀가 아파서 저는 귀를 손으로 막았습니다. 고막이 터질 것같아서. 그 때 제가 무슨 생각을 했겠습니까? '어쩌면 하나님도 귀를 막으실지 모르겠다.' 너무 소리가 커요. 이제 묻습니다. 지금 하나님께 기도하고 있는 겁니까? 사람에게 하고 있는 겁니까? 심리학적으로 말해서 자기 자신에게 하고 있는 겁니까? 도대체 누구에게 기도하고 있는 겁니까? 기도의 자세, 참으로 중요한 것입니다.

이렇게 생각해보면 옛날 2,000년 전에도 그랬던 것같아요. 오늘 성경에도 씌어 있는 바와 같이 회당과 큰 거리 어귀와, 거리에 서서 하늘을 향해 손을 들고 소리를 높여서 기도했어요. 그런 사람이 있었어요. 그래서 예수님께서 말씀하시기를 그러지 말고 "골방에 들어가서 문을 닫고 기도하라." 구체적으로 가르쳐 주셨어요. 이 똑같은 상황이 우리에게 왔습니다. 뭐 그렇게 너무 소리지르지 말고 골방에 들어가서 조용하게 은밀하게 계시는 하나님께 기도하면 안되겠나. 여러분, 정말 하나님만 들으시는 기도, 하나님께서 들으실 수 있는 꼭 그런 기도여야 하겠는데 어떻게 이렇게 기도의 윤리가 빗나갔는가 싶습니다.

제가 소망교회에서 시무할 때 어느날 낯선 손님이 한분 찾아왔어요. 그리고 제게 명함을 내놓아요. 이렇게 명함을 내놓는 걸 딱 보고 '참 희한한 세상이다' 생각했어요. 명함에다 뭐라고 썼느냐? '40일 금식기도 두 번' 썼어요. 40일 금식기도 두 번 했다는 게 명함에 나와 있어요. 이걸 들고 다니면서 필요한 것이 뭐라고 말합니다. 그래서 내가 '아, 이거 참, 이걸 어떡해야 되나……' 그래서 제가 그 때 그런 얘기 했습니다. 그거 잘한 건 아니라고 생각합니다. "40일 했다고 하는데 가서 조금 더 하십시오." "왜요?" "아직도 내게는 응답이 안왔거든요."

여러분, 누구에게 기도하고 있습니까? 어떤 자세로 기도해야 되겠습니까? 의사이자 심리학자인 빅터 프랭클(Victor Frankl)이라고 하는 교수님이 「The Will to Meaning」이라고 하는 유명한 책을 썼습니다. 그 책 속에서 말합니다. '존재적 진공상태'란 말을 씁니다. 'Existential vacuum', 아주 중요한 얘기입니다. 존재적 진공상태, 이 진공상태라고 하는 것은 채워질 수가 없어요. 사람은 동물이 아닙니다. 그런고로 동물적 욕망이 채워진다고 해서 이 진공이 메워지질 않아요. 또 사람은 전통과 관습을 따라 산다고 해서 이 진공이 채워지질 않아요. 이것은 절대적 진공입니다. 먹어도 안돼요. 살아도 안돼요. 흔히 말하는 대로 사랑을 한다고 해도 안돼요. 결혼을 해도 안돼요. 출세를 해도 안돼요. 그 무엇으로도 채울 수가 없어요. 이 절대적 진공, 이것은 하나님과의 만남의 관계에서만 가능한 것입니다. 존재적 진공, 한번 생각해 보세요. 여러분이 그 많은 세월 뭔가 이루어지면 좋겠다고 요것만 있으면, 요것만 있으면, 요것만 있으면 했고 오늘까지 왔지만 채워졌습니까? 한순간도 채워진 일이 없었어요. 이것은 하나님과 나와의 만남, 하나님께로부터 음성이 들려와야 합니다. 내가 너를 사랑하노라 하는 하나님의 음성이 들려오기 전까지는 절대로 이 절대적 진공은 충족될 수가 없는 것입니다.

40여 년 동안을 무신론자로 살아가던 임어당(林語堂)이라고 있었습니다. 제가 대학 다닐 때에 이 분의 책을 참 즐겁게 즐겨 읽었습니다. 그러나 읽으면서 어딘가 모르게 허무하곤 했습니다. 그가 마지막 40년 후에 예수를 믿고 하나님께 돌아오면서 한 말을 「타임」지에서 제가 읽은 기억이 있습니다. '내가 하나님을 저버리고 산 40년은 마치 고아와 같은 것이었다. 어머니의 품을 떠나서 길거리에 방황하는 그런 어린아이의 모습으로 살았노라.' 이렇게 썼더라고요. 우리 영혼은 하나님을 만나야 돼요. 하나님과의 만남의 관계가 아니고는 절대로 충족할 수 없어요. 이걸 꼭 잊지 말아야 합니다.

그 하나님과의 만남, 바로 이것이 기도입니다. 기도라는 말로 요약됩니다. 그리스도인이 누구입니까? 기독교인이 누구입니까? 이건 백과사전에 나오는 얘기입니다. '예수 그리스도를 유일한 하나님의 계시자로 믿는 사람을 기독교인이라 한다.' 저는 다시 고치고 싶습니다. 기독교인이란 기도하는, 예수님 이름으로 하나님께 기도하는 사람이요, 기도의 신비, 기도의 행복, 기도의 능력을 알고 그것을 체험하며 사는 사람입니다. 그래서 그 행복 속에 사는 사람입니다. 하루하루의 현실을 기도의 응답이라고 믿고 사는 사람입니다. 기도의 응답을 현실 생활 속에서 매일매일 같이 경험하고 신문을 볼 때나, 텔레비전을 볼 때나, 누구하고 얘기할 때든지 들려지는 소식 속에서도 하나님의 음성이 있고, 그 속에 기도 응답이 있음을 알아요. 그렇게 하나님과 가까이 사는 사람, 하나님과 가까운 만남의 관계 속에서 사는 바로 그 사람이 그리스도인입니다.

성 아우구스티누스는 말합니다. 그는 늘 이렇게 기도했답니다. '오 하나님시여 나로 하여금 나를 더욱 더 깊이 알게 하여 주십시오.' 먹고 입고 사는 얘기가 아닙니다. 세상 얘기가 아닙니다. '하나님이여, 나를 알게 해 주십시오. 내가 나를 알게 해 주십시오.' 그렇게 수

없이 그 많은 시간 기도했다고 합니다. 여러분, 하나님 앞에서 내가 누구입니까? 바르게 알고 있습니까? 어느 순간에 내가 나를 몰랐다, 아, 이럴 줄 몰랐다— 잘못 산 거지요. 하나님과의 만남 속에서만 나를 알 수가 있어요. 그래서 칼뱅(Jean Calvin)은 말합니다. '하나님에 대한 지식이 없이는 인간 자신, 나 자신에 대한 지식이 없다.' 하나님을 만나고야 내가 나를 알 수 있어요. 또 유명한 성 프란체스코는 '하나님이여 도대체 당신은 누구시며 나는 누구입니까?' 사흘 나흘 물도 마시지 않고 기도했답니다. 그렇게 신비롭게 하나님과 교제하면서도 기도 제목은 '당신은 누구시며 나는 무엇입니까? 당신은 누구시며 나는 무엇입니까?' 그것이었습니다.

예수님께서 우리에게 보여주신 본을 한번 봅시다. 예수님께서 우리에게 보여주신 신관, 예수님께서는 하나님을 누구라고 말씀하셨느냐, 너무나도 간단합니다. 너무나도 쉽습니다. '하나님 아버지'입니다. 여러분, 우리가 외우는 주기도문이 있습니다. '너희는 이렇게 기도하라.' 그렇게 말씀하시며 가르쳐주셨는데 그 주기도문에는 아무리 봐도 하나님이란 말이 없어요. '하늘에 계신 우리 아버지'라고 합니다. 아버지. 저는 그래서 신학적으로 혹은 심리학적으로 이렇게도 설명해봅니다. '아버지 개념이 잘못된 사람은 하나님 개념도 잘못된다. 아버지 개념이 건강하고 좋아야 그의 신관도 바로된다.' 그렇게 말하고 싶습니다. 마르틴 루터(Martin Luther)가 이 말을 했거든요. 그의 아버지는 광부였어요. 그리고 좀 성질이 급한 분이었어요. 그 아들을 많이 괴롭혔어요. 그래서 매를 많이 맞았대요. 그래서 그는 기도할 때에 '하나님 아버지' 하면 왜 그런지 자기 아버지가 자꾸 생각이 났대요. 몽둥이 들고 따라오는 그 아버지가 생각이 나서,

그 고약한 이미지 때문에 그는 table talking에서 이런 농담 섞인 말까지 합니다. '하나님 아버지, 아버지. 아버지란 말이 영 마음에 안드는데 하나님 어머니라고 하면 안될까?'

아버지 개념이 참으로 중요합니다. 우리가 하나님을 아버지라고 부르는 것, 아버지는 상징적 용어거든요. 여기서 우리가 가진 아버지 개념이 거기에 같이 묻어 들어갑니다. 그러니까 아버지 개념이 참 중요합니다. 하나님 아버지. 예수님은 하나님을 아버지로 부르시고 또 아버지라고 가르치셨습니다. 그래서 주기도문에 아버지만 있을 뿐입니다. 엄청난 사건이지요. 예수님께서 십자가에 돌아가실 때 눈앞에 십자가가 다가오는데 겟세마네 동산에 올라가서 피땀흘려 기도하실 때에도 아버지를 부르십니다. '내 뜻대로 마옵시고 아버지의 뜻대로 하옵소서.' 아버지께 위탁하십니다. 아버지의 뜻대로. 그뿐입니까? 기도응답을 받으시고 겟세마네 동산에서 내려오실 때 체포되는 바로 그 순간입니다. 요한복음 18장에 보면 매우 중요한 말씀을 하십니다. '아버지께서 내게 주신 잔을 내가 마시지 않겠느냐.' 저는 이 한마디가 너무도 중요하다고 생각합니다. 이것이 예수님께서 받으신 기도응답입니다. 십자가, 이 엄청난 모순, 이 현실이 아버지께서 내게 주신 잔이라고 생각하셨습니다. 그렇게 받아들이면서 아버지께서 내게 요구하시는데 내가 이 잔을 마시지 않겠느냐고 말씀하십니다. 엄청난 진리입니다. 이것은 현실적인 진리입니다.

여러분, 어떤 처지에 있습니까? 기도한 사람의 마음은 이렇습니다. 기도의 응답으로 사는 사람은 이렇습니다. 아버지께서 내게 주신 잔. 여러분, 여기서 기도하셨습니까? 기도하고 예배당 문을 나갈 때 이제부터 내 앞에 어떤 일이 생기더라도 그건 아버지께서 내게 주신 잔입니다. 그런고로 감사한 마음으로 마셔야 됩니다. 감사한 마음으로 받아들이고 수용해야 됩니다.

뿐만 아니라 누가복음 23장 46절에 보면 십자가에서 운명하실 때에도 '내 영혼을 아버지 손에 부탁하나이다' 하십니다. 예수님의 마지막 기도입니다. 여러분, 그 아버지, 예수님께서 말씀하시는 그 아버지, 우리에게 소개하고 계시는 그 아버지를 생각해 보세요. 그는 창조주십니다. 그는 생명의 근원이십니다. 동시에 그는 진노의 근원 하나님이십니다. 공의로운 하나님이십니다. 그래서 우리는 하나님을 뵐 때마다 진노적 사랑을 생각합니다. 하나님의 진노는 십자가 안에서 구체화됩니다. 하나님의 사랑은 그의 진노 속에서 현실화됩니다.

여러분, 혹시 부모에게 매를 맞아본 일이 있습니까? 이제서 생각하니 그 매가 얼마나 소중했다는 것을 생각하십니까? 그 매가 아니었다면 지금의 내가 아니라고 생각해 보십니까? 여러분, 그 자식을 때려놓고 밤에 그 이불을 덮어주고 그 멍든 것을 쓰다듬으면서 우는 아버지를 생각해 보셨습니까? 진노적 사랑입니다. 저는 아버지로부터 매를 무척 많이 맞았다고 생각합니다. 그러나 이제서 생각하고 또 그 때를 생각합니다. 아버지는 말씀이 없어요. 그러나 그 속에 사랑이 있었어요. 그 속에 뜨거운 사랑이 있었어요. 진노적 사랑. 'God's love is concreted in his wrath.' 칼 바르트의 유명한 신학이론입니다. 하나님의 사랑은 그 진노 속에서 구체화하는 것이다― 여기에 창조적 은혜가 있고, 여기에 사랑이 있습니다. 이제 예수님께서 보여주신 하나님을 봅시다. 가장 중요한 말씀입니다. 탕자 비유를 보세요. 탕자의 아버지, 참 좋은 아버지지요. 그 아들이 집을 나가겠다고 할 때에 나가라고 합니다. 재산을 나누어 줍니다. 이 재산을 다 없애서라도 좋으니 아들이 되어서 돌아오라. 그렇게 집을 내보내 놓고 기다립니다. 오늘이나 내일이나 기다립니다. 돌아오는 아들을 맞이합니다. 아무것도 묻지 않습니다. 그리고 아버지는 기뻐하기만 합니다. 잔치를 합니다. 그 아버지, 그 탕자의 비유 속에서 예수 그리스도는 신관을 말씀하셨어요. 하나님께 대한 모든 것을 말씀하셨어요. 아버지 하나님, 탕자의 아버지, 그 좋은 아버지, 늘 생각합니다.

여러분, 신앙의 수준은 바로 기도 수준입니다. 얼마나 기도하시며 얼마나 기도를 즐기십니까? 얼마나 기도가 중요합니까? 여러분, 깊이 생각해야 합니다. 하나님의 아버지 됨을 알며, 그의 능력에 놀라며, 그의 사랑에 감사하며 그렇게 기도합니다. 하나님 아버지께 그 공의로운 사랑을 느끼며 그 용서와 인내를 몸으로 느끼며 자기희생의 십자가를 바라보며 감사 감격하면서 기도합니다. 이제 무슨 긴 얘기가 필요하겠습니까? 이 하나님, 이 위대한 하나님, 이 고마우신 하나님, 이 아버지 앞에 뭐 그렇게 긴 얘기가 필요합니까? 그래서 예수님께서는 이제 다시 우리에게 말씀하십니다. '구하기 전에 아시느니라.' 구하기 전에 아시느니라.

죄송한 얘기입니다만 제가 30대 초반에 남대문교회 부흥회 인도하러 갔을 때, 그 교회 권사님이 계시는데 아주 유명한 분입니다. 어느 원장의 부인인데 어느날 제게 말해요. "목사님, 저는 요새 성경을 읽다가 아, 내가 잘못 생각했구나 해서 요새는 기도 안합니다." "어, 기도 안한다니요?" "성경에 보니까 '구하기 전에 아시느니라' 그랬던데, 그럼 척척 주실 것이니 뭘 구하겠습니까? 그래서 그냥 그저 아멘 감사합니다, 그렇게 삽니다." "그러니까 권사님은 그저 마태복음 6장만 봤구만. 1장만 더 볼 걸. 7장엔 뭐라고 했습니까? '구하라 주실 것이요, 찾으라 만날 것이요, 두드리라 열어줄 것이니라.' 자, 구하기 전에 아시면서도 안주시는데 어떡할 것입니까? 그리고 구해야 준다는데 어떡하면 좋겠어요? 구해야 주신다는데."

제가 그런 가정을 하나 압니다. 제 집안 식구인데요. 팔남매를 두고 어머니가 세상을 떠났어요. 이제 계모를 모셔왔는데 그 계모가 잘 해요. 그런데 아이들이 계모 어머니를 어머니라고 부르지를 않아요. 이거 어떡하면 좋아요. 양말이라도 하나 얻어 가지려면 가서 옆구리를 꾹 찌르고 '양말' 그런데요. 돈이면 '돈' 이러지 '어머니, 돈 주세요' 그렇게 안하는 것입니다. 그래서 그 어느날 가족회의를 했어요. 가족회의를 할 때 제가 그 자리에 있었어요. 뭐라고 말하시나 하니 그 아버지가 "잘 들어라. 어머니에게 '어머니, 이거 주세요'라고 말하기 전에는 절대로 양말도 없고, 용돈도 없다. 어머니라고 한마디 하고야 얻어 가질 줄 알아라. 끝." 그랬습니다. 그 다음에는 도리가 없어요. 뭐든지 하나 얻어가지려면 한번은 어머니라고 불러야 됩니다. 그 다음에 주시는 겁니다. 이렇게 해서 가정질서를 잡아 나가는 걸 보았습니다. 여러분, 하나님께서 우리가 아버지라고 부르는 것을 그렇게 기뻐하십니다. 부르기를 원하고 계십니다. 얼마나 답답하면 예수님께서 이렇게 말씀하시겠습니까? '너희가 악할지라도 자식에게는 좋은 것으로 줄 줄 알거든 하물며 하늘 아버지께서 안주시겠느냐. 제발 아버지라고 좀 불러라.' 여러분, 우리가 하나님을 아버지라고 부를 때에 하나님께 영광을 돌리는 것이요, 이것이 신앙고백이요, 이것이 바로 기도응답입니다.

또 여기 성경에 말씀하십니다. '사람들은 말을 많이 해야 하나님이 들으실 줄 아느니라.' 말 많이 하는 것도 잘못된 것입니다. 그건 기도를 공로화하는 것입니다. 성경에 그렇지 않아요. 엘리야의 기도는 한마디지만 응답이 되었습니다. 아브라함의 기도도 그렇고 예수님의 기도도 마찬가지입니다. 여러분, 기도를 많이 해서 '이만했으니까 됐을 거다. 아, 내가 금식까지 하고 밤새 했으니까 하나님도 별수 없지. 들어주시겠지. 아멘' 하더라도 천만의 말씀! 말을 많이 한다고 들으시는 게 아닙니다. 기도는 공로화될 수 없는 것입니다. 단 한마디의 기도라도 아버지의 마음에 합당해야지요. 구약성경에 보면 솔로몬이 하나님 앞에 기도합니다. 그럴 때에 성경은 말씀합니다. "하나님의 마음에 맞은지라." 하나님의 마음에 맞을 때, 딱 한마디 기도가 응답되어서 솔로몬은 지혜의 왕이 됩니다. 여러분, 기도를 그렇게 많이 해야만 되는 건 아니고, 이것이 공로화될 수 있다고 생각해서는 안됩니다. 하나님의 뜻을 생각하며 하나님의 은혜에 감사하며 그 하나님의 품 안에 안기는 것입니다. 그래서 '하나님 아버지' 하면 벌써 하나님께서 나를 품어주시는 걸 느껴요. 마치 '오냐, 오냐' 하고 말씀하시는 것을 느낍니다. 그런 기도 말입니다. 그래서 예수님 말씀하십니다. '네 아버지께 기도하라. 아버지 하나님을 부르라.' 그리고 그 기도 응답으로 살아가는 것입니다. △

다시 택함을 받은 사람들

여호와께서 야곱을 긍휼히 여기시며 이스라엘을 다시 택하여 자기 고토에 두시리니 나그네 된 자가 야곱 족속에게 가입되어 그들과 연합할 것이며 민족들이 그들을 데리고 그들의 본토에 돌아오리니 이스라엘 족속이 여호와의 땅에서 그들을 얻어 노비를 삼겠고 전에 자기를 사로잡던 자를 사로잡고 자기를 압제하던 자를 주관하리라 여호와께서 너를 슬픔과 곤고와 및 너의 수고하는 고역에서 놓으시고 안식을 주시는 날에 너는 바벨론 왕에 대하여 이 노래를 지어 이르기를 학대하던 자가 어찌 그리 그쳤으며 강포한 성이 어찌 그리 폐하였는고 여호와께서 악인의 몽둥이와 패권자의 홀을 꺾으셨도다 그들이 분내어 여러 민족을 치되 치기를 마지 아니하였고 노하여 열방을 억압하여도 그 억압을 막을 자 없었더니 이제는 온 땅이 평안하고 정온하니 무리가 소리 질러 노래하는도다

(이사야 14 : 1 - 7)

다시 택함을 받은 사람들

1977년 프로 권투선수인 홍수환 군은 지옥에서 나온 악마라는 별명을 가진 카라스키야를 맞아 링에서 사투를 벌이고 있었습니다. 네 차례나 다운을 당했습니다. 이대로 끝나는 줄 알았는데 다시 그는 일어나서 마침내 지옥에서 나온 악마라고 하는 별명을 가진 카라스키야를 KO 시키고 WBA 주니어 페더급에서 세계 챔피언을 거머쥐게 됐습니다. 홍수환 군은 다른 사람보다 주먹이 작아서 권투하기에 합당치 않다는 그런 판정을 받은 사람입니다. 너무 권투 연습을 많이 하다가 그 손등 뼈가 그만 탈골되는 그런 일이 있어서 손등 뼈를 수술 받고 기형적인 주먹이 되기도 했습니다. 여러 가지 악조건을 무릅쓰고 이렇게 마침내 세계적인 권투선수의 영광을 누리게 되었습니다.

굳이 홍수환 군만이 아닙니다. 모든 운동선수들은 하나같이 그 결과에서 평가됩니다. 지난날에 얼마나 고생을 했는지, 얼마나 어려운 일이 있었는지, 그거 묻지 않습니다. 끝에 가서 승리하면 그는 승리자입니다. 그뿐만 아니라 이렇게 될 때에 지난날에 지내온 것까지 전부 정당화되고 때로는 미화되기도 합니다. 그가 어려웠기 때문에 잘했다, 실패했기 때문에 잘했다, 남달리 어려운 악조건이기 때문에 그는 더 훌륭했다, 이 모두가 다 영광의 조건으로 빛나게 되는 것을 우리가 알고 있습니다. 과정은 묻지 않습니다. 결과가 중요합니다. 마지막 결과에 의해서 그 과정은 전부 재해석되고 미화되는 것이 운동경기입니다. 끝에 승리하면 모든것이 승리의 드라마가 되고 맙니다.

　어려운 말로 이런 것을 '종말론적 평가'라고 합니다. Eschato-logical Criticize입니다. 보십시오. 종말과 종말론은 다릅니다. 종말론적 현재를 말하는 것입니다. 종말은 끝에 있는 것이고, 종말을 지향하는 현재, 종말을 약속받은 현재, 이것을 종말론적이라고 말하게 됩니다.

　폴 투르니에(Paul Tournier)는 그의 명저「고독」이라는 책에서 이렇게 말합니다. '현대인의 공통적인 병은 고독이다.' 이렇게 단정을 합니다. 그럼 왜 고독이냐? 잘 들어봅시다. 상대방에게 친밀한 마음을 가지지 못하고 항상 경쟁자로 대한다는 것이지요. 심지어는 부부간에도 경쟁자로 대하고, 혹은 부자지간에도 친밀감보다 경쟁자로 대하게 되는 것입니다. 그 순간 고독이 밀려옵니다. 이 경쟁의식에서부터 친밀감으로, 에로스에서 아가페로 옮겨가지 않으면 그는 항상 고독할 수밖에 없어요. 고독에 시달릴 수밖에 없어요. 성공하지 못하고 좌절될까 하는 두려움, 그것도 알고 보면 성공이 뭔지도 몰라요. 그러나 이 막연한 성공 개념 때문에 자신이 고독해지는 것입니다. 내가 이대로 성공했다고 생각할 수 없겠습니까? 성공이 현재가 아니고 뭔가 다른 무엇이라고 생각하는 순간 벌써 그는 고독에 빠지고, 두려움에 사로잡히게 된다는 것이지요. 또하나는 타인으로부터 인정받지 못하고 이해받지 못한다고 하는 두려움, 그 타인에 대한 신경, 타인과의 비교의식, 이것이 사람을 고독하게 만들어요. 뭐 그래봐야 별것도 아닙니다. 나는 나인데요. 나는 실존적으로 나 자신입니다. 그런데 다른 사람으로부터 인정받으면 무엇이 있는 것처럼, 인정받지 못하면 없는 것처럼 생각합니다. 그건 아니거든요.

바로 이러한 병 때문에 고독이라는 병에 인간은 시달리고 있다는 것입니다.

인생은 애당초 하나님의 뜻 가운데에 선택적으로 태어납니다. 제가 어느 잡지에서 읽은 얘기인데요, 여러분 동의하실 수도 있고 안할 수도 있습니다. 그건 마음대로입니다만 사람은 그 유전자대로 산다는 것입니다. DNA대로. 사람의 수명이라는 것이 우리가 생각하면 병 걸리면 죽고, 약하면 빨리 죽고, 뭐 그런 것으로 생각을 합니다만 아니라는 것입니다. 유전자대로 타고난 거랍니다. 타고나서 제 명대로 사는데, 병들면 비실비실하면서 살고, 건강하면 튼튼하게 살고 그것만 다른 것입니다. 본인에게 직접 들은 것입니다. 그는 한평생 비실비실하고 어떤 해는 1년 동안에 절반을 병원에 있었대요. 그러면서도 100세가 넘도록 살더라고요. 이거 뭐라고 말해야 되겠습니까? 그러니까 운명, 타고난 것입니다. 단, 비실비실하느냐 안하느냐, 그것만 차이가 있는 것입니다. 병원에 들락날락하며 사느냐 아니면 병원에 안가고 사느냐, 그건 마음대로 하세요. 그러나 중요한 것은 이것도 타고난 거라는 것입니다.

가끔 제게도 많은 분이 물어봐요. 이젠 내가 이렇게 나이가 칠십이 넘고보니 많은 분들이 물어봐요. "목사님, 건강의 비결이 뭡니까?" 비결을 물어봐요. 이럭저럭 대답하는 척합니다만 사실 할말이 없어요. 그렇게 뭐 위생을 잘 지키는 것도 아니고, 건강을 잘 돌보는 것도 아닙니다. 건강관리, 그거 그렇게 잘 못하고 있어요. 그러나 저는 꼭 생각을 해요. '아마도 우리 할아버지 만큼은 살 거다.' 그런 생각을 해요. 그렇잖아요? 이건 조상에게 감사해야 돼요. 그렇게 주어지는 것입니다.

자, 부모를 내가 선택했습니까? 내가 태어나는 시점을 내가 선택했습니까? 그 많은 유치원 선생부터 대학교수까지 나에게 정신적으로 큰 영향을 준 선생님들, 스승을 내가 선택했습니까? 특별히 신앙의 유산, 가장 소중한 인간성, 생각해 보세요. 내가 얻은 것이 무엇이겠습니까? 다 주어진 것입니다. 은혜로 주어진 것입니다. 이것을 우리가 인정을 해야 합니다. 성경에 보면 이런 문제를 선택이라고 말씀합니다. 선택이라는 말은 본인의 자격과는 아무 상관이 없어요. 하나님께서 지명해서, 하나님의 뜻에 의해서, 하나님의 일방적 의지에 의해서 주어지는 운명을 말하는 것입니다. 성경은 말씀합니다. 이스라엘은 하나님의 선택된 백성입니다. 아브라함은 하나님의 선택을 받았어요. 부르심을 받았고, 능력의 주어짐을 받았고, 보내심을 받았고, 그렇게 한평생을 삽니다. 문제는 그 선택, 그 거룩한 은혜에 대해서 어떻게 응답하느냐입니다. 그 큰 은혜를 생각하고, 정직하게 응답하고, 온전하게 순종하면 그것이 바로 하나님의 사람의 삶입니다.

또 이 선택은 바로 사명으로 이어집니다. 하나님께서 선택하실 때 본인만을 위해서 선택하실 게 아닙니다. 이 선택된 백성을 위해서, 더 많은 사람을 구원하기 위해서, 많은 사람에게 은총을 베풀기 위해서 큰 사명을 지니고 세상에 태어납니다. 이것이 선택받은 자의 운명입니다. 즉, 사명자인 것입니다. 그런데 문제는 이 선택의 그 큰 은총을 잘 지켜가지 못한다는 것입니다. 선택된 자로서 그 큰 뜻에 바로 응답하지 못하는 것입니다. 아브라함의 생애만 봐도 휘청휘청했어요. 선택받은 자인데, 이 땅을 너와 네 후손에게 준다 하셨는데, 흉년이 좀 들었다고 애굽으로 피난을 가버렸어요. 큰 실수지요. '내가 네게 아들을 주마. 그 아들을 통해서 하늘의 별처럼, 땅의 모래알처럼 번성해서 천하 만민이 복을 받게 될 것이다.' 얼마나 큰 축복입니까? 이 약속을 지키지 못하고 이걸 다 믿어 순종하지 못하고 10년 만에 그가 실수를 합니다. 아브라함은 휘청휘청했어요. 그러나 아브라함의 생애에서 우리가 꼭 봐야 할 것이 무엇인가 하면, 아브라함은 휘청거렸지만 하나님께서는 불변이셨다는 사실입니다. 아브라함은 실수를 했지만 하나님께서는 여전히 아브라함을 또 불러 세우시고 또 선택하시고 또 선택된 위치로 돌아오게 하셨어요. 이, 엄청난 하나님의 절대적 은혜입니다. 이스라엘을 보세요. 이스라엘은 하나님의 선택된 백성입니다. 확실합니다. 하나님의 선택된 백성이 틀림없는데 이 귀한 사명을 잘 감당하지를 못했어요. 그래서 선택받은 자가 선택받지 못한 자들과 함께 살면서 우상을 섬기고 타락한 생활을 하게 됩니다. 하나님께서 이제 저들을 징계하십니다. 여러분 잘 아시는 대로 바벨론 포로 생활을 하게 합니다. 바벨론 왕 느부갓네살이 쳐들어와서 예루살렘과 성을 다 파하고, 예루살렘 성전을 다 불지릅니다. 그리고 수만 명의 젊은이들을 잡아서 바벨론으로 끌고 갑니다. 그리고 70년이 흘러갑니다. 이 얼마나 큰 사건입니까? 선택받은 자가 선택받은 자의 합당한 길을 가지 못함으로 해서 이렇게 70년 동안 큰 부끄러움도 당하고, 징계를 받게 됩니다.

　자, 이제 오늘 본문으로 돌아가 봅니다. 본문에 보면 참 감격스러운 말씀이 있어요. '이스라엘을 다시 선택하여, 예루살렘으로 돌아오게 하리라. 무너졌던 성전을 다시 짓게 하리라. 이방으로 하여금 이스라엘을 존경하게 하리라. 그리고 높은 이름을 가지고 다시 원점으로 돌아가서 선택받은 자의 영광을 얻게 될 것이라'고 말씀합니다.

다시 선택한다— 얼마나 굉장한 말씀입니까? 그러면 그간에 되어졌던 일은 무엇입니까. 그것이 바로 선택의 과정이었어요. 선택된 자가 선택받은 자의 합당한 길을 가지 못함으로 하나님께서 징계하신 것입니다. 이 징계라고 하는 것, 성경은 상징적으로 말씀합니다. 느부갓네살을 하나님께서 막대기로 사용하셨다고. 그래 호세아서에는 말씀합니다. '찢으셨으나 도로 낫게 하실 것이고, 때렸으나 싸맬 것이다.' 여러분, 이게 바로 하나님의 역사입니다. 그냥 때리시기만 합니까? 싸매 주십니다. 그 징계 속에 사랑이 있어요. 그 진노 속에 하나님의 구체적인 사랑이 있어요. 여러분, 혹 부모로부터 맞아 보았습니까? 아니, 자녀를 때려 보았습니까? 그 매 속에 엄청난 사랑이 있습니다.

저는 오래전 젊었을 때 요한 웨슬리(John Wesley)에 대한 책을 보았습니다. 요한 웨슬리의 형제가 아마 열 셋인가, 그렇게 형제가 많으니 뭐 먹을 것 하나 흔한 게 어디 있겠어요? 어머니가 사과를 다 나눠주다가 몇 개 남은 것을 선반 위에 얹어 놓았거든요. 웨슬리가 들어가서 그걸 몰래 훔쳐 먹었어요. 이게 발각되어서 어머니로부터 엄청나게 맞았대요. 맞고 나서, 그의 기록을 들어 봅시다. '그 매가 없었더라면 오늘의 내가 없을 것이다.' 여러분, 그렇게 맞아 보았어요? '그 매가 아니었다면 오늘의 내가 없을 것이다.' 그 매 속에 구체적인 사랑이 있어요. 사랑의 구체화 작업이 있습니다. 하나님의 사랑은 그 진노 속에서 구체화하여 가는 것입니다. 이게 확실하거든요. 이건 창조적 사랑입니다. 하나님께서는 잘못되는 걸 보시되 그냥 봐주시기만 하지 않아요. 그냥 기다리기만 하시는 게 아닙니다. 손을 대십니다. 이게 바벨론 포로 사건입니다. 절대 버리시지 않았어요. 그리고 그 진노 속에 다시 수련하고 다시 정결케 하고 다시 온전케 해서 아주 겸손하고 순전한 다른 이스라엘로 만들어서 본국으로 돌아오게 하십니다. 그것을 오늘 성경 말씀은 '다시 택하여'라고 말씀합니다. 다시 선택했다— 굉장한 말씀입니다. 그래서 초토화한 예루살렘을 다시 건설하고, 다 훼파된 예루살렘 성전을 다시 짓게 됩니다.

여러분, 이것은 일반적 사랑이 아닙니다. 하나님의 사랑입니다. 그 사랑 속에는 능력과 지혜가 함께 있습니다. 여러분은 어느 수준에 있습니까? 지금 내가 어느 지경에 있습니까. 잊지 마세요. 시련을 당하고 있든지, 형통하든지, 혹은 실패하고 있든지, 건강하든지, 병들든지, 이 사건 하나하나 속에 하나님의 선택적 역사가 강하게 구체적으로 작용하고 있는 것입니다.

토니 캠폴로(Tony Campolo)라고 하는 박사님께서 재미있는 연구 결과를 말했어요. 95세 이상 된 사람을 50명 불러놓고 이 분들에게 설문지를 나눠주었습니다. '당신들이 이제부터 다시 삶이 주어진다면 어떻게 살아가고 싶습니까? 3가지씩만 써 놓으세요.' 95세 이상 된 분들이 옛날을 돌아보면서 그들이 이렇게 공통적으로 말하고 있습니다. 첫째, 날마다 반성이 있는 생을 살겠다. 그 동안에 정신없이 살았거든요. 좀 정신차려 살고 싶다. 반성하며 내가 왜 살아야 하느냐고 물어가며 살고 싶다. 어리벙벙하게 살아온 것이 후회스러운 것입니다. 좀 정신차려서 날마다 생을 반성하며 살아보고 싶다. 둘째, 너무 비겁하게 살았다. 불의와 타협하며 살고, 그래선 안되지 하면서 살았다. 만약 다시 생이 주어진다면 이제부터는 용감하게 살고 싶다. 세 번째는 중요한 얘기입니다. 오늘같은 날이 있다는 걸 알고 살고 싶다. 죽음을 생각하며 살고 싶다. 죽은 뒤에 나는 어떻게 되나? 무엇이 남을 것인가? 그걸 좀더 생각하며 살았으면 좋았을 걸. 내가 그 생각 없이 산 것이 후회스럽다고 이렇게 공통적으로 고백하고 있습니다.

여러분은 어떻습니까? 하나님께서 나를 선택하신 것, 그 은혜의 손길을 보면서 하나님께서 나를 어디로 인도하시나, 좀 정신차리고 살아야 할 것 아니겠습니까? 한 가지 분명한 것은 나는 엎치락뒤치락하기도 했지만 그럼에도 불구하고 하나님께서는 당신의 뜻을 이루셨어요. 또 이루어가고 계십니다. 선택받은 자, 선택받은 자로 만들어 가고 계시다— 이것을 선택의 절대성이라고 말합니다. 절대 양보하지 않습니다.

아브라함, 이삭, 야곱, 모세, 누구할것없이 하나님의 사람들은 모두 허물이 큽니다. 나는 언젠가 성경에 나오는 인물들을 이렇게 보다가 미안하지만 빙그레 웃었어요. 왜요? 하나같이 시원치 않아요. 이 사람들이 다 완전했으면 나는 그만둘 뻔했어요. 아, 이 시원치 않은 사람들이 여기 있는 걸 보고 마음에 위로가 되던데요. 그러나 한 가지 잊지 마세요. 하나님께서는 절대로 그들을 그대로 놓아두지 않으셨어요. 그 휘청거리는 사람들을 통해서 당신의 위대한 역사를 이루어가고 계셨습니다. 이 창조적 사랑, 이 사랑은 지혜요 능력이라는 것을 알아야 합니다.

여러분 잘 아시는대로 베드로가 누구입니까? 예수님의 수제자입니다. 천국 열쇠를 받은 사람이고 교회의 기초가 되는 사람인데 베드로 이 사람은 예수를 부인합니다. 세 번이나 모른다고 합니다. 그리고 부활하신 예수님을 잠깐 만나보았지만 부끄러워서 다시 갈릴리로 가서 물고기를 잡게 됩니다. 선택받은 자의 길을 완전히 떠나버렸습니다. 그러나 예수님께서는 그를 찾아가서 아무 말씀도 하지 않으십니다. '아가파스 메―네가 나를 사랑하느냐?' 설명 없습니다. '내 양을 먹이라.' 다시 선택하십니다. 엄청난 은혜를 받은 사도 바울도 열심히 복음을 전했지만 아덴 전도에서 실패한 다음에 고린도로 가서 그만 좌절하고 선교할 용기를 잃어버렸습니다. 그 때에 주님은 다시 찾아가서 바울에게 말씀하십니다. '이 백성 중에 내 백성이 많다. 두려워 말고 말하라.' 다시 선택하십니다.

여러분, 이것을 잊지 말아야 합니다. 오래전 얘기입니다만 저의 손녀 중에 수지라고 하는 아이가 있어요. 그 아이가 아주 어렸을 때 할머니가 키웠거든요, 그래서 할머니 사랑을 많이 받았어요. 지금은 아버지 어머니하고 살지만 할머니 사랑을 잊지 못해 집에 놀러왔다가 밤에 하는 말이 아빠 엄마 보고 집에 가라고, 저는 할머니하고 잘 거라고 했어요. 그래 아빠 엄마가 가고 아이가 집에 남았어요. 아, 자다가 밤중에 깼어요. 깨더니 엄마를 찾는 것입니다. 뭐 이건 달랠 수가 없어요. 할수없이 제가 밤중에 차에 태워가지고 집에다 데려다 줬어요. 그 다음 얼마 후에 또 놀러왔다가 "나, 할머니하고 자고 갈래." 그래서 내가 "야, 너 밤중에 일어나서 또 집에 가겠다고 그럴 거 아니냐? 내가 너를 어떻게 믿을 수 있느냐?" 했더니 애가 진리를 말하더라구요. "나도 나를 못믿어요." 지금은 할머니와 자고 싶지만 밤중에 일어나면 엄마 보고 싶으니 자기도 자기를 못믿는다 이것입니다. 이게 인간입니다. 우리 변덕부리는 대로 하나님께서 변덕부리시면 어떻게 되겠어요?

여러분, 그분은 그런 일이 없어요. 완전한 분입니다. 나는 나를 버리기도 합니다. 나는 내가 나를 못믿어요. 그러나 그는 나를 믿으십니다. 실패된 옛사람, 나약한 나를 묻지 아니하시고 오늘도 다시 선택하십니다. 다시 선택하시고, 다시 기회를 주시고, 새로운 미래를 약속해 주십니다.　△

사형선고를 받은 자

형제들아 우리가 아시아에서 당한 환난을 너희가 알지 못하기를 원치 아니하노니 힘에 지나도록 심한 고생을 받아 살 소망까지 끊어지고 우리 마음에 사형선고를 받은 줄 알았으니 이는 우리로 자기를 의뢰하지 말고 오직 죽은 자를 다시 살리시는 하나님만 의뢰하게 하심이라 그가 이같이 큰 사망에서 우리를 건지셨고 또 건지시리라 또한 이후에라도 건지시기를 그를 의지하여 바라노라 너희도 우리를 위하여 간구함으로 도우라 이는 우리가 많은 사람의 기도로 얻은 은사를 인하여 많은 사람도 우리를 위하여 감사하게 하려 함이라

(고린도후서 1 : 8 - 11)

사형선고를 받은 자

　아주 오래전에 우리가 존경하는 한경직 목사님의 회갑감사예배에 참석했던 일이 있습니다. 아주 큰 행사였습니다. 예배당 본당에서 두 내외분을 모시고 큰 잔치를 했습니다. 그렇게 회갑감사예배를 드렸는데 마지막에 한목사님이 나오셔서 교인들에게 고맙다는 인사를 하게 됩니다. 그 인사 내용의 두 가지가 인상적이었습니다. 한 가지는 이런 말씀입니다. "여러분 잘 아시는 대로 저는 건강이 시원치 않아서 늘 비실비실합니다." 강대상에 올라갈 때 손잡이가 있는데 그건 영락교회에만 있습니다. 목사님이 혹시 올라오는데 쓰러질까 봐요. 그렇게 늘 비실비실했습니다. 좌우간 미국에서 공부하시다가 폐결핵에 걸려서 병원에 들어가 얼마동안 쉬면서 수술도 받았는데, 그때만 해도 지금처럼 의학이 발달하지 못했기 때문에 의사가 이렇게 선언을 합니다. "잘하면 앞으로 3년 삽니다. 그러니까 공부 중단하고 나가세요." 그래서 공부를 중단하고 한국으로 나와서 목회를 했는데 그렇게 비실비실하면서도 3년 산다는 사람이 환갑까지 살았습니다. 참으로 감사한 일이라고 생각합니다.

　두 번째는 이런 말씀입니다. "그래서 말입니다. 내 마음에 있는 생(生)의 철학은 항상 '오늘이 나의 마지막날이라면……' 하는 생각입니다." 한목사님은 그 제목으로 설교 참 많이 하셨습니다. '오늘이 나의 마지막 날이라면……' 늘 그렇게 생각하며 오늘까지 살아왔습니다. 그리고 뒤이어서 "이 허약한 나를 정성껏 돌아보아준 제 아내가 있어서 오늘 제가 여기에 있습니다" 하고 아내를 추켜세우는 그런 장면을 보았습니다. 그렇게 100살이 되도록 사셨습니다.

꼭 일 년 전에 있었던 일입니다. 2007년 9월 18일, 미국의 카네기 멜론 대학에서 유명한 강연이 있었습니다. "Last Lecture"라고 하는 강연회가 열렸습니다. 46세의 교수 랜디 퍼쉬(Randy Pausch)박사가 말기 췌장암의 사형선고를 받고 이제 마지막 강연을 했습니다. 400명의 교수와 학생들 앞에서 절절한 인생 마지막 강연을 하게 됩니다. 그런데 이상하게도 그의 강연 내용은 죽음이 아니라 삶에 초점을 맞추었습니다. '당신의 어릴 적 꿈을 진짜로 이루기 위하여는' 이라고 하는 그런 제목입니다. 아주 명강연입니다. 동영상으로 찍어서 온세계에 보내집니다. 천만 명이 이 강연을 듣고 보았다는 것입니다.

유명한 토크가인 오프라 윈프리(Oprah G. Winfrey)가 그에게 전화를 걸었습니다. '우리 쇼에 나와 달라'고. 그래서 초대되었고 그야말로 온세계를 깜짝 놀라게 한 그런 토크쇼였습니다. 월 스트리트 저널(The Wall Street Journal)에서는 제목을 바꾸어서 '매일매일 감사하는 남자'라고 하는 제목으로 그의 강연을 소개하게 됩니다. 그가 말하는 소중한 생의 가치는 이렇습니다. "첫째는 감사하는 마음을 보여 주세요. 감사할수록 당신은 위대해집니다. 감사할수록 위대해집니다. 감사하는 만큼 위대한 생을 살게 될 것입니다." 아주 중요한 교훈이고요. "또한 항상 준비하세요. 준비가 기회를 만날 때 행운이옵니다. 준비가 없으면 행운도 그냥 지나갑니다. 그런고로 준비하는 생을 사세요. 가장 좋은 금은 쓰레기통 밑바닥에 있습니다. 쓰레기통을 뒤지듯이 밑바닥을 살피세요. 거기에 소중한 것이 있습니다. 만일에 일을 망쳤다면 사과하도록 하세요. 사과는 끝이 아닙니다.

그것이 시작입니다. 사과하는 마음을 잊지 마세요. 사과함으로 내가 없어지는 게 아니고, 사과함으로 내가 나로서 다시 태어나는 것입니다. 완전한 악인은 없습니다. 그런고로 항상 상대방의 좋은 면을 보도록 힘쓰세요. 가장 어려운 것은 듣는 것입니다. 자세를 낮추어서 항상 듣는 마음으로 사세요. 마지막으로 내일을 두려워하지 말고 오늘이라고 하는 순간을 즐기세요." 이렇게 그는 우리에게 충고하고 있습니다.

여러분, 비단 랜디 퍼쉬뿐이겠습니까? 우리 모두가 사형선고를 받고 있습니다. 사형선고. '아포크리마 투 사나투'라고 하는 이 말은 그야말로 재판장이 재판하면서 선언하는 것입니다. Sentence of death입니다. '사형' 하고 선언하는 것입니다. 이 선언을 알고 사느냐 모르고 사느냐가 문제입니다. 다 사형선고를 받고 삽니다. 이 퍼쉬 교수만 시한부를 사는 게 아닙니다. 우리 모두가 지금 시한부 생을, 사형선고를 받고 다만 집행유예로 살아가고 있는 것입니다.

사도 바울은 본문에서 명백하게 말씀합니다. '사형선고를 받은 줄 알았다.' 그 한 단어가 매우 중요합니다. 알고 모르고의 문제이지 사형선고를 안받은 사람은 없습니다. 사도 바울은 말씀합니다. '나는 사형선고를 받은 줄 알았다.' '여기까지구나. 여기에 하나님의 뜻이 있구나. 하나님께서 여기서 나를 끝내고 부르시는구나.' 잘 알고 있었습니다. 그리고 그 남은 시간을 살아갔습니다. 그런데 언제 어떻게 해서 이렇게 알게 되었을까? 사형선고 받았다는 것을 언제 알 수 있는 것입니까? 이게 중요한 것입니다.

오늘 성경 말씀에 보니 "심한 고생을 받아 살 소망까지 끊어지고⋯⋯" 심한 고생. 이래서 사람은 고생을 해야 사람이 되는 것입니다. 고생 없이 사람이 되질 않아요. 바로 이 때문에 심한 고생, 그것도 살 소망까지 끊어질 정도의 고생으로 인해서 '아, 이젠 죽는구나. 아, 여기가 끝이구나.' 그 경험을 하고야 사람이 되는 것입니다. 이걸 잊지 말아야 합니다. 언젠가라도 말입니다. 그것이 몇 살이라도 좋아요. "심한 고생을 받아서……"

제가 병원에 가서 의사들에게 설교할 때가 있습니다. 언젠가 한 번 어느 병원에 가서 설교를 했는데 그 소문이 나서 다른 병원에서 또 오라고 합니다. 그런데 연락이 오기를 어느 병원에서 설교하신 거 그걸 다시 여기서도 해주세요 합니다. 그 내용은 이런 겁니다. "병원이란 왜 중요하냐? 환자를 고치기 때문에 중요한 게 아니다. 병원에서 죽기 때문에 중요한 것이다. 환자들은 당신들의 얼굴을 인생 살아가는 마지막으로 보게 되는 얼굴이기 때문에 환자들에게 의사의 얼굴은 중요한 것이다. 병원이 사람을 고치기 때문이 아니고 사람은 병원에서 죽기 때문에 당신들은 소중합니다." 이런 심각한 설교를 했더니 유명해졌어요. 병원마다 주문을 해요. 그걸 꼭 다시 말해 달라고. 그래요. 환자들이 병원에서 고친다고만 알지만, 아직도 살려 달라고 하는 사람은 덜된 사람입니다. 여기서 가는 줄 알아야지. 병원에 보면 바로 영안실이 있잖아요. 아, 영안실이 있는 게 병원입니다. 더 기대하지 마세요. 그렇게 거쳐가는 거지. 이걸 알아야지요. 심한 고생을 해서 살 소망까지 끊어지는 바울도 그 순간이 있어서 사형선고 받았다는 걸 알게 돼요. 인간적으로는 살 소망까지 끊어지는 그 한계선에 올 때, 그 때 철이 납니다. 바로 그 순간 인간은 참 실존적 인간으로 자기 정체를 발견하게 됩니다.

여기에 더욱더 깊은 의미가 있습니다. 이리해서 인간의 의지,

의뢰하는 것이 다 사라지더라. 돈도 의지하고, 건강도 의지하고, 가족도 의지하고, 뭐 나름대로 붙들고 있는 게 많아요. 그 지푸라기같은 것들, 이걸 붙들고 오늘까지 살아왔는데 이런 것들이 아무 소용없다는 걸 알게 되지요. 그렇잖아요? 여러분, 혹 성묘해 보았습니까? 혹 조상의 묘를 방문해 보았습니까? 뭘 보고 왔습니까? 저가 내게로 오는 게 아니라 내가 저에게로 가는 것입니다. 그거라도 좀 생각하고 갔다와야지 뭐 잡초가 우거졌느니 뭐니 하고 있으니…… 잡초가 있으면 어떻고, 없으면 어때요? 그게 무슨 의미가 있어요. 내가 그리로 갈 것입니다.

다윗의 유명한 말이 있지 않습니까? '저는 내게로 오지 못하지만 나는 저에게로 간다.' 그렇습니다. 우리는 자기 자신을 부정해야 한다는 말을 입버릇처럼 합니다. 예수님 말씀하셨습니다. "나의 제자가 되려면 자기를 부인하고 자기 십자가를 지고 나를 좇으라." 자기를 부인하고 자기 십자가를 지고 - 얼마나 중요한 얘기입니까? 그런데 자기 부정, Self denial, 자기 부정이 가능하냐입니다. 한평생 살아왔지만 자기를 의지하는 마음을 깨끗이 지워버려야 되는데 이게 안되거든요. 아, 자기 부정만 할 수 있다면 좋은 것이 옵니다. 그러면 모든 사람이 고마워지고, 사는 그 자체가 의미가 있고, 은혜가 충만하게 되는데. 알기야 알지요. 허나 자기 부정이 안되는 것입니다. 그런데 이것은 지식으로, 논리로, 교육으로 되는 게 아닙니다. 사건 앞에서만 가능합니다. 사건, 아주 절박한 사건, 살 소망까지 끊어지는 사건, 이 때에 자기 포기가 가능해집니다. 자기 포기 이후에 하나님만을 긍정하며, 하나님만 의뢰하는 것입니다. 사람을 믿던 마음을 다 버리고 하나님만 믿고, 세상을 의뢰하던 마음이 이제 하나님만 의뢰하게 되는 참 믿음에 도달하게 되는 것입니다. 참 믿음, 이거 내 교양이 아닙니다. 하나님께서 내게 주시는 강권적 역사 속에서 참 믿음을 가지게 됩니다.

이름을 말씀드리지는 않습니다만 큰 회사에 전무로 있던 어떤 분이 계시는데 내가 알기에 교회에 나온 지는 한두 달 정도 됐어요. 그런데 그 분이 바로 췌장암에 걸렸어요. 세상을 떠나게 됩니다. 처음이자 마지막으로 병원에서 만났습니다. 그가 마지막으로 한 말은 이것입니다. "이런 날이 있는 줄 알았더라면 지난날처럼 살지는 않았을 것입니다." 참으로 소중한 교훈입니다. 이런 날이 있는 줄 진작 알았더라면 과거처럼 살지는 않았을 것입니다— 이 말을 듣고 저는 마지막 인사를 하고 병원문을 나섭니다. 나설 때 내 마음에 이상한 생각이 스칩니다. '이 멍청한 사람아, 당신 박사라며! 무슨 공부를 했더냐? 그것 하나도 모르고 살았더냐, 이 바보 같은 사람아.' 이런 생각이 들었습니다.

여러분, 참 믿음이 어디서 오느냐고요. 사도 바울은 한평생을 살면서 사실은 세 번 중생을 경험했습니다. 첫 번째는 다메섹 도상에서 예수님을 만나면서 전혀 다른 사람으로, 교회를 핍박하던 사람이 예수를 전하는 사람으로 바뀝니다. 그러나 여기서 끝나는 게 아닙니다. 나름대로 인간의 지식이 불쑥불쑥 작용을 했습니다. 그러나 고린도전서 2장 2절에서 보면, 십자가 외에는 알지 아니하기로 작정했다 합니다. 이건 신학적 중생입니다. 오로지 십자가, 인간의 지혜를 포기하는 그런 순간이 옵니다. 이것만이 아닙니다. 설명은 많지 않습니다만 제 나름대로 생각합니다. 그는 사도행전에 보면 겐그리아에서 머리를 깎습니다. 삭발을 합니다. 비상한 결심을 합니다. 죽을 각오를 합니다. 이제 앞으로 어떤 일을 당해도 여기서 끝내려고 합니다. 원망도 불평도 없습니다. 조용히 머리를 깎는 사도 바울의 마음을 한번 생각해 보십시오. 바로 이것이 '사형선고를 받은 줄 아는 사람'의 모습입니다.

독일의 젊은 신학자 본회퍼(Bonhoeffer, Dietrich)가 39세의 젊은 나이에 순교를 하게 됩니다. 히틀러의 정치에 항거하다가 투옥되어서 감옥에 갇혀 있다가 어느날 아침에 간수가 뚜벅뚜벅 걸어오는 소리가 나더니 문을 엽니다. 노크를 하면서 문을 열 때, 그는 앉았던 자리에서 벌떡 일어서서 직감으로 오늘이 자신의 사형집행날이라는 것을 알고 감방에 둘러서 있는 동지들에게 이렇게 말했습니다. "동지 여러분, 이제 나에게 죽음의 시간이 왔소. 그러나 기억하시오. 이것은 마지막이 아니고 시작이라오. 주께서 나를 위하여 예비하신 하나님의 집, 아버지의 집에서 만날 때까지 안녕히 계십시오." 그리고 빙그레 웃으면서 감옥문을 나섰습니다. 여기에 있던 동지들이 두고두고 그 순간을 이야기합니다. 그 아름다운 얼굴을.

여러분, 마지막을 알면 현재가 보입니다. 종말을 알면 소망이 보입니다. 사형선고를 인정하면 새로운 인간의 모습으로 살게 됩니다. 자기 자신을 의지하는 것처럼 어리석은 일이 없습니다. 내가 그리 소중히 여기던 것, 의지하던 것, 다 포기합니다. 포기하게 하십니다. 깨끗이 포기하게 하나님께서 인도하십니다. 그렇게 하십니다. 이 하나님의 뜻을 수용해야 합니다. 이렇게 온전히 순종하게 될 때 하나님의 큰 사랑을 느끼게 될 것입니다. 새로운 세계가 열리는 것을 경험하게 될 것입니다. 한 순간 한 순간 사는 생이 얼마나, 얼마나 소중한 것임을 깨닫게 될 것입니다. △

보고 들은 것을 고하라

요한의 제자들이 이 모든 일을 그에게 고하니 요한이 그 제자 중 둘을 불러 주께 보내어 가로되 오시는 그이가 당신이오니이까 우리가 다른 이를 기다리오리이까 하라 하매 저희가 예수께 나아가 가로되 세례 요한이 우리를 보내어 당신께 말하기를 오실 그이가 당신이오니이까 우리가 다른 이를 기다리오리이까 하더이다 하니 마침 그 시에 예수께서 질병과 고통과 및 악귀들린 자를 많이 고치시며 또 많은 소경을 보게 하신지라 대답하여 가라사대 너희가 가서 보고 들은 것을 요한에게 고하되 소경이 보며 앉은뱅이가 걸으며 문둥이가 깨끗함을 받으며 귀머거리가 들으며 죽은 자가 살아나며 가난한 자에게 복음이 전파된다 하라 누구든지 나를 인하여 실족하지 아니하는 자는 복이 있도다 하시니라

(누가복음 7 : 18 - 23)

보고 들은 것을 고하라

현대 마케팅 이론 중에 '입소문 마케팅(Word of mouth marketing)'이라는 이론이 있습니다. 뭐 그리 어려운 얘기 아닙니다. 우리가 다 보고 경험하는 얘기입니다. 매일같이 경험하는 일인데 이 속에 무궁무진한 진리가 있습니다. 어떤 상품을 팔기 위해서 라디오로 또 선전을 하기도 하고 인터넷으로 선전하고 TV로 광고를 하고 뭐 전단도 살포하고 혹은 가정 방문도 합니다. 여러 가지 방법으로 다양하게 기술을 다해서 전력으로 그 물건을 팔기 위해서 애쓰는 것을 볼 수 있습니다. 어떤 때 보면 좀 처절합니다. 이렇게 마케팅을 위해서 애를 씁니다만 여러분, 우리 다 경험하는 대로 가장 효과적이고 그리고 값싼 광고 방법이 있습니다. 그것은 입소문이라는 것입니다. 입소문이란 것은 제품을 체험한 사람들이 자연스럽게 자발적으로, 아니, 자기도 모르게 무보수로 선전해주는 것입니다. 생각하면 이거야말로 순리적입니다. 자연스러운 것입니다. 무슨 긴 얘기가 필요 있겠습니까? 편안하게, 그렇게, 그렇게 되는 것입니다. 그리고 자연스럽게 브랜드 전도사가 되는 것입니다. 브랜드 전도사, 무슨 말인지 아시겠습니까?

여러분, 요새 제가 많은 곳에서 그런 질문을 받습니다. "목사님, 안경 좀 쓰세요. 안경을 벗으니 인상이 바뀌어서 영 재미가 없어요." 그러면 제가 이렇게 말합니다. "나보고 안경 쓰라고 하지 말고 당신의 눈을 바꾸세요." 어쨌든 제가 50년 동안 쓰던 안경을 벗었습니다. 나이가 들어서 생긴 백내장 수술을 하면서 현대의학으로 시력을 고

쳤기 때문입니다. 그래서 원근 할것없이 여기에 있는 이 조그마한 성경책도 보이고, 또 멀리 보아도 잘 보입니다. 둘 다 자연스럽게 보이는데, 제가 세상에 태어날 때 가졌던 눈보다도 더 좋은 시력을 가질 수 있게 되었습니다. 아무 말도 하지 않아도 많은 사람이 물어봐요. "어떻게 해서 안경을 벗었습니까?" 그래 제가 알게 모르게 브랜드 전도사가 됩니다. 이러이러해서 안경을 벗고 살게 됐습니다…… 그래, 제가 그렇지 않아도 제 눈을 밝게 해 준 장로님에게 그 얘길 했습니다. 돈을 안받겠다고 해서 "그 대신에 내가 전도사가 돼 줄께요."

여러분, 누가 무슨 말 한다고 그게 중요합니까? 내가 증인인데. 여기에 체험이 있습니다. 내가 경험한 것입니다. 이건 말이 없어도 브랜드 전도사가 되는 것입니다. 자연스럽게 말입니다. 그러니까 첫째는 체험을 해야 됩니다. 내가 경험하지 않고는 안됩니다. 내가 직접 경험해야 됩니다. 두 번째는 경험한 바에 따라서 행복을 느껴야 합니다. '아 참 희한하다.' 제가 이 안경을 벗었다는 게 중요한 게 아닙니다. 안경이라는 건 원근의 조정을 해주는 것뿐입니다. 선명도를 높여 주지는 못합니다. 그런데 백내장을 제하고, 시력 수술을 했더니 보이는 세상이 달라져요. 내가 그랬습니다. "천지개벽이다." 이렇게 컬러가 예쁠 수 없어요. 제가 늘 집에 들어가면 제 집사람에게 텔레비전을 좀 바꾸라고 그랬어요. 텔레비전이 어떻게 조금 색이 이상해졌다고 그거 좀 바꾸라고 하면 아, 안바꿔요. 아, 바꾸라고 그래도 안바꿔요. 마지막에 하는 말이 집사람은 당뇨가 있어서 어차피 잘 안보이는데 그까짓 거 안바꾼대요. 아, 그래도 바꾸라고. 그랬었는데 제가 이런 수술을 하고 나서 집에 들어가 보니까요 텔레비전이

새 겁니다. 새 거로 나오는 겁니다. 아, 원 세상에 이럴 수가 있나. 이거 보세요. 그러니까 이것이 열릴 때에 내가 얼마나 행복해지겠어요. 좌우간 일없이 제가 이 수술 하고 나서 강원도에 한번 드라이브를 나갔습니다. 얼마나 바다 색깔이 예쁜지… 세상이 다른 세상입니다. 이게 바로 체험에서 오는 행복감입니다. 이 행복감을 가지면 자연히 전도사가 될 수밖에 없습니다. 그럴 수밖에요. 게다가 하나 더 있지요. 자기 의견을 추가해서 다른 사람도 나와 같기를 바라는 마음으로 자발적으로 선전을 하는 것입니다. 의미를 넣어서, 의미를 포장해서 전하게 되는 것입니다.

여러분, 대표적인 예가 있습니다. 이거 오늘 장사하는 거같아서 좀 미안합니다만 대표적인 예가 김치냉장고 ○○입니다. 달랑 김치 한 가지를 보관하기 위해서 50만원을 투자한다─ 이거 말 안되지요. 아, 그거 김치 한 가지만 보관하기 위해서 50만 원을 내봐라, 이거 안됩니다. 그러나 사용한 사람들이 입소문을 냅니다. '아, 김치맛이 기가 막히더라.' 어떡하겠어요? 그래서 1995년 첫해에 그 브랜드 상품이 4,000대가 팔렸고요. 그 다음해에 20,000대, 다시 그 이듬해에 85,000대가 팔렸어요. 선전이 필요 없어요. 김치냉장고 ○○, 그거로 끝난 것입니다. 왜? 다 먹어보니까 좋고요. 아, 김치 하나만을 위해서 50만원 투자하는 건 좀 아까운 거같지만 사 본 사람들이 입소문으로 불어버리는데 어떡할 것입니까? 이렇게 되는 것이란 말입니다. 이게 중요한 진리입니다.

그래 오늘 본문 성경을 거슬러 올라가서 17절에서 보면, "예수께 대한 소문이 온 유대와 사방에 두루 퍼지니라." 예수에 대한 소문이 사방에 두루두루 퍼졌다─ 이거 입소문입니다. 거기에 무슨 광고가 따로 있는 게 아닙니다. 광고, 노력이 따로 있는 게 아닙니다. 경험한 사람들이, 예수를 만난 사람들이 돌아다니면서 입소문을 내는 것입니다. 이것은 참 엄청난 효과가 있는 것입니다.

손문의 삼민주의에 보면 사람은 세 가지가 있다고 합니다. 선지선각자, 먼저 알고 먼저 깨닫는 사람. 또는 후지후각자, 뒤늦게나마 깨닫는 사람. 부지부각자, 알지도 못하고 깨닫지도 못하는 사람. 그렇습니다. 소문을 듣고, 듣자마자 반짝하고 찾아와서 깨닫는 사람이 있어요. 난 이것이 중요하다고 생각해요. 소문을 듣고 그냥 앉아 있는 사람, 이거 답답한 사람입니다. 뭐 예수님 당시를 생각해 보세요. 아, 병든 자가 나았다, 장님이 눈을 떴다, 죽은 자가 살았다, 어떻게 가만히 있어요. 난 그 성경 볼 때마다 가끔 흥분될 때가 있고, 화가 날 때가 있어요. 예수님 부활하셨어요. 아, 부활했다고 소문이 났어요. 그러면 찾아가봐야 될 거 아닙니까. 찾아가 보지도 않고 엠마오로 가면서 '아니 여자들이 무덤에 갔다가 시체를 못봤다는데, 부활했다고도 한다는데' '그거 알 수가 없습니다.' 아, 그러면서 엠마오로 가는 제자. 예수님께서 그들을 따라가시면서 그들에게 친절하게 대하며 말씀하시는 걸 보면서 생각을 해 봐요. 나같았으면 가만 안둬요. 한대 쥐어박지. '야, 이 멍청한 녀석아. 부활했다면 이 엄청난 사건인데 너 달려가서 무덤이라도 봤냐?' 그냥 그런 말을 해서 놀랍다고 한답디다. 이게 뭐요, 도대체가. 이런 인간들이 문제란 말입니다. '좋다. 가봐야지.' 아, 소문을 듣고 가만히 있으면 안되지요. 이게 바로 선지선각자입니다. 여러분, 소문을 들었으면 확인해야지요. 그렇지 않습니까? 제가 이 안경을 벗었다고 해서요, 요새 바빠요. 전화 받느라고요. 확인하느라고. 그거 어떻게 돼서 그리 됐습니까? 뭐 긴 애기를 묻는 사람이 있어요. 그 사람 괜찮은 사람입니다. 그렇지 않아요? 모든 문제를 이렇게 소극적으로 받아선 안됩니다. 적극적으로 가보는 것입니다. 이 얼마나 좋습니까?

아 멀지도 않은데. 장님이 눈을 떴다며? 죽은 자가 살았다며? 앉은뱅이가 걸어다닌다며? 아, 가서 만나보고 확인해야 될 거 아닙니까? 그동안에 그 확인하는 순간, 그 귀중한 체험이 내 체험이 되는 거거든요. 이런 소중한 기회를 그냥 흘려보내는 사람들 이게 바로 문제란 말입니다. 이 소문의 진원지는 예수요, 그 중심은 예수 그리스도요, 그 핵심은 메시야입니다. 뭐 어떤 사건이 있었느냐가 중요하지 않아요. 이 사건이 바로 메시야가 왔다는 사실을 증거하고 있기 때문입니다. 그 많은 세월 동안 고난당하면서 메시야를 기다렸어요. 메시야가 온 증거가 여기 있다고 합니다. 어떻게 이 증거를 그렇게 부실하게 받아들일 수가 있습니까? 확실하게 받아야 하지 않겠습니까? 자, 이제 문제는 여기에 있습니다. 이 엄청난 사건을 앞에 놓고도 메시야가 오신 이 굉장한 사건이 앞에 있는데도, 이 사람들이 마음문을 열지를 않아요. 그래서 무엇이 달라졌느냐고 묻는 것입니다. 메시야가 와서 무엇이 달라졌느냐? 내게 달라진 것이 뭐냐? 내게 향한 증거가 뭐냐고 묻는 것입니다. 이렇게 되면 이야기가 달라집니다. 다른 사람에게 있는 증거를 내게 향한 증거로 동일시해서 수용해야 됩니다. 내가 눈을 뜬 게 아닙니다. 나는 장님이 아니었기 때문에. 그러나 장님이 눈을 떴다 할 때에 가서 만나보고 악수하고 그 사람과 함께하면서 내가 눈을 뜬 것처럼 경험할 때 그 이적은 내게 향한 것입니다. 그 표적은 나에게 향한 것입니다. 메시야는 내게 오신 증거가 된다는 말입니다. 이것이 중요합니다.

여기 대표적인 인물이 하나 있었습니다. 감옥에 있는 세례 요한입니다. 이 세례 요한이, 헤롯의 부정한 행위를 공개적으로 책망하다가 그만 이 의로운 선지자가 감옥에 갇혔습니다. 헤롯의 궁전 지하실에 갇혀 있습니다. 자, 재판도 없이 지금 갇혀 있는데 언제 어떻게 죽을는지 모르겠습니다. 결국은 비참하게 죽었습니다만, 자 이렇게 감옥에 떡 있으면서 무언가를 기다리고 있습니다. 분명히 메시야가 왔는데, 왔다고 믿는데, 내게는 소식이 없어요. 너무너무 답답해요. 분명히 메시야가 왔는데 자기가 세례를 베풀었는데 하늘로부터 음성도 들었는데 아, 이런 소중한 것들이 있는데도 불구하고 지금 감옥에 있다 보니까 '메시야가 왔나 안왔나? 내가 그날 꿈을 꿨나 환상을 보았나? 무언가 잘못된 거 아닌가?' 하니 이거 참 실망적입니다. 그래서 제자들을 보내면서 물어봅니다. 그 물어보는 말이 성경에서 보는 대로 있는데 자, 이걸 읽으면서 화가 나지 않습니까? "오실 그이가 당신이오니이까 우리가 다른 분을 기다리오리이까." 원, 저런 미련한…… 생각해 보세요. 이게 말이 되는 얘기입니까? 오실이가 당신입니까 아니면 다른 분을 기다리오리이까– 기가막힌 시간입니다.

죄송하지만 이럴 때마다 나같으면 욕이 나가는데 예수님께서는 욕을 하시지 않았어요. 저를 충분히 이해하신 것같습니다. 생각해 보세요. 메시야가 왔다면 내가 의를 위하여 감옥에 갇혀 있는데 나를 방문해줘야 되잖아요? 나를 석방해줘야 되잖아요? 내게는 아무 기적이 없어요. 메시야가 왔다고 내게 주어지는 소득이 없어요. 내게 달라진 바가 없어요. 그래서 답답해하던 세례 요한이 엉뚱한 질문을 합니다. '오실 이가 당신입니까, 당신이 메시야입니까? 아니면 다른 메시야를 기다릴까요?' 예수님의 대답을 본문에서 봅니다. 22절입니다. "너희가 가서 보고 들은 것을 요한에게 고하되 소경이 보며 앉은뱅이가 걸으며 문둥이가 깨끗함을 받으며 귀머거리가 들으며 죽은 자가 살아나며 가난한 자에게 복음이 전파된다 하라." 어쩌면 이렇게 대답이 간단합니까? 어떻게 대답이 이렇게 선명한 것입니까? 그런 후에, 23절에 보니 "누구든지 나를 인하여 실족하지 아니하는 자는 복이 있도다" 하십니다. 말을 조금 바꿉시다. '나로 인하여 만족한 자가 복이 있다. 네가 그 형편에 있느냐? 감옥에 있느냐? 감옥에 있는 그대로 만족하는 자가 복이 있다.' 감옥에서 나와야만 복이 있는 게 아닙니다. 아니, 감옥에서 죽어도 메시야를 보고 메시야 오심을 알고 죽으면 자네가 복이 있는 사람이야, 그것을 복으로 수용할 수 있어야 하겠다고 말씀하시는 것입니다. 본대로 들은대로. 얼마나 귀한 말씀입니까? 진리는 사실이요, 사실은 진리요, 또한 사실은 기적입니다. 이 귀중한 사실을 말씀합니다. 무엇보다 중요한 것은 체험적이라 하는 것입니다. 이것이 신앙의 뿌리입니다. 역사적 사건입니다. 추상적 이론이 아닙니다. 사건 그대로 사실입니다.

그 다음에는 사실이 가지는 우주적 의미입니다. 이 사실이 메시야가 오신 것을 증거하기 때문입니다. 그래서 그 속에 자유케 하는 복음이 있습니다. 자, 답답해하는 소경이 눈을 뜨고 걷지 못하는 앉은뱅이가 걷고 죽은 자가 살아나고…… 통틀어서 구원, 즉 자유케 하시는 역사가 여기에 있다는 말입니다. 상쾌한 말씀입니다. 이 사건이 여기에 있고 그 다음에는 이 사건이 전파됩니다. 많은 사람에게 전파됩니다. 입소문으로 전파됩니다. 이것을 경험한 사람은 전부 전도사가 되는 것입니다. 기적을 경험한 사람은 알게 모르게 전도사가 됩니다. 이것이 신앙이라고, 내가 이렇게 믿었노라고, 내가 믿는 그리스도는 여기에 있다고 전파하여서 하나님의 역사는 이루어진단 말입니다. 이것이 성경이 말씀하는 소중한 진리입니다.

우리는 때때로 천지개벽을 통해 이루어지길 바랍니다. '꽝'하고 세상이 달라지길 바랍니다. 성경은 그렇지 않습니다. 예수님 말씀하십니다. '겨자씨와 같다. 씨뿌리는 것과 같다.' 사건이 있고 사건을 경험한 사람에 의해서 전파되면서 사건의 효력이 확장되어 나갑니다. 이래서 교회가 있고, 이래서 하늘나라가 이루어집니다. 전파됩니다.

성경은 여기에 귀중한 진리를 하나 더 추가합니다. "가난한 자에게 복음이 전파된다 하라." 오묘한 신비로운 말씀입니다. 복음은 전파되고 있습니다. 예수님 말씀하신 아주 중요한 잠언을 한번 생각해 보세요. '건강한 자에게는 의원이 쓸데없고, 병든 자에게라야 쓸데있나니……' 어떻습니까? 건강한 사람은 의사가 필요 없어요. 한평생 병원에 한 번도 안가본 사람에게는 병원이 아무 상관이 없어요. 안그렇습니까? 건강한 사람에게는 쓸데없어요. 저는 칠십 될 때까지 치과를 가본 일이 없어요. 그래 내가 늘 그랬어요. 다 나 같으면 치과병원 밥 굶는다고. 건강한 사람은 병원에 안가요. 그러나 병든 사람은 병원에 가게 돼 있어요. 병든 자라야 의사가 필요해요. 그런데 의사가 필요한 바로 그 순간 그 사람만 의사의 의료 혜택을 경험하게 되는 것입니다. 그래서 저는 이런 생각을 해요. 늘 건강만 하면 세상 잘못 사는 것입니다. 좀 병원도 들락날락하면서 살아야 돼요. 죽었다 살았다 하면서 살아야 돼요. 그래야 믿음이 자라지. 아, 이거 뭐 항상 건강하고, 사업은 잘되고, 뭐 그러면요 교회 나오기는 나와도 다 그냥 좋다 갑니다. 그게 아닙니다. 화끈한 은혜는 역시 고난당하는 자에게 있습니다.

예수님께서 오셨어요. 분명히. 메시야가 오셨지만 메시야를 경험한 사람은 이 사람들뿐입니다. 누구요? 장님이 눈을 떴어요. 이 사람이 경험을 했어요. 병든 자가 나았어요. 앉은뱅이가 걸었어요. 죽은 자가 살았어요. 이런 극단적 경험을 한 사람들만 메시야를 몸으로 경험할 수 있었어요. 그래서 끝으로, 결론으로 "가난한 자에게 복음이 전파된다 하라" 하십니다. 가난한 자에게. 그래요. 여러분 잘 아시지만 미국에서 몇 년 전에 9·11 사건이 있지 않았습니까? 아, 그거 뉴욕 맨하탄에 있는 쌍둥이 빌딩이, 그 큰 건물이 그냥 폭삭 무너지니까, 이거 보세요, 그 다음 주일날 교회마다 초만원입니다. 텅텅 비고, 나이많은 할머니들 몇사람밖에 안나오던 교회가 꽉꽉 들어차요. 하루에 세 번, 네 번 예배를 보고 성경책이 다 팔려서 성경책을 3교대로 밤을 새워 가며 출판을 하고 그랬어요. 굉장한 부흥이 있었던 것입니다. 굉장한 부흥사건이.

여러분, 이 9·11사건이 가끔 있어야겠습니까 말아야겠습니까? 하나님 편에서 생각해 보세요. 하나님 편에서. 요새도 우리 경제가 어떻고어떻고 합니다만 저는 그 경제를 그렇게 뭐 심각하게 보지 않아요. 이게 다 있어야 되니까요. 그래야 교회에 나와요. 이래야 사람들이 비로소 이 거룩한 역사를 수용하는 것입니다.

"가난한 자에게 복음이 전파된다 하라." 가난한 자에게. 정말 그렇습니다. 가난할 때 예수믿어서 부자된 사람은 있어요. 그러나 부자가 예수믿어서 교회 나온 사람, 내가 50년 목회에 못봤어요. 아시겠습니까? 내가 재벌들 만나서 얘길 해봐도 "차차 나가도록 하죠……" '꽈당'하니까 그때 가서야 나오더라 이겁니다. 이게 사람의 얄팍한 생각이거든요. 심지어 어떤 사람이 그 재벌 보고 예수믿으라고 했더니 그러더랍니다. "내가 교회 안가는 게 소망교회를 위해서 좋을 겝니다. 내가 별로 덕스러운 사람이 아니라서 '저놈도 교회 나왔구만' 하면 교회에 손해될 겁니다." 이딴 소리 하고 있더라니까요. 그게 지금 할말입니까? 마지막에 병원에 입원하니까 그 때 가서야 급했더라고요. 여러분, 이거 먼 얘기로 듣지 마세요. 가난한 자에게 복음이 전파된다 하라. 병든 자가 고침받으며, 앉은뱅이가 걸으며, 소경이 보며, 죽은 자가 살아난다— 저 사건을 나의 사건으로 받아야 돼요. 내 경험으로 받아들일 때에 여기에 구원의 역사가 이루어지는 것입니다.

여러분, 우리는 간증을 통해서 경험을 새롭게 합니다. 간증을 통해서 입소문의 전도사가 됩니다. 입소문 전도사. 실족하지 않는 자가 복이 있다고요. 이 소문, 이대로 만족해야 합니다. 내 병이 나은 게 아닙니다. 내 사업이 잘된 것도 아닙니다. 내 방법 대로가 아니고 그의 방법 대로. Not my way, but his way. 그의 방법 대로, 그의 시간에, 그의 지혜를 따라, 그의 능력을 따라 역사하는 것입니다. 그것을 내게 주시는 역사로 만족하게 받아들일 때 실족하지 않습니다. 만족할 때, 그가 복이 있습니다. 자, 보세요. 나인 성 과부의 아들이 죽었다 살아났습니다. 얼마나 굉장하겠어요? 이 감격을 내 감격으로 받고, 문둥이가 고침을 받고 펄펄 뛰면서 좋아합니다, 그 기쁨, 동참해야 돼요. 소경이 눈을 뜨고 감격의 눈물을 흘립니다. 여러분, 이것을 남의 얘기로 봐선 안되지요. 나 자신의 사건으로 만드는 것입니다. 나의 경험으로 받아들일 때에 하나님의 역사는 거기에 이루어지는 것입니다. 이게 우주적인 사건입니다. 이 작은 사건 속에 그리스도께서 나와 함께하시고 그리스도의 생명력이 나와 함께하는 것이고. 그리할 때 나도 입소문 전도사가 됩니다. 바로 여기에 하나님의 나라가 있는 것입니다. △

그 열매로 그들을 알리라

거짓 선지자들을 삼가라 양의 옷을 입고 너희에게 나아오나 속에는 노략질하는 이리라 그의 열매로 그들을 알지니 가시나무에서 포도를, 또는 엉겅퀴에서 무화과를 따겠느냐 이와 같이 좋은 나무마다 아름다운 열매를 맺고 못된 나무가 나쁜 열매를 맺나니 좋은 나무가 나쁜 열매를 맺을 수 없고 못된 나무가 아름다운 열매를 맺을 수 없느니라 아름다운 열매를 맺지 아니하는 나무마다 찍혀 불에 던지우느니라 이러므로 그의 열매로 그들을 알리라 나더러 주여 주여 하는 자마다 천국에 다 들어갈 것이 아니요 다만 하늘에 계신 내 아버지의 뜻대로 행하는 자라야 들어가리라 그 날에 많은 사람이 나더러 이르되 주여 주여 우리가 주의 이름으로 선지자 노릇하며 주의 이름으로 귀신을 쫓아 내며 주의 이름으로 많은 권능을 행치 아니하였나이까 하리니 그 때에 내가 저희에게 밝히 말하되 내가 너희를 도무지 알지 못하니 불법을 행하는 자들아 내게서 떠나가라 하리라

(마태복음 7 : 15 - 23)

그 열매로 그들을 알리라

존 워너메이커(John Wanamaker)라고 하는 분은 사업가로서 크게 성공한 세계적인 인물입니다. 그는 22세에 사업에 뛰어들어서 83세까지 사업을 진두지휘하며 사업가로서 성공했던 대표적인 분입니다. 사람들이 그를 만나서 "어떻게 지내십니까?" 하고 묻게 되면 언제나 이렇게 똑같은 대답으로 인사를 하곤 했습니다. "나는 하나님께 감사할 뿐입니다. 즐겁게 바쁘니까요." '즐겁게 바쁘니까요'라고 대답하는 것입니다. 그는 바쁜 것을 즐겼고 바쁘다는 것을 행복으로 여겼고 그래서 하나님께 감사했습니다. "어떻게 즐겁게 바쁠 수 있습니까?"라고 재차 물으면 그는 설명을 이렇게 하곤 했다고 합니다. "많은 사람들은 마지못해서 바쁘지만 나는 내가 원해서 하는 일이기 때문에 늘 즐겁게 바쁩니다."

즐겁다는 것과 바쁘다는 것, 글쎄올시다. 많은 사람들이 바쁘다고 불평을 많이 합니다. 못살겠다고 합니다. 그런데 대체로 보니 한 70세 정도 되면 깨닫게 됩니다. 바쁘다는 게 얼마나 행복한 것인가를. 이제 70이 넘어서 한가해지면 '바쁠 때가 좋았지⋯⋯' 이미 기차는 떠났습니다. 바쁘다는 것이 행복한 것이다. 그것이 바로 복이다. 왜 그것을 모르고 살았던가. 그런 얘기입니다.

「아직도 가야 할 길」이란 책으로 많은 사람들에게 깊은 감동을 주었고 널리 알려진 유명한 심리학자 M. 스캇 펙(M. Scott Peck)이라는 분이 있습니다. 그의 최근의 저서인 「End Beyond」라고 하는 책이 최근 「뉴욕 타임즈」가 선정한 베스트셀러가 되었고, 그 책은 많은 사람들에게 공감을 얻고 있습니다. 스캇 박사가 말하고 있는 이 책의 주제는 '인생은 선택의 연속이다'라는 것입니다. 인생은 선택의 연속이다— 이 말은 우리가 많이 듣는 말입니다. 그런데 중요한 말이 그 다음에 이어집니다. "감사도 선택이다." 어떤 일에든 감사할 수도 있고, 원망할 수도 있어요. 그 순간 어느 쪽을 선택하느냐에 따라서 자기 운명이 좌우된다는 것이지요.

여러분, 인생은 선택의 연속이다, 감사도 결국은 선택이다, 하기에 일상의 생활에서 마치 복잡한 싸움을 싸우는 것처럼 인생의 문제에 우리가 시달리고 있지만 순간순간 감사로 결론을 내려야 돼요. 그럴 때에 감사를 선택하고 감사를 선택하면 또 다른 감사가 연계되더라는 말입니다. 이러기 위해서는 생활의 관점을 바꾸라, '패러다임 스위치'해야 한다고 말합니다. 세 가지를 말하고 있습니다. 첫째, 불행을 축복의 또다른 모습이라고 생각하고 초연하라. 불행을 불행으로 여기지 말고, '불행도 축복이다, 축복의 또다른 면일 뿐이다'라고 생각하고 여유롭게 대처하라. 둘째, 행운을 우연한 것으로 여기지 마라. 우연하다고 생각하면 안됩니다. 대체로 보면 행운은 전부 우연하다고 생각합니다. 아닙니다. 누군가가 수고했고, 하나님의 은총이 거기에 있었어요. 행운 앞에 겸손해야 됩니다. 행운이 있을 때마다 더 겸손하세요. 자세를 바로잡아야 합니다. 그래서 감사해야 됩니다. 셋째, 역경을 기회로 바꾸세요. 역경을 기회로 생각할 때마다 그는 역경 앞에서 또다른 기회가 열렸음을 알고 감사할 수 있어요. 감사할 때 정말로 역경이 새로운 축복의 계기로 열리게 되더라고 말하고 있습니다.

여러분, '심은 대로 거둔다' 하는 말처럼 쉬운 말이 어디 있습니까? 이 단순한 진리 앞에 우리가 정직해야 합니다. 심은 대로 거둔다— 얼마나 간단합니까? 콩을 심으면 콩이 나고, 팥을 심으면 팥이 난다, 안심으면 없다, 심은 대로 거둔다… 여러분, 여러분의 현실을 어떻게 수용하십니까? 내가 당한 이 처지 이대로 어떻게 생각하십니까? 벌써 앞에서 심었던 걸 지금 거두고 있다고 받아들이고 있습니까? 오늘 내가 거두고 있는 것이다. 겸손하게 정직하게 인정하고 있느냐 하는 말입니다.

리더십 연구의 대가로 알려진 알렌 코헨(Alan H. Cohen)박사님의 유명한 말 한마디가 생각납니다. '인간은 두 종류의 사람이 있다. 결과 앞에서 변명하는 사람과 감사하는 사람이다.' 어떤 결과를 놓고 왜 그렇게 말이 많아요? 어쨌든 책임을 남에게 전가하고 싶어서 변명이 많아요. 그 유명한 격언이 있지 않습니까? '실패는 사생아다.' 실패한 다음에는 도대체가 원인을 서로가 부정하고 남에게 떠맡기니까 사생아가 될 수밖에. 여러분, 사생아라고 아버지가 없습니까? 아버지를 부정하고 있을 뿐이지. 실패의 원인이 없다는 말처럼 무서운 말이 없어요. 그러면 다시 미래도 없는 거지요. 그런고로 현실을 바로 받아들여야 합니다.

어떤 아이가 머리는 꽤 좋은 것같은데 공부를 안해요. 조금만 노력하면 될 것같은데 영 공부를 안하고 빼질거리니까 어머니가 속이 상해서 그저 마주 앉을 때마다 '공부해라. 공부해라. 공부해라.' 잔소리를 이어가고 있습니다. 그런데 이상하게도 아버지는 말이 없어요. 어머니가 그렇게 난리를 쳐도 아버지는 아무 말도 안해요. 속상해서 이제는 또 남편에게 말합니다. "여보, 당신도 한마디 좀 해요! 애가 공부를 조금만 더하면 되겠는데, 이렇게 빼질거리는데 왜 당신은 말이 없어요." 그러니까 그 아버지 뭐라고 했는지 아세요? "종자는 못속여." 그랬어요. 자기가 안했거든. 자기가 하기 싫었거든. 저 녀석을 볼 때마다, 꼭 자기 얼굴을 보는 것같아요. 심은 대로 거둔다— 그런고로 나는 할말이 없습니다. 여러분, 현실을 어떻게 받아들이십니까? 겸손하게 내가 심은 대로 내가 거두고 있다, 그렇게 받아들여요. 이게 신앙입니다. 그리고 미래는 오늘 심은 대로 거두게 될 것입니다. 그런고로 걱정할 필요가 없어요. 오늘 내가 심은 대로 내일 거둘 것이요, 그런고로 부지런히 심으면서 조용히 기다리면 되겠어요. 이게 바로 이 가을의 메시지를 듣는 사람의 진실한 생활태도인 것입니다.

농사일은 정직합니다. 농사에 있어서 제일 중요한 것은 종자입니다. 그 다음에는 땀을 흘려서 수고해야 됩니다. 그 다음에는 여기에 정성이 있어야 됩니다. 무엇을 심느냐에 따라서 달라집니다. 종자, 이거 참 중요한 것입니다. 저는 농촌에서 자랐기 때문에 농사하는 일을 많이 보았습니다. 요새도 들녘에 나가 보면 벼가 이삭을 내놓고 아주 잘 익었는데요. 벼가 논에 꽉 찬 것을 보면서 이런 생각을 해봅니다. '종자가 좋구나.' 옛날의 벼는 키가 컸어요. 키가 커서 바람만 불면 쓰러지곤 했는데, 요새 벼는 키가 작아요. 작고 이삭이 커요. 웬만한 바람엔 쓰러지지도 않아요. 그걸 보면서 저는 생각합니다. '많은 사람들이 연구를 해서 이렇게 좋은 종자를 만들었구나.' 좋은 종자를 선택해야 합니다. 또 그 다음에는 정성을 다해서 땀을 흘려 내가 가꿔야지요. 심어야 되고 가꿔야 합니다. 아무리 좋은 종자도 심지 않으면 안되고, 또 정성을 다하지 않으면 안됩니다.

좀 심각한 얘기입니다만 공산주의 나라마다 농사가 안돼요. 아무 때 가 봐도 농사가 안돼요. 어느 나라이든지 그렇습니다. 왜 안되느냐? 간단합니다. 정성이 없기 때문입니다. 언젠가 한번 북한에서 아, 글쎄 모내기 할 때 그곳을 지나가면서 보니까, 아니, 해가 중천에 뜨고 9시가 지났는데 아직도 모내기를 시작 안했어요. 그리고 논두렁에 앉아서 담배만 피우고 있어요. 그래 내가 한마디 했지요. 아니, 1시간이 얼마나 급한데 왜 이 모내기를 안하고 이렇게 앉아 있느냐고 물었더니, "책임자가 나와서 하라 그래야 하죠." 무책임한 것입니다. 공산주의의 특색이 무책임한 것입니다. 이건 내 농사가 아니거든요. 내것이 아니니까 정성이 없어요. 그래서 공산주의로는 농사가 안돼요. 이걸 알아야 합니다. 정성을 다해서 잘 가꾸어야 합니다.

좋은 씨를 뿌리고, 정성을 다하고, 그 다음에 뭡니까? 기다려야 돼요. 봄에 심고, 가을까지 기다려야 돼요. 여기에 문제가 있습니다. 기다림, 이것이 신앙입니다. 반대로 나쁜 씨를 뿌렸다면 이제 우리는 두려워할 수밖에요. 좋은 씨를 뿌리고 가을을 바라보며 기다리는 사람과 어쩌다가 나쁜 씨를 뿌리고 지금 싹이 날까봐 두려워서 전전긍긍하는 사람. 거기에 큰 차이가 있지 않겠습니까? 농사의 이치는 역시 종자의 문제요, 기다림의 신앙입니다. 초조할 것 없어요. 하나님 앞에서 기다립니다. 거두면서 두 가지를 생각합니다. 하나는 하나님께서 주신 축복을 생각하고, 또 한 사람은 하나님의 무서운 심판을 느끼게 됩니다. 축복을 심어서 축복을 거두고, 칭찬을 심어서 칭찬을 거두고, 감사를 심어서 감사를 거둡니다. 남을 비방하면 비방이 내게로 돌아옵니다. 똑똑한 것같지만 남을 속인 자는 반드시 속습니다. 언젠가는 속고야 맙니다, 틀림없이. 이것이 심판입니다.

여러분 속았습니까? 가만히 생각해 보세요. 언젠가, 언젠가, 내가 남을 속였어요. 이것을 알아야지요. 이것을 오늘 생각해야 돼요. 그런데 그게 당시의 당사자와 되는 것이 아닙니다. 다시 말해서 오늘 심어서 오늘 거두는 것이 아니고, 이 자리에 심어서 그 자리에서 거두는 거 아니고 당사자와 되는 문제가 아닙니다. 다시 말해서 내가 갑(甲)이라는 사람을 속였다고 해서 꼭 갑에게 속는 게 아니지요. 내가 이 사람에게 잘못하고 이 사람에게 당하는 게 아닙니다. 여기서 잘못하고 저기서 당하는 것입니다. 내가 속인 사람은 갑이요, 내가 속을 때는 을(乙)로부터 속는 것입니다. 그러하기에 아무도 원망하지 마세요. 조용히 생각해 보세요. 그 언젠가 내가 뿌린 대로 씨를 거두어요. 나도 모르게 심어 그것이 오늘에 싹이 나서 거두게 되더란 말입니다. 이것을 우리가 잊지 말아야 합니다.

「타임즈」가 선정한 '차세대 지도자 100인'이라고 하는 글이 있는데 그 기록 중에 유일하게 선정된 한국인 김진애라고 하는 박사님이 계십니다. 한국인은 한 사람이 거기 100명 중에 들어가 있습니다. 이 김진애 박사님의 기록 중에 이런 말이 있습니다. 소위 전문가가 있다, 사업에도 전문가, 학문에도 전문가, 프로라고 하는 전문가가 있는데 전문가의 특징 몇 가지를 말합니다. 첫째, 전문가는 일을 놀이로 생각한다. 일할 때에 힘들다고 생각하지 않고 일을 즐기는 것입니다. 일을 play로 생각합니다. 그에게는 노동은 없어요. 일 자체를 즐기고 있으니까.

여러분, 그렇지 않습니까? 나는 늘 생각합니다. 가끔 이런 얘기를 듣습니다. "목사님, 자동차 운전하시는데 그거 피곤하지 않습니까? 뭐 이제쯤은 좀 기사 두면 안되겠습니까?" 어떤 사람은 자기가 기사 월급 대겠다고 그래요. 그래서 "아니지. 이 좋은 일을 왜 남에게 주나. 얼마나 재미있는데. 운전하는 게 얼마나 재미있는 건데.” 이건 내게는 노동이 아닙니다. play입니다. 이건 놀이라고요. 똑같은 일이지만 그걸 놀이로 여기는 것입니다. 적어도 전문가는 일을 놀이로 여긴다, 즐긴다 하는 것입니다. 둘째, positioning입니다. 위치를 바로 아는 것입니다. 내가 할 일과 하지 말아야 될 일. 어디서 해야 되는지 무엇을 해야 될지, Positioning, 그 위치를 분명히 아는 것입니다. 그것이 바로 프로입니다. 그런고로 다른 사람의 일 넘보지 않아요. 남의 일 부러워하지도 않아요. 내가 할 일 내가 하면 되는 것입니다. 이게 바로 프로 정신입니다. 셋째, 난감한 일을 당해도 절대 당황하지 않아요. 왜요? 새로운 길이 열리니까. 넷째가 더 마음에 듭니다. 전 과정을 꿰뚫어보는 생각에 있어서 항상 최종 결과를 바라볼 줄 아는 투시력이 있습니다. 그런 insight가 있어야 합니다. 여기서 일하고 있지만 벌써 저쪽을 보는 것입니다. 봄에 서 있지만 가을을 보는 것입니다. 씨를 뿌리면서 벌써 추수를 생각하는 것입니다. 그런 insight가 바로 프로의 정신이라고 말합니다.

여러분, 오늘 본문 성경 중에 18절과 22절을 눈여겨보아야 할 것입니다. 18절은 이렇게 말씀하고 있습니다. ‘좋은 나무가 나쁜 열매를 맺을 수 없고 나쁜 나무가 아름다운 열매를 맺을 수 없다.’ 절대성을 말씀하십니다. 좋은 나무는 반드시 좋은 열매를, 나쁜 나무는 나쁜 열매를 맺을 수밖에 없다, 나쁜 열매가 나쁜 종자가 좋은 열매를 절대로 맺지 못한다는 것입니다.

제가 존경하는 한경직 목사님이 종종 그런 말씀을 하셨어요. “그저 사람마다 좋은 열매 맺으려고 애를 쓰면서 그 성과에 너무 연연하고 있는데 그것이 잘못이야. 그럴 것 없고 좋은 나무가 돼라.”

좋은 나무만 되면 그 언젠가는 좋은 열매는 자연스럽게 맺을 것이고, 항상 좋은 나무로 준비돼 있으면 가을이 되면 열매는 맺게 되는 것입니다. 좋은 나무는 좋은 열매를 맺고, 나쁜 나무가 아무리 몸부림친다고 해서 좋을 열매를 맺는 게 아닙니다.

또 한 가지 심각한 말씀이 22절에 있습니다. "그 날에 많은 사람들이 나더러 이르되……" 그 날에, 최종 열매는 종말론적인 것입니다. 그래서 이마누엘 칸트도 순수이성, 실천이성을 다 설명하고 나서 맨 마지막 끝에 내세를 말하고 있습니다. 왜? 내세 아니고는 이 좋은 열매, 나쁜 열매, 이것을 이 땅에서는 결론지을 수가 없기 때문입니다. 이 세상에는 좋은 사람이 잘못되는 수도 있어요. 어떤 때에 보면 나쁜 사람이 성공하는 것도 같아요. 이 세상 일만 가지고는 다 설명을 할 수 없어요. 그래서 오늘 성경은 말씀합니다. '그 날에 하나님 앞에 가서 보자.' 좋은 나무였는지 나쁜 나무였는지, 좋은 종자를 심었는지 나쁜 종자를 심었는지는 그 날에 결론이 나는 것입니다. 여러분, 초조하게 이 땅에서 너무 쉽게 평가하려고 하지 마세요. 대개 죄 짓는 사람마다 무슨 생각을 하는고 하니 '죄 짓고도 잘 살더라.' 그런 말을 합니다. 못된 짓 하고도 잘되는 사람이 있더라― 그쪽으로 마음이 기울 때 잘못되는 것입니다.

어느 권사님이 예수를 잘 믿었어요. 교회에서 봉사를 잘하고 정말 교회에서는 성자같이 보이는데 이상하게 자녀들은 하나같이 가난해요. 자녀들이 고맙게도 예수는 잘믿는데, 하나같이 지지리 못삽니다. 그러니까 누가 어떤 부흥사에게 물어 봤어요. "아, 그 권사님은 참 착하고 좋은 분인데 왜 그렇게 그 가정이 어렵지요?" 그러니까 부흥사가 대답하기를 "잘믿는 것같으면서도 못믿는 데가 있는가

보지." 그것이 문제입니다. 이 땅에서 평가하려고 하지 마세요. 하나님께서는 가을에 심판하지 않으십니다. 하나님의 심판은 하늘나라에 있습니다. 이걸 잊지 말아야 합니다. 내가 정한 시간에서 평가하지 마세요. 하나님께서 정하신 시간에, 그 날에, 그 날에, 그 날에 거기서 결론이 납니다. 가을의 메시지를 들읍시다. 나는 무엇을 심고 기다리고 있는가? 선과 의와 사랑과 화평을 심었으면 이제는 조용히 기다리면 되겠습니다. 갈라디아서 6장 9절에서 말씀합니다. '선을 행하다가 낙심하지 말라. 낙심하지 말라. 때가 이르면 거두리라.'
△

부흥하는 교회상

사울이 예루살렘에 가서 제자들을 사귀고자 하나
다 두려워하여 그의 제자 됨을 믿지 아니하니 바나바
가 데리고 사도들에게 가서 그가 길에서 어떻게 주를
본 것과 주께서 그에게 말씀하신 일과 다메섹에서 그
가 어떻게 예수의 이름으로 담대히 말하던 것을 말하
니라 사울이 제자들과 함께 있어 예루살렘에 출입하
며 또 주 예수의 이름으로 담대히 말하고 헬라파 유
대인들과 함께 말하며 변론하니 그 사람들이 죽이려
고 힘쓰거늘 형제들이 알고 가이사랴로 데리고 내려
가서 다소로 보내니라 그리하여 온 유대와 갈릴리와
사마리아 교회가 평안하여 든든히 서 가고 주를 경외
함과 성령의 위로로 진행하여 수가 더 많아지니라
(사도행전 9 : 26 - 31)

부흥하는 교회상

이제 생각하건대 옛날 얘기처럼 기억이 됩니다. 1963년입니다. 그러니까 40여 년 전이지요. 그 때 제가 처음으로 미국 유학을 갈 때입니다. 당시에는 얼마나 해외에 가기가 힘들었던지 좌우간 제가 김포비행장에 나갔을 때, 나를 환송하느라고 버스가 2대가 왔습니다. 굉장했습니다. 우리 곽요셉 목사가 그 때 아주 어려서 졸랑졸랑 따라다니고 하던 그런 때입니다. LA에 잠깐 머물렀다가 프린스턴으로 가게 되는데 제 친구가 모처럼 여기 들렀으니까 한 일주일 동안 헐리우드 구경하고 가라고 해서, 그저 머무르면서 여기저기 좀 둘러보라고 Hollywood INN이라고, 지금도 있는 조그마한 호텔을 정해 주었습니다. 일주일 동안 머무르게 되는데 정말 낯선 곳을 하루종일 돌아다니면서 구경을 했었습니다.

주일이 됐습니다. 교회를 가야 되겠는데 '자, 이거 어느 교회를 나가야 되나' 하고 나섰습니다. 어차피 지금 공부하는 마음으로 나섰으니 어디에 교회가 있는지 물어봐야 하겠는데 마침 저만치 순경이 한가하게 서 있어요. 그래서 서툰 영어로나 "순경양반, 나는 한국사람인데 처음으로 미국엘 와서 교회를 가려 합니다. 어느 교회에 가면 좋겠수?" "Come along please." 나를 데리고 걸어가는데 아 15분 동안을 가는 겁니다. 저기 구석에 있는 교회인데 그 교회를 가라고 해서 들어갔습니다. 들어가니 참 친절합니다. 그 때 그 인상 중에 기억에 남는 건, 앞에 들어서자마자 한 집사님이 나에게 주보를 줘요. 주보를 주면서 이리 오라고. 그런데 줄 듯 줄 듯 하면서 안줘요. 그리고 계속 따라오라고. 맨앞에다 앉혀놓고 주보를 주더라고요. 그렇게 한 다음엔 또 나하고 연령이 비슷한 사람 하나를 데려다가 옆에다 앉혀 놓고 이 사람하고 친구해서 오늘 예배드리라고 합니다. 아주 친절하게 잘해 주더라고요.

예배가 끝나서 돌아오는데 보니까 그 순경이 아직도 거기에 서 있어요. 그래서 한마디 더 물어보았어요. "당신 아까 보니까 나를 데리고 저 멀리 있는 교회까지 갔었는데 가다 보니까 중간에도 교회가 많던데 왜 그 교회까지 나를 데리고 갔소?" 했더니 그 분이 한 말을 일생 잊지 못합니다. 빙그레 웃으면서 하는 말입니다. "그 교회에서 예배보고 나오는 사람들이 늘 얼굴이 밝아요. 내가 여기에 서서 보니 그 교회에서 예배보고 나오는 사람들이 얼굴이 환합니다. 그래서 그 교회 가시라고 했습니다."

여러분, 교회가 뭡니까? 어떻게 돼야 교회가 부흥이 될 것같습니까? 간단해요. 그저 어떤 마음으로 왔던지 이곳 교회에서 은혜 많이 받고 마음의 문제를 해결하고 나갈 때 환하게 웃으면서 나가요. 그러면 이 교회는 부흥되는 것입니다.

「입소문을 만드는 100가지 방법」이라고 조지 실버만(George Silverman)의 유명한 책이 있습니다. 이건 영업을 하시는 분들은 잘 들어둬야 되는 말씀입니다. 입소문을 만드는 100가지 비결인데 이 책에 이런 말이 있어요. 한 여자 고객이 백화점에 들어왔어요. 아, 무거운 자동차 타이어 하나를 들고 와서는 반품하겠다는 겁니다. 이거 반품해 달라고. 그래 "영수증을 주세요." "영수증 없어요. 반품해 주세요" 하고 떼를 씁니다. 그래서 할수없이 29불을 줬어요. 그리고 반품해서 받았습니다. 그런데 이 백화점에서는 타이어를 팔지 않습니다. 그럼에도 불구하고 고객이 와서 얘기하니까 타이어를 반품해 줬어요. 그 다음에 소문이 나는데, 저 백화점은 자기네가 팔지도 않는 물건에 대해서도 반품을 해준다고 소문이 납니다. 그 다음에 홍보 효과를 계산해 보니까 수백억이더랍니다. 여러분, 한 사람의 고객을 어떻게 대하느냐, 또 그가 어떤 대접을 받고 나가느냐에 따라서 입소문이 됩니다. 입소문 마케팅보다 더 효과적인 건 없어요. 교회 부흥도 그저 굳이 말하자면 입소문 마케팅입니다. 이 교회 와서 은혜 받고, 이 교회 성도들과 교제하고 모두가 행복하고 또 가정이 화목하고 지혜가 생긴다고 하면, 교회는 날로 부흥할 수밖에요.

예수님께서 말씀하신 교회관, 이 시간에 다 말씀드릴 수 없지만 요약해서 몇 마디로 말씀을 드립니다. 첫째로, 예수님께서는 이렇게 말씀하십니다. 만민의 기도하는 집. 교회는 만민의 기도하는 집. 사람들이 모인 곳이 아니고, 사람들이 교제하는 공동체도 아닙니다. 어떤 면에서는 사람을 구제하는 공동체도 아닙니다. 사람이 하나님께 나아가고 하나님과 만나는 관계, 수직적인 관계, 즉 기도를 하는 만민의 기도하는 집입니다. 하나님께서 그 백성을 만나고, 백성들은 거기서 기도하고, 하나님께로서 응답을 받는 기도하는 곳, 이곳이 교회입니다.

둘째로, 예수님께서는 상징적으로 말씀하셨습니다. 요한복음 4장 14절에 보면 "내가 주는 물을 마시는 자는 영원히 목마르지 아니하리라" 하십니다. 마치 샘터와 같은 곳으로 말씀하십니다. 목이 갈한 사람들이 와서 시원한 물을 마시는데 이 물을 마실 때에 그 시원함이란 이루 말로 다 못해요. 소생함을 얻는 것입니다. 영원히 목마르지 아니하는 물이 솟아나는, 마치 샘터와 같습니다. 이것이 예수님께서 말씀하신 교회입니다. 또, 이렇게 말씀하십니다. 신령과 진정으로 예배하는 곳. 신령과 진정으로 예배하는 곳. 그래서 하나님을 만나는 곳. 하나님의 음성을 듣는 곳. 그래서 병든 자가 치유함을 받고 절망하던 자는 소망을 얻고 새 희망을 얻는 그런 교회, 말씀의 은사가 넘치는 교회, 말씀의 능력이 나타나는 교회, 이것이 교회라고. 교회는 교육시설이 아닙니다. 지식단체도 아닙니다. 지식을 주는 것도, 감동을 주는 것도 아니라, 교회는 사람을 변화시킵니다. 그래서 그리스도의 구원의 사역이 교회를 통해서 계속 확장되어가는 것입니다. 이것이 교회입니다.

오늘 본문 31절에 보면 눈여겨봐야 할 중요한 말씀이 하나 있어요. '그리하여……' 몇 번을 읽어봐도 귀한 말씀입니다. "그리하여 교인의 수가 점점 많아지더라." '그리하여', '그리하여'가 뭡니까? "그리하여 온 유대와 갈릴리와 사마리아 교회가 평안하여 든든히 서가고 주를 경외함과 성령의 위로로 진행하여 수가 더 많아지더라(31절)." 이게 교회 부흥입니다. 여기 보면 '주를 경외하며'라고 말씀합니다. 이 말씀이 본문의 핵심입니다. '주'라는 개념이 중요한 의미를 가집니다. 신학적으로 복잡한 문제입니다만 정리해 보면, 복음서에서 예수를 그리스도라고 말씀합니다. 그리스도에 대한 것을 늘 강조합니다. 메시야, 그리스도, 같은 말입니다. 그러나 사도행전 이후로 가면 예수는 주라고 합니다. Lord—주, Lordship—주되심, 이것이 강조됩니다. '주'라는 말은 구약의 히브리말에서 여호와를 칭할 때 쓰는 말입니다. '하나님 여호와' 이런 말이 있거든요. '여호와 하나님, 여호와 하나님.' 그런데 이스라엘 사람들은 여호와라는 이름을 함부로 못부릅니다. 제 3계명에 있지 않습니까? "여호와의 이름을 망령되이 일

컫지 말라." 하나님의 이름을 함부로 부르면 안된다고 했습니다. 그렇기 때문에 여호와라는 이름을 잘못 불렀다가 실수할까봐 여호와라고 써놓고 읽지는 못합니다. 읽지를 못하고 뭐라고 읽는고 하면, '여호와'라고 써놓고는 '주'라고 읽습니다. '아도나이' 하고 읽습니다. 그래서 오늘까지도 '여호와'냐 '야훼'냐 묻곤 합니다. 여호와라는 말은 그 히브리말에 아도나이 모음을 붙인 것입니다. 그래서 여호와냐 야훼냐 뭐 복잡하게 말하지만, 아직도 이스라엘 사람들은 여호와의 이름을 부르지 못합니다. 글로만 씁니다. 그리고 대칭을 합니다. 그 것이 '주'입니다. 그렇기 때문에 '주 여호와' 할 때, '주 하나님, 주 그리스도' 할 때 엄청난 의미가 있는 것입니다. 그것이 바로 예수님을 '하나님'으로 고백하는 것을 말합니다. 예수를 하나님으로 고백하는 것이 바로 '주'라고 하는 개념입니다. 그래서 오늘 성경 말씀에 '주', '주님'을 말씀합니다. "주를 경외함과"라고 말씀합니다.

또한 "성령의 위로로 진행하여"라고 합니다. 주님의 주권과 주님의 말씀과 그리고 성령입니다. 성령은 그리스도의 영입니다. 자, 이것이 교회입니다. 그래서 교회를 간단히 정의할 때는 주의 말씀이 선포되고 성령이 함께하는 것이 교회입니다. 말씀이 있고, 성령이 역사하면 거기에 생명의 역사가 있고 주님의 생명력과, 주의 구속의 역사가 거기 나타나고 있는 것입니다. 그래서 구원의 역사가 있는 것입니다.

좀 우스운 얘기입니다만 제가 관계하고 있는 '군선교회'가 있습니다. 군선교회에서 제가 이사장을 한 25년 하고 있는데, 얼마 전에 30주년 행사가 있었어요. 군선교위원회 30주년 행사에 참석했는데 사단장으로 있다가 예편한 분이 있어 아직도 그 분은 사단장끼가 있어요. 군인의 모습으로 아주 명령적입니다. 그런데 그 날 복음성가 가수 한 분이 와서 설교 전에 성가곡 두 곡을 불렀습니다. 제가 설교를 하고 예배 마친 다음에 식사를 하는데 이렇게 둘러앉은 장소에서 그 복음성가 가수를 앞에 놓고 이 예편한 사단장이 한마디 하는 것입니다. 사단장을 예편해서 수도 육군병원에 가서 정신병자를 위해서 봉사한다는 것입니다. 그 정신병자 가운데 한 절반이 귀신들렸기 때문에 '난 귀신 내쫓는 일, 그걸 요새 전문으로 하고 있다'고 그래요. 제가 옆에서 "아, 그렇습니까? 귀한 일 하십니다." 그랬더니요, 그 다음 말이 중요해요. "복음성가 가수 당신 잘 들어두라우!" 그래요. "뭔데요?" 자기가 귀신을 내쫓을 때, 찬송을 부르는데, 특별히 예수 십자가, 예수 십자가 하면 귀신이 나간대요. 그런데 복음성가를 불렀더니 귀신이 같이 놀자고 한대요. "그 복음성가로는 귀신이 안나가. 알았소?" 그래요. 아이고, 이 가수 양반이 쩔쩔 매는데, 그 마음 상할까봐 큰 걱정이었어요. '저분 저러다가 마음 상하면 어떡하나.' 아주 조마조마했어요. 너무 심하게 말씀을 했거든요. 그랬는데 고마운 것은 그 다음 며칠 후에 그 딸 결혼주례 해달라고 부탁하기에 안심을 했습니다.

여러분, 아시겠어요? 예수 십자가. 이것이 교회입니다. 그 외 다른 건 필요가 없어요. 그건 맥빠진 것입니다. 아무 의미가 없어요. 그래서 주되심과 예수의 주권이 행사되는 것입니다. 주되심과 말씀으로 그리고 성령의 역사로 교회가 되는 것입니다.

사도 바울이라는 사람이 본래 예수를 핍박하던 사람입니다. 예수 믿는 사람을 잡아 죽이는 사람이고, 잡아 죽이려고 다메섹까지 갔던 사람입니다. 아주 반기독교적인 악랄한 인간입니다. 그런데 이 사람이 다메섹에서 예수를 믿게 됐대요. 예수를 핍박하던 사람이 확 돌아서서 이제 복음을 증거하고 다닙니다. 자, 이 사람이 예루살렘에 왔는데 어떻게 받아줍니까? '저 사람이 저거 간첩인지도 몰라. 저 무슨 짓을 하려고 지금 교회 들어와 있는지도 몰라.' 많은 사람들이 이 사람을 의심합니다. 이 사람이 예수 믿는다는 사실을 교회가 수용하지 못해요. 이 사람이 예수 믿는 데 대해서 불신하고 두려워하고, 경계했습니다. 바로 그런 때입니다. 오늘 성경에 보니까 바나바라는 좋은 사람이 있어요. 이 사람이 나타나서 많은 사람을 설득해요. 아주 귀한 일입니다. 그런 중보자입니다.

중국 사람들의 말에 이런 말이 있습니다. "용장 위에 맹장, 맹장 위에 덕장이다." 역시 바나바는 덕장입니다. 그는 바울의 그리스도인됨을 믿고 동시에 많은 사람들에게 중간에 서서 중보를 합니다. 덕있는 사람입니다. 많은 사람에게 바울이 예수 믿는 것이 사실이라고 말합니다. 분명히 그는 예수를 핍박했지만 이제 그리스도인요 또한 복음을 증거하다가 핍박까지 받았다고 중보합니다. 자, 보세요. 이 바나바가 여기에 있었어요. 그가 말하는 중에 보면 마치 자기가 체험한 것처럼 말합니다. 뭐 그렇게 논리적인, 교리적인 설명이 없어요. 다만 다메섹 도상에서 그가 어떻게 주를 본 것과 다메섹 도상에서 어떻게 주를 만났는지, 주를 만났다고 하는 그 귀중한 체험, 그 체험 중심으로 말합니다. '그가 회심해서 180도로 바뀌어서 다메섹에 들어가서 복음을 증거하고 핍박까지 받았습니다. 그런고로 이 사람은 믿어야 됩니다. 이 사람은 우리 형제입니다. 늘 함께 일해야 됩니다.' 이런 얘기입니다. 단적으로 말하면 '주님께서 택하신 자를 누가 정죄합니까? 주께서 의롭다 하신 자를 누가 나무랄 것입니까? 주가 사랑하는 자를 누가 비판할 것입니까?' 묻는 것입니다. 이것이 교회입니다. 어떤 과거가 있어도 상관없어요. 교회에서는 그것을 묻지 않습니다. 주님께서 사랑하시면 우리도 사랑해요. 주님께서 용서하셨으면 용서하는 것입니다. 이게 아주 중요한 것입니다. 주님 주도적인 인식이 있어야 합니다.

하도리 아끼라라고 하는 일본 작가가 쓴「행복의 문」이라고 하는 소설이 있습니다. 그 내용은 이렇습니다. 어떤 가정이 아주 불화해서 견딜 수가 없어요. 서로 시비하고 헐뜯고 온 집안 식구가 난리입니다. 그래서 매일매일 싸우며 매일매일 다투고 큰소리가 납니다. 가장되는 분이 너무 속이 상해요. '이거 왜 우리 집안은 이 모양일까?' 그런데 바로 옆집은 보니까 자기집보다 훨씬 가난하고 어려운 것같은데도 웃음소리가 항상 담장을 넘어와요. 온집안이 웃고 화목해요. 그래서 물어봤대요. "가만히 보니 우리 집안은 밤낮 싸움이고 당신 집안은 항상 웃음이 있는데 그거 무슨 비결이 있소?" 그러니까 주인되시는 분이 벌써 다 알고 있었거든요. 재미있게 대답을 했어요. "당신네 집에는 선한 사람만 살고 우리 집에는 다 죄인만 삽니다." 당신네 집에는 전부 똑똑한 사람만 살아서 뭐 하나 잘못되면 네 책임이다, 네 책임이다, 누구 때문이다, 누구 때문이다, 전부 다 똑똑하고 다 옳고 의인만 사니까 싸움이 나지만, 우리집에는 다 죄인이라서 누가 한번 실수하면 내 잘못이오, 내 잘못이오 한다는 겁니다. 아, 아들이 지나가다가 놓여진 화분을 깨뜨리고는 "아이구, 제가 잘못했습니다" 하면 그 어머니 하는 말이 "내가 거기다 놓아둔 게 잘못한 거지." 하고 또 아버지는 "내가 그거 치우지 않아서 잘못이지." 또 한 사람은 "애당초 내가 그 화분을 사온 게 잘못했지." 전부가 잘못, 잘못, 하니까 우리집은 전부 죄인끼리 사는 거고 죄인만 사니까 편안하고 당신들은 의인만 사니까 싸운다는 것입니다.

오리겐은 말합니다. 교회는 죄인들이 모이는 병원이라고. 여기에 다 죄인입니다. 누구도 의인이 없어요. 의롭다 하심을 얻었을 뿐이지요. 그런고로 교회에서는 시비가 있을 수 없어요. 누구를 비판할 수도 없어요. 이것이 교회입니다. 바울은 여러 가지로 오해를 많이 받을 수 있는 사람이지만 바나바가 그를 추천하고, 그가 보증하고, 그가 소개함으로써 모두가 편안한 마음을 가지고 사도 바울을 영접하게 됩니다. 달리 그런 게 아닙니다. 주님께서 영접하셨으니까 영접하고, 주님께서 용서하셨으니까 용서하고, 주님을 사랑하고 주님께서 사랑하시는 자인 고로 우리도 사랑하는 것입니다. 이것뿐입니다. 여러분, 이런 교회는 부흥이 됩니다. 오직 주만이 높으심을 받고 주의 마음으로 충만하고 주의 사랑으로 가득할 때입니다. 그리고 중간에 나서는 중보자적인 사람 하나가 필요합니다. 바나바 같은 사람. 이런 어른이 있어서 좀 어려운 일이 있을 때마다 다른 분들을 설득합니다. 주를 보고 환영하고 바나바를 믿고 사랑합니다. 그리고 영접합니다. 이것이 교회입니다. 여러분, 오늘 본문 말씀에 다시 귀를 기울입시다. "그리하여 주를 경외함과 성령의 위로로 진행하여 수가 점점 더 많아지니라." 부흥하는 교회로 부흥하는 교회 상으로 나아가야 할 것입니다.   △

신앙인의 경영지혜

마음의 경영은 사람에게 있어도 말의 응답은 여호와께로서 나느니라 사람의 행위가 자기 보기에는 모두 깨끗하여도 여호와는 심령을 감찰하시느니라 너의 행사를 여호와께 맡기라 그리하면 너의 경영하는 것이 이루리라 여호와께서 온갖 것을 그 씌움에 적당하게 지으셨나니 악인도 악한 날에 적당하게 하셨느니라 무릇 마음이 교만한 자를 여호와께서 미워하시나니 피차 손을 잡을지라도 벌을 면치 못하리라 인자와 진리로 인하여 죄악이 속하게 되고 여호와를 경외함으로 인하여 악에서 떠나게 되느니라 사람의 행위가 여호와를 기쁘시게 하면 그 사람의 원수라도 그로 더불어 화목하게 하시느니라 적은 소득이 의를 겸하면 많은 소득이 불의를 겸한 것보다 나으니라 사람이 마음으로 자기의 길을 계획할지라도 그 걸음을 인도하는 자는 여호와시니라

(잠언 16 : 1 - 9)

신앙인의 경영지혜

그 유명한 카네기(Andrew Carnegie)가 아주 어렸을 때 어머니를 따라 어머니의 손을 잡고 시장에 간 일이 있다고 합니다. 가득히 쌓여 있는 먹음직한 앵두를 보면서 침을 꿀꺽꿀꺽 삼키고 있었습니다. 그 가게 주인 할아버지가 그 애를 예쁘게 봐서 "애야, 이 앵두를 먹고 싶으냐?" 그러니까 고개를 끄덕끄덕합니다. "그럼 한줌 집어 먹어라." 그런데 이 놈은 집어 먹질 않습니다. 그냥 서 있습니다. "먹고 싶으냐?" 끄덕끄덕. "그러면 한줌 먹어라." 안먹습니다. 이걸 보고 그 할아버지가 앵두를 한줌 집어서 그 어머니의 장바구니 속에다가 넣어 주었습니다. 집에 가서 주라고. 그리고 어머니의 손목을 잡고 가게를 나오는데 어머니가 물어 보았습니다. "애야, 너 왜 거기 할아버지가 먹으라고 했는데 한줌 집지 않고 그냥 서 있었느냐?" 이 아이가 하는 대답 들어보세요. "할아버지 손이 더 크니까요." 이제 경영학 이야기는 다 했습니다. 자기 손은 작고 할아버지 손이 크니까 그 손으로 줘야지 내 손 한줌은 얼마 안됩니다.

피터 드러커(Peter F. Drucker)는 그의 마지막 책이 있습니다. 제가 그 분의 책을 여러 권 읽었습니다만, 그가 91세 때 어느 대학교 학생이 묻기를 "선생님의 책이 40권이 넘는데 너무 많아서 다 읽을 수도 없고 힘들어서 그러니 한 권만 소개해 주세요. 그 책을 제가 꼭 보겠습니다." 그러니까 91세의 피터 드러커가 말하기를 "내년에 쓰는 책입니다." 그랬어요. 그래서 저도 기다렸다가 이 책을 주문해서 읽었습니다. 「The effective executive」라는 책인데요, 우리말로 번역할 때「자기경영 노트」라고 했습니다. 이 책을 읽어가면서 가장 인상적이었던 부분은 이것입니다. Time management. 타임 매니지먼트라고 하는 말입니다. 그 책 속에서 "Know thy time"이라고 말합니다. 당신의 시간을 알아라. 당신의 시간을 알아라. 얼마 남았는지 알아라. 지금 네가 해야 될 일이 무엇인지를 알아라. 주어진 시간에 성격을 바로 알고 여기에 대응하라고 충고합니다. 재산, 지식, 경험, 능력, 다 있다 하더라도 시간이 없으면 안됩니다. 시간경영을 못하면 실패입니다. 그래서 오늘 성경은 말씀합니다. "마음의 경영은 사람에게 있어도 말의 응답은 여호와께로서 나느니라(1절)." "사람이 마음으로 자기의 길을 계획할지라도 그 걸음을 인도하는 자는 여호와시니라(9절)." 하나님의 경영, 하나님의 경영을 알고 거기에 따라서 살아가야 합니다.

여러분도 유행하는 말을 알고 계시는지 모르겠어요. '육일약국으로 갑시다.' 들어 봤습니까? 육일약국으로 갑시다— 이건 아주 기가막힌 경영노트입니다. 우리나라에서 가장 작은 4.5평의 약국이 있었습니다. 그나마도 이것은 6백만 원을 빌려서 만든 작은 약국입니다. 그런데 지금와서 그 주인은 시가 1조 원에 달하는 기업체의 CEO가 됩니다. 불과 몇 년 사이에. 이 분은 이 작은 약국을 만들어 놓고 3년 동안을 계속 택시만 탔습니다. 일부러 하루에 몇 번씩 택시를 탑니다. 멀리 나갔다가 택시를 타고는 "육일약국으로 갑시다." "그거 어디에 있습니까?" "어디 어디에 있는 거 몰라요? 갑시다." 그 조그만 약국으로 안내합니다. 육일약국으로 갑시다. 3년을 계속 택시를 탔다는 거 아닙니까. 그래서 입소문으로 전해집니다. 육일약국, 육일약국, 육일약국. 사람들이 가보니 조그마한 약국이지만 친절하고 성실하게 잘 봉사하거든요. 이 소문이 나고 나서 그는 엄청난 부자가 됩니다. 왜 하필이면 육일약국이냐? 이제 물으면 그 때 대답을 합니다. 하루는 교회 나가야 되니까. 육일만 일합니다. 주일날은 문 닫습니다. 육일약국입니다. 사람들이 기다렸다가 문 여는 날에 옵니다. 자, 육일약국으로 갑시다. 이 한마디가 경영철학이요 성공비결이었습니다. 그래서 마산의 랜드 마크가 됐습니다.

여러분, 맨 먼저 능력경영을 해야 됩니다. "너의 행사를 여호와께 맡기라(3절)." 이 능력의 한계를 인정해야 됩니다. 사람마다 자기 능력의 한계를 모르는 데 문제가 있습니다. 로리 애쉬너(Laurie Ashner)라고 하는 분이 쓴 「사람은 왜 만족할 줄을 모르는가?」라는 책이 있습니다. 충분히 만족할 수 있는데 왜 사람들은 만족하지 못하나? 하고 묻습니다. 그 책 속에서 이렇게 말합니다. 다른 사람들이 주목해 주기를 바라는 마음 때문에 소중한 기회를 놓친답니다. 사람들이 나더러 뭐라고 하나. 성공했다고 하나, 실패했다고 하나, 그저 사람들에 대해서, 시선에 대해서, 평가에 대해서 너무 신경을 쓰다 보니까 정작 알아야 할 자기 자신을 모르게 되고 자기 자신을 바르게 평가하는 그걸 잃은 겁니다. 그래서 만족하질 못해요.

또 하나는, 뛰어난 재능을 다 가졌는데, 하나님이 주신 재능이 다 있는데 다른 사람들은 훌륭하다고 말하고, 다른 사람들은 부러워하는데 자기 자신은 오히려 자기가 가진 재능을 평가할 줄을 모릅니다. 소중한 줄 모릅니다. 그런 경우가 너무 많습니다. 남은 나를 부러워하는데 나는 나에게 불만이 많아요. 이 불만 때문에 자기 자신을 모르게 되고 맙니다.

여러분, 성경에도 있지 않습니까? 달란트 비유에 보면 한 달란트, 두 달란트, 다섯 달란트를 주었답니다. 그런데 재능에 따라 주었다는 것입니다. 이건 주인이 인정하는 재능입니다. 너는 한 달란트 감당할 능력이 있다, 한 달란트. 그렇게 두 달란트, 다섯 달란트를 줬는데 이 한 달란트 가진 사람이 장사를 하지 않고 게으르게 땅에 묻어 놨다가 도로 가져왔다는데, 그거 왜 그랬을까? 성경에는 없습니다만 충분히 알만합니다. 불만이 많아요. '다른 사람은 다섯 달란트 주면서 왜 나는 한 달란트냐' 이것입니다. '다른 사람은 크게 인정해 주시면서 나는 왜 이렇게 평가 절하해 주셨나.' 불만이 있었어요. 그 한 달란트가 소중한 것인데, 남의 다섯 달란트보다 내 한 달란트가 소중한데 그거 소중한 줄을 몰라요. 내게 주어진 기회, 내게 주어진 건강, 내게 주어진 시간, 내게 주어진 재능의 소중함을 모릅니다. 그런데 이상하게도 다 끝난 다음에, 은퇴한 다음에야 압니다. 그때 알았어야 했는데, 그랬어야 하는데, 이미 늦었습니다. 타임 매니지먼트가 잘못됐습니다.

또 다른 하나는 요구저항 때문이라고 그랬습니다. 우리는 많은 요구를 받고 있습니다. 가정에서 사회에서 많은 사람이 나에게 요구하는 것이 있는데, 그 요구에 부응하면서 살아가야 되는데 그 요구를 거절합니다. 부정적으로 대합니다. 요구저항. 이것 때문에 실제적으로 자기 능력을 상실하게 됩니다.

마지막으로 가장 중요한 것은 삶의 주인이 되기를 기피한다는 것입니다. 삶의 주역이 돼야 되는데 항상 편승하려 하고, 자기 자신의 위치를 잃어버려요. 다시 말하면 책임을 지지 않아요. 책임지는 마음이 중요한데 책임을 지지 않으면서 자기 존재, 자기 능력, 행복을 잃어버리게 된다고 말합니다.

그렇습니다. 그런데 능력을 관리해야 됩니다. 내게 주어진 능력, 할 수 있는 것, 가능한 것을 가능하게 해야 합니다. 여러분 잘 아는 라인홀트 니버(Reinhold Neibuhr)의 기도문에 보면 그러지 않습니까? 가능한 것을 가능케 하는 것입니다. ‘고칠 수 있는 것은 고치게 하시고 또 고칠 수 없는 것은 받아들일 수 있는 냉정함을 주세요.’ 할 수 있는 걸 하는 게 능력이요 지혜이지, 할 수 없는 것 하게 해 달라고 한평생 몸부림을 친들 무슨 소용이 있습니까? 여러분, 가능한 것을 가능케 하는 능력 관리가 필요합니다. 그래서 오늘 성경은 “여호와께 맡기라” 합니다. 기도로 맡기고, 또 염려를 맡기고, 결과를 맡기고, 하나님의 말씀에 위탁해서 말씀대로 순종하면서, 맡기는 그 운명, 그 그 최종 결과를 하나님께 맡기고 사는 경영능력이 있어야 되겠습니다.

또하나는 마음 경영을 해야 됩니다. 마인드 컨트롤이 중요합니다. 교만하지 않도록. 그렇습니다. 남들이 나를 칭찬할 때, 그 칭찬에 널뛰기하면 안됩니다. 누가 뭐래도 아닌 건 아니니까요. 그래서 드리는 주책없는 말입니다만 제가 한평생 살면서 간혹 ‘천재’라는 말을 많이 들었어요. 그러나 내가 천재 아닌 건 내가 알잖아요. 내가 기억력 없는 것도 알고, 내가 능력 없는 건 내가 잘 알아요. 누가 뭐래도 나는 천재가 아닙니다. 또한 제가 북한에 가면, 여기서 못듣던 말을 들어요. 여기서는 목사이지만, 거기 가면 나보고 성자라고 그래요. 그러나 성자 아닌 것도 내가 잘 알아요. 왜? 우리 아버지를 저 사람들이 총살을 했는데 그 총살하는 장면을 내가 봤거든요. 그리고 도 북한을 위해서 일한다니까 “아, 이건 성자다.” 그러나 저는 성자 아닙니다. 누가 뭐래도 나는 나입니다. 마음 관리를 똑바로 합시다.

동시에 내가 굴욕을 당할 때, 억울한 말을 들을 때 그 때 자기 페이스를 잃어버리기 쉬워요. 아무리 억울한 말을 들어도 나는 내 길을 가는 것입니다. 아무도 몰라도 좋아요. 하나님만 아시면 되는 것입니다. 그래서 마음관리를 잘 해야 됩니다. 악에 기울지 않도록 항상 겸손을 지켜가도록, 동시에 항상 감사하도록. 감사는 선택입니다. 계속 감사하는 자세를 가져야 그래야 경영할 수 있습니다.

또하나, 악인경영이 중요합니다. 오늘 성경에 보니 '하나님이 온갖 것을 적당하게 지으셨나니 악인도 악한 날에 적당하게 하셨느니라(4절)' 합니다. 하나님의 손에 있다는 것입니다. 이걸 잊지 말아야 돼요. 불행과 실패, 혹 나를 괴롭히는 악한 사람, 이거 원망하다가 자기를 잃어버려요. 여러분, 많은 어려움을 겪으면서 삽니다. 편안한 거 아닙니다. 가끔 우리 후배들이 제게 얘기를 해요. "목사님은 참 평안하게 목회하는가 봐요. 아니 40여 년 동안 얼마나……" 그러면 내가 "이 사람들아, 모르는 소리 하지 마라. 내가 이 목회 하면서 검찰청에 네 번 갔다." 그러면서 살았어요. 여러분 이거 잊지 마세요. 평안한 거 아닙니다. 평탄한 거 아닙니다. 그러나 그럴 때 자기를 잃어버리면 안돼요. 악인을 경영할 줄 알아야 돼요.

며칠 전에 TV를 보다가 이런 말을 들었는데 충격적입니다. '피부는 마음의 거울이다.' 여러분, 한번 만져 보세요. 거칠거든 그냥 회개하세요. '피부는 마음의 거울이다.' 이게 빛이 나질 않아요. 썩었어요. 그러면 무릎을 꿇어야지. 뭘 변명이 많아. 벌써 얼굴이 썩었는데…… 이거 되겠습니까? 여러분, 우리가 스데반처럼 천사의 얼굴은 하지 못한다 하더라도 최소한 사람의 얼굴로 살아야지요. 생각해 보세요. 악한 자, 그에 대한 비난, 비판, 증오, 바로 이때에 내가 나를 잃어버리면 안돼요. 악한 자를 경영해야 돼요. "악인도 악한 날에 적당하게 지으셨느니라." 가만히 두고 보세요. 그 사람이 내 은인입니다. 저 사람 때문에 내 오늘이 있는 것입니다. 저 못된 사람 때문에 내 오늘이 있을 수 있는 것입니다. 그런고로 악인을 경영하라 합니다.

내 친구 몇 사람이 있습니다. 고향에서 나온 친구들끼리 가끔 모이면 짓궂은 말을 좀 합니다. 첫째 인사가 뭔지 아십니까? 고향에서 고생하다가 나와서 이렇게, 뭐 학장도 되고, 목사도 되고, 박사도 되고 다 그런데, 모여 앉으면요 "너나 나나 김일성 덕에 출세했다" 그래요. 아, 그래요. 아, 그 양반 아니면 내가 여기 왔겠어요? 이것만은 분명합니다. 그 양반 덕에 여러분이 지금 나를 만나고 있는 것입니다. 그렇지 않아요? 악인도 악한 날에 적당하게 지으셨느니라 — 그런고로 너무 미워하려고 그러지 마세요. 그것 때문에 내가 손해보면 안되지요. 내 페이스를 잃어버려선 안되지요.

그래서 말입니다. 요새는 또 이런 말 합니다. '역경관리, 위기관리 능력이 있어야 한다.' 아니, 위기 경영 능력이 있어야 돼요. 위기에 참는 것만 가지고 관리가 아닙니다. 그걸 넘어서야 합니다. 젊은 사람들이 파도타기 하는 것을 가끔 볼 때가 있습니다. 가만히 보니 그 파도가 오기를 바라며 널쪽을 타고 이렇게 엎드리고 있더라고요. 엎드리고 있다가 파도가 막 올라오면 그때 가서 타고 올라가는데 그 사람들에게 파도가 없다면 그거 하루종일 엎드리고 있다가 말 것입니다. 여러분, 파도가 높을수록 파도타기 하는 사람에게는 그 멋진 행복이 있는 거 아니겠습니까? 이 세상 뭐 좀 역경, 뭐 좀 어려운 일이 있다 합시다. 역경관리, 위기관리, 아니, 나아가서는 악인·원수

관리, 원수까지도 경영할 줄 알아야 합니다. 이것이 오늘 주시는 말씀입니다.

나아가서는 소득관리. 자, 여기에 보니 부하다 하더라도 악한 일을 했으면 그거 부한 거 아닙니다. 차라리 가난한 것만 못해요. 의와 함께 가난한 것이 악인의 부보다 나은 것입니다. 돈 버느냐 못버느냐가 문제가 아닙니다. 내가 얼마나 선했느냐, 의로웠느냐, 바르게 살았느냐에 문제가 있습니다. 이 소득을 관리해야 되겠어요. 성공이 문제가 아니지요. 얼마나 바른 길에 섰느냐가 문제이고 진실이 문제입니다.

「탈무드」에 재미있는 말이 있습니다. 어느날 랍비가 찾아온 유대사람에게 이렇게 말했답니다. "길에서 만약 돈지갑을 하나 주웠다면, 아무도 보지 못하는 데서 그걸 주웠으면 자네는 어떡하겠나?" 그랬더니 "하나님이 내게 선물로 주신 줄 알고 감사한 마음으로 받겠습니다." 그랬어요. 그러니까 랍비가 하는 말이 "너는 도둑놈이다." 그랬거든요. 또 다음 사람이 와서 그에게 똑같은 질문을 해봤어요. 했더니 "주인을 찾아서 꼭 돌려주겠습니다." 그러니까 랍비가 하는 말이 "야, 너는 멍청한 바보다" 그랬어요. 세 번째 사람은 대답을 이렇게 했습니다. "모르겠습니다. 그런 일을 당한 현장에서 하나님이 내게 어떻게 말씀하실는지 그 때 가봐야 알겠습니다." 그랬더니 랍비가 말하기를 "그대 말이 옳도다." 내가 내 힘으로 사는 게 아닙니다. 내가 오늘 결심하고 각오한다고 그대로 됩니까? 이제쯤은 알아야겠지요. 하나님께서 힘을 주셔야 됩니다. 하나님께서 은총을 베푸셔야 됩니다. 하나님께서 용기를 주셔야 됩니다. 경영능력을 주셔야 경영할 수 있는 것입니다. 경영의 목적은 하나님께 있고, 경영의 중심은 하나님께 있고, 경영의 그 최종결과도 하나님께 있습니다. 온전한 신앙인의 경영능력, 관리능력을, 다시 새롭게 우리가 경영철학을 정비해야 될 것입니다.　△

바울의 자기개혁신앙

바울은 더 여러 날 유하다가 형제들을 작별하고 배 타고 수리아로 떠나갈새 브리스길라와 아굴라도 함께 하더라 바울이 일찍 서원이 있으므로 겐그레아에서 머리를 깎았더라 에베소에 와서 저희를 거기 머물러 두고 자기는 회당에 들어가서 유대인들과 변론하니 여러 사람이 더 오래 있기를 청하되 허락지 아니하고 작별하여 가로되 만일 하나님의 뜻이면 너희에게 돌아오리라 하고 배를 타고 에베소를 떠나 가이사랴에서 상륙하여 올라가 교회의 안부를 물은 후에 안디옥으로 내려가서 얼마 있다가 떠나 갈라디아와 브루기아 땅을 차례로 다니며 모든 제자를 굳게 하니라

(사도행전 18 : 18 - 23)

바울의 자기개혁신앙

솔개는 가장 장수하는 조류로 알려져 있습니다. 솔개는 최고 약 70세의 수명을 누린다고 합니다. 이렇게 솔개가 장수하려면 약 40세가 되었을 때 매우 고통스럽고 중요한 결심을 해야 한다고 합니다. 솔개는 40세가 되면 발톱은 노화되어 사냥감을 효과적으로 잡아채거나 움켜쥐지 못하고 또 부리는 길게 자라고 구부러져서 가슴에 닿을 정도가 되고 깃털도 짙고 두텁게 자라게 되어 매우 무거워져서 하늘높이 날아 올라갈 수도 없게 된다고 합니다. 이쯤 되면 솔개는 둘 중에 선택해야 합니다. 하나는 그냥 죽음을 기다리는 것이고, 또 하나는 약 반 년에 걸친 매우 고통스러운 큰 시련의 과정을 거쳐서 새롭게 갱생하는 길입니다. 자기 갱생의 길을 선택한 솔개는 높은 산의 정상 부근 아주 높이 올라가서 둥지를 틀고 고통스러운 수행을 시작합니다. 부리를 바위에 쪼아대고 또 쪼아대서 그 부리가 다 빠지게 되면 서서히 새로운 부리가 나온다고 합니다. 새 부리로 이젠 발톱을 계속 뽑아댑니다. 자기 발톱을 자기가 뽑아서 다 없앱니다. 그러면 다시 새 발톱이 나옵니다. 이번에는 날개 깃털을 하나하나 다 뽑아낸답니다. 그러면 새 깃털이 나옵니다. 이 솔개가 40세에 이렇게 자기 갱신의 엄청난 시련을 이기고 나면 다시 30년의 수명을 더 살게 된다고 합니다. 상상할 수 없는 엄청난 시련입니다. 역시 솔개다운 큰 수행과정이라고 느껴집니다.

리더십의 대가인 워렌 베니스(Warren Bennis)는 그의 책에서 이렇게 말합니다. '자기 경영을 할 줄 모르는 리더는 무면허 의사와 같다. 그래서 많은 사람을 엉망으로 만든다.' 그렇습니다. 자기 경영을 할 줄 모르는 리더, 그런 지도자는 자기 한 사람만 망하는 게 아닙니다. 많은 사람을 엉망으로 만든다는 것입니다. 사회심리학자들이 연구한 대로는 어떤 직장에서 해고를 당했다 하면, 잘 연구해 보면 해고당한 사람의 90%가 자신의 능력 부족으로 해고당하는 사람은 없답니다. 자기 경영에 실패했습니다. 자기 자신의 마음, 자기 자신의 의지를 다스리는 데 실패했기 때문에 직장에서도 해고된다고 그렇게 말해주고 있습니다.

종교개혁자 칼뱅은 우리 기독교인의 신앙을 단 두 말로 요약하고 있습니다. 하나는 '자기부정의 연속이다.' 계속해서 자기를 부정해서 신앙답지 못한 것, 신앙인으로서 합당치 않은 것을 계속 부정하고 버리는 부정의 연속입니다. 또 한 가지는 '순례자의 길을 확인해야 하는 것이다.' 내가 어디에 서 있나? 내가 사는 여기가 영원한 것이 아니거든요. 결국은 우리가 하나님 나라로 가고 있거든요. 지금 어디까지 왔는가, 이 순례의 길이 지금 어느 시점에 왔는가를 계속 확인하면서 순례의 목적, 순례의 길, 순례자의 자세를 항상 새롭게 살피며 살아가는 것입니다.

여러분, 모든 세계가 변화하기를 바랍니다. 그러나 먼저 자기 자신이 변화해야 됩니다. 우리는 종교개혁을 생각합니다. 종교개혁, 교회개혁, 세계개혁. 종교개혁이란 단순한 종교개혁이 아니고 세계개혁의 발판이 됩니다. 그런데 이 일이 있기 전에 마르틴 루터라고 하는 한 사람이 수도사로서 수도원 생활을 하는 가운데서 하나님 앞에서 자신이 중생하며 자기개혁을 일으킵니다. 루터라고 하는 한 사람의 자기개혁이 마침내 교회개혁, 세계개혁, 역사를 개혁하는 것으로 확산되어 갔다는 것을 알아야 합니다. 그런고로 무엇보다 근본적인 것은 나 자신에 대한 개혁입니다. 세상이 변화하길 바라기 전에 이 모든 사건 속에서 나 자신을 변화시키는 자기개혁이 먼저라는 것을 꼭 기억해야 하겠습니다. 여러분 가정에서도 간혹 그렇지 않습니까? 뭐 자녀가 어떻고, 남편이 어떻고, 아내가 어떻고, 이웃이 어떻고…… 그럴 것 없어요. 그냥 앉아서 나 자신이 어떻게 가며 어디로 가고 있는가를 생각해야 합니다. 이것이 먼저입니다.

빌 게이츠(Bill Gates)에게 성공하게 된 비결이 뭔지 물었습니다. 빌 게이츠는 대답합니다. '나는 힘센 강자도 아니고 그렇다고 두뇌가 좋은 천재도 아닙니다. 날마다, 날마다 새롭게 변화했을 뿐입니다.' 그의 유명한 말이 있습니다. 'change에서 'g'자를 'c'자로 바꾸면 'chance'가 된다.' 여러분, 자기개혁 깊이 생각합시다. 간혹 그런 질문을 많이 받습니다.

나이가 좀 들어서 그런지 모르는데 제 후배들이 묻습니다. "목사님, 자녀 교육의 비결이 뭡니까? 아, 이거 자녀들을 좀 잘 가르쳐야 되겠는데 말을 안듣습니다. 이 자녀교육을 바로 할 수 있는 방법……" 그 질문은 항상 나옵니다. 어디에서나 질문 시간에 꼭 나옵니다. 그때마다 저는 대답합니다. "아이들 보고 이래라 저래라 할 거 없습니다. 그냥 앉아서 내가 하나님 앞에 어떤 모습으로 살아가는가, 자기 자신을 살펴봅시다. 그것뿐입니다." 그렇게 대답합니다.

오늘 본문에 보면, 사도 바울은 조용히 큰 변화를 일으켰다고 시사하고 있습니다. 깊은 뜻을 가졌는데 도대체 그 속셈을 알 수가 없어요. 무슨 생각으로 이렇게 했는지 설명이 없으니 알 수가 없어요. 그러나 우리가 짐작할 수 있습니다. 설명 없는 부분은 그건 우리의 몫입니다. 어찌 생각하면 이건 목사의 몫입니다. 이걸 알아내야 되겠습니다. 설명 없는 중에 있는 진리를 설명해야겠습니다. 사건은 이렇습니다. 오늘 본문에 보니 겐그레아에서 머리를 깎았다 합니다. 아주 큰 서원이 있어서 하나님 앞에 그는 머리를 깎았습니다. 여러분 아시는 대로 유대 사람들의 특징이 뭡니까? 머리도 깎지 않고 수염도 깎지 않습니다. 유대 사람, 하면 턱수염이 길어야 그게 유대사람이고, 랍비라고 하면 수염이 배꼽까지 내려와야 돼요. 이래야 훌륭한 랍비입니다. 자, 그런데 이 랍비가 있는 이런 유대적 전통에서 어떻게 사도 바울이 그 소중한 머리를 깎았다는 겁니까. 여기에 주가 달리지 않았는데 아마 분명히 수염도 깎았을 겁니다. 머리를 깎고 깨끗하게 새로운 결심을 합니다. 무슨 생각을 했을까? 이 시간은 새롭게 헌신하는 시간입니다. 하나님 앞에 정직하고 진실하게 이 시점을 통해서 하나님 앞에 깨끗하게 헌신하겠다는 그런 결단을 이렇게 표시하고 있습니다.

여러분, 바울에게 있어서는 세 번의 중생의 기회가 있었습니다. 첫째는 다메섹 도상에서 예수를 만난 사건입니다. 예수믿는 사람들을 핍박하는 것이 하나님의 뜻이라고 생각했습니다. '저 사람들 저거 있어서는 안된다.' 이 유대주의를 위해서는 기독교라고 하는 것은 말살되어야 한다고 확신을 가지고 스데반을 죽이는 일에 동참했고 다메섹까지 피난을 간 기독교인들을 잡으러 거기까지 먼 길을 갔습니다. 도상에서 정오에 예수님을 만납니다. 밝은 빛 속에서 예수님 말씀하십니다. '사울아, 어찌하여 나를 핍박하느냐?' 중대한 시간입니다. 주님을 만남과 함께 바울이 완전히 뒤집힙니다. 180도 바뀌는 시간입니다.

그 이유는 첫째, 예수님 죽으신 줄 알았는데 살아나셨거든요. 예수의 부활이라고 하는 말이 뜬소문이 아니고 진짜란 말입니다. '예수부활, 예수부활' 외치는 저 베드로, 요한, 야고보, 저 사람들의 외침이 진짜란 말입니다. 그렇다면 얘기가 달라지지요. 부활 사실을 확인하는 시간이요, 둘째는 예수님께서 교회와 당신을 동일시하신다는 것입니다. 바울이 핍박한 것은 기독교인들입니다. 그런데 오늘 본문은 이렇게 말씀합니다. '어찌하여 나를 핍박하느냐 저를 핍박하는 것이 나를 핍박하는 것이고 네가 교인들을 핍박하는 것은 바로 예수인 나를 핍박하는 것이다.' 바로 이 사실에 깊은 감동을 받습니다. 여기서 뒤집힙니다. 대단히 중요한 사건입니다. 셋째는 바울을 전권적으로 부르신 것입니다. '네가 나를 위하여 할일이 있다.' 그래서 교회를 핍박하던 이 사람을 예수를 전하는 사람으로 그렇게 지명하는 시간입니다. 엄청난 사건입니다. 이것이 바울의 회심이라고 하는 첫번째 중생입니다.

바울이 이후에 소아시아를 다니면서 열심히 복음을 전했습니다. 그러다가 아덴에 갔습니다. 아덴은 헬라 철학의 본산지입니다. 소크라테스, 플라톤, 아리스토텔레스 같은 철학자들의 도시입니다. 말하자면 당시에 최고 지성의 본산입니다. 바울이 가서 놀란 것은 이 철학의 본거지, 이 지성의 세계에 웬놈의 우상이 이렇게 많습니까. 이게 말이 안되는 것입니다. 그래서 통분합니다. 지성의 세계에 웬 우상이냐? 정확한 비교가 아닐 수 있지만, 제가 일본에 오래전에 처음 갔을 때 놀랐어요. 일본 사람들은 똑똑하고, 일본 사람들은 정직하고, 깨끗하고 뭐 상당히 지성적이고 그런 줄 알았는데요. 왜 일본 사람들이 이렇게 우상을 많이 섬깁니까? 어느 집에 가도 우리나라에서는 보지 못하는 자그마한 촛불, 요런 거 딱 켜놓고 '가미다나'라고 해서 뭐 어디 가나 빌고 앉았습니다. 절간도 여러 가지입니다. 우리나라 절은 볼만합니다. 대웅전이 있고, 그렇게 크게 되어 있잖아요. 거기는 절간 하나 지어 놓고는 엄청나게 많은 신을 섬겨요. 여기서 무슨 신, 저기서 무슨 신, 여기서 무슨 신, 그리고 와서 돈 몇푼 딸랑 떨어뜨린 다음에 주문을 외면서 절하는데, 내가 가만히 봤더니 30분을 그럽니다. 물어 봤어요. '지금 얼마를 내고 30분 기도하느냐'고. 웃기는 것입니다. 어째, 어떻게 지성인들이 이런가, 현대지성…… 보세요. 하나님 없는 사람들이 다 이렇거든요. 사도 바울이 아마 그 우상 섬기는 것 때문에 아덴에서 분노했을 것입니다. 다른 것 아닙니다. 이 지성의 세계에서 웬 우상이냐? 화가 나서 '알지 못하고 섬기는 자를 알게 하리라.' 그러고 한마디로 말하면 궤변을 합니다. 선교에 실패했습니다. 아덴에 교회를 세우지 못하고 그는 고린도로 스며들어갑니다. 고린도에 가서 전도할 용기를 잃어버리고 아르바이트를 합니다. 밥은 먹어야 되니 천막 만드는 일을 하면서 지냅니다. 거기서 아굴라와 브리스길라를 만납니다. 개인전도를 합니다. 이 대사도가 이렇게 살아선 안되지요. 이렇게 초라해졌습니다. 그런데 다시 주의 음성을 듣습니다. '이 성에 내 백성이 많다. 열심히 복음을 전하라.' 다시 전하기 시작하면서 신학적 중생을 합니다.

고린도전서 2장 2절에 보면 '예수 그리스도와 그의 십자가에 못박힌 것 외에는 아무것도 알지 아니하기로 작정했다' 합니다. 귀중한 얘기입니다. 십자가 외에는 없다. 예수 외에는 없다. 오로지 예수, 오로지 십자가만 생각하고 그것만 전하기로. "십자가의 복음에서 떠났더니…" 그는 고백합니다. 솔직히 고백합니다. "내가 너희 가운데 있을 때에 두려워하며 심히 떨었노라." 핍박 때문에가 아닙니다. 이건 신학적 고민 때문입니다. 이런 과정을 거쳐서 다시 신학적으로 중생하면서 오직 예수, 오직 십자가, 그의 신앙 체계가 다시 정비됩니다. 이게 두 번째 중생입니다.

세 번째가 오늘 본문입니다. 제3의 자기신앙개혁이 옵니다. 그는 그 동안 길이 막힐 때마다 조금 불만이 있었던 것같아요. 매를 맞고 고난당하고 핍박당하는 건 괜찮은데 복음의 길이 막힐 때마다, 감옥에 처박혀 있을 때마다, 2년, 3년 지하실에 묵을 때마다 불만이 있었던 것같습니다. 재판도 없이 감옥에 처박혀 있을 때 답답함이 있었어요. '왜 이래야 하나? 왜 하나님께서는 날 이렇게 인도하실까? 이런 일, 저런 사건을 통해서 그 머리는 복잡합니다. 마음은 착잡합니다. 하나님께서는 어째서 나를 이렇게 가두어 놓으실까? 하나님께서는 뭘 하고 계시나. 어째서 나를 이렇게 하시나.' 많은 고민이 있었던 것같아요. 그러나 이제서 그는 생각합니다. 그 많은 시련, 그 많은 수난, 그 고난 속에 하나님의 뜻이 있다고. 그래요. 빌립보만 하더라도 그가 어이없게 감옥에 들어갔어요. 매를 많이 맞고 죽을 뻔했어요. 그러나 그렇기 때문에 빌립보교회가 섰어요. 그 고난당하는 실패와 역경 속에서 하나님의 오묘한 뜻이 이루어지고 복음의 문이 열리는 것을 보면서 깨달았어요.

그래서 오늘 본문에 보면 '하나님의 뜻이면 다시 오리라.' 이 뜻이 뭡니까? 이건 추상적인 뜻이 아닙니다. 이건 구체적인 뜻입니다. 현실 속에서 하나님의 뜻이 무엇인지를 생각하기 시작합니다. 그래서 말입니다. 다시 한 번 생각해 볼까요? 예수님께서 겟세마네 동산에서 기도하십니다. "내 뜻대로 마옵시고 아버지의 뜻대로." 아버지의 뜻을 몰라서 물으시는 게 아닙니다. 십자가가 아버지의 뜻임을 알고 있고 이미 성찬식까지 다 했어요. 십자가가 아버지의 뜻이라는 건 알고 있어요. 다만 내일 아침에 빌라도 법정에서 재판을 받고 골고다 언덕에서 죽는 것, 이 현실, 이게 하나님의 뜻입니까? 아닙니까? 이걸 알고 싶었던 것입니다. 이제 하나님의 뜻에 맡깁니다. '하나님, 뜻대로 하십시오.' 그리고 십자가를 지십니다. 바울도 이제서 손을 놓습니다. 하나님께서 하시는 구체적인 역사에 대해서 그대로 자기 자신을 하나님께 total commitment, 위탁하는 시간입니다. 아주 중요한 시간입니다. 이제 하나님의 뜻, 그 신비롭고 귀한 능력, 현실 속에 있는 하나님의 경륜에 대한 믿음을 가지고 그 크신 뜻 앞에 자기를 제물로 바치는 시간입니다. 하나님께서 하시는 일에 순종하기로. 투옥되든지, 태형을 당하든지, 실패하든지, 어떤 일이 있든지, 온유 겸손한 마음으로 아니 감사하며 받아들이기로. 그래서 빌립보서 1장 12절에서 말씀합니다. '나의 당한 일이, 이 많은 사건들이 복음의 진보가 된 것을 너희가 알기를 바라노라.' 감옥에서 이런 고백을 합니다. 그는 이것을 이미 알았습니다. 그는 현실 앞에 주어지는 사건에 대해서 일체 어떤 코멘트도 없이, 불평도 하지 않기로, 물론 원망하지 않기로 잘 수용하고 감사하기로.

아브라함 링컨이 대통령이 된 후에 인터뷰를 했답니다. "당신의 성공 비결이 뭡니까?" 하고 물었습니다. 그는 선뜻 대답합니다. "그야 다른 사람보다 실패를 더 많이 했다는 거죠. 엄청나게 많은 실패를 해 왔습니다. 그러나 그때마다 하나님의 뜻이 있었습니다. 하나님의 뜻을 배웠습니다. 그 결과로 오늘 내가 있습니다." 여러분, 민족적이든 개인적이든 여러분은 많은 시련과 사건을 겪고 있습니다.

지난 일을 가만히 한번 생각해 보세요. 버려진 사건은 없습니다. 잘못된 사건도 없습니다. 그런 일들이 있어서 오늘 내가 있는 것입니다. 오늘이 있고, 미래가 있는 것입니다. 사도 바울은 이제 하나님 앞에 온전하게 헌신합니다. 이 자기개혁이 마침내 교회개혁이 되고, 생명이 되고, 능력이 된 것입니다. 온유와 겸손한 마음으로 기뻐하며 순종하고 감사할 때 용기가 생겼습니다. 새 마음으로 다시 선택합니다.

사도행전에 보면 그는 아그립바 왕 앞에서 재판을 받으면서 로마를 선택합니다. '아니, 난 예루살렘에서 죽지 않고 로마에 가서 죽을 것이오.' 순교할 건 확실합니다. 주변 상황을 보면 그렇습니다. 그래서 그는 예루살렘이 아닌 로마를 선택합니다. '로마로 가겠노라.' 로마를 자기가 죽을 선교지로 선택합니다. 마침내 대로마제국이 기독교 국가가 되는 영광을 보게 되는 것입니다. 여러분, 자기개혁 그것이 신앙개혁이요, 세계관의 개혁이요, 그 속에 새로운 용기와 새로운 소망이 있습니다.   △

참 이스라엘 사람

　이튿날 예수께서 갈릴리로 나가려 하시다가 빌립을 만나 이르시되 나를 좇으라 하시니 빌립은 안드레와 베드로와 한 동네 벳새다 사람이라 빌립이 나다나엘을 찾아 이르되 모세가 율법에 기록하였고 여러 선지자가 기록한 그이를 우리가 만났으니 요셉의 아들 나사렛 예수니라 나다나엘이 가로되 나사렛엣 무슨 선한 것이 날 수 있느냐 빌립이 가로되 와 보라 하니라 예수께서 나다나엘이 자기에게 오는 것을 보시고 그를 가리켜 가라사대 보라 이는 참 이스라엘 사람이라 그 속에 간사한 것이 없도다 나다나엘이 가로되 어떻게 나를 아시나이까 예수께서 대답하여 가라사대 빌립이 너를 부르기 전에 네가 무화과나무 아래 있을 때에 보았노라 나다나엘이 대답하되 랍비여 당신은 하나님의 아들이시요 당신은 이스라엘의 임금이로소이다 예수께서 대답하여 가라사대 내가 너를 무화과나무 아래서 보았다 하므로 믿느냐 이보다 더 큰 일을 보리라 또 가라사대 진실로 진실로 너희에게 이르노니 하늘이 열리고 하나님의 사자들이 인자 위에 오르락내리락하는 것을 보리라 하시니라

(요한복음 1 : 43 - 51)

참 이스라엘 사람

독일의 위대한 철학자 이마누엘 칸트(Immanuel Kant)의 아버지
에 대한 이야기입니다. 그가 고향인 폴라드 실레시아를 향해 말을
타고 혼자서 여행을 떠났습니다. 깊은 산속의 숲길을 지나가고 있을
무렵 무서운 강도를 만났습니다. 가진 것을 다 빼앗기고 타고 가던
말까지도 빼앗겼습니다. 강도는 단호하게 물었습니다. "네가 가진
것이 이것이 전부냐?" 그는 대답했습니다. "예, 이것이 전부입니다."
강도는 다 빼앗은 후에 칸트의 아버지를 놓아 주었습니다. 가라고.
그래서 허둥지둥 혼자 걸어서 먼 길을 다시 가게 되는데 가다보니까
옷깃에서 묵직한 것이 손에 닿는 것을 느꼈습니다. 이것은 안전하게
보관하기 위해서 옷깃에다가 넣고 꿰매서 보관한 금덩이였습니다.
그는 깊이 생각한 바가 있어서 이 금덩이를 손에 들고 다시 강도에
게로 갔습니다. "아까 한 말은 진실이 아닙니다. 너무 무서워서 그게
다라고 했는데 가다보니 내 주머니에 이 금덩이가 있는 것을 발견했
습니다." 그리고 금덩이를 내놓았습니다. 강도는 깜짝 놀랐고, 이 금
덩이를 받아 쥐지 않았습니다. 오히려 강도는 가지고 있던 것을 다
되돌려주었고 말까지도 돌려주었습니다.

여러분, 어찌 생각하십니까? 요새 이런 사람이 있다면 정신병자
아닙니까? 이건 난센스가 아닙니까? 아주 어리석은 사람의 얘기같
지 않습니까? 그러나 엄연한 사실입니다. 진실이 없는 세대, 변명이
많은 세대, 이 세대에는 꿈같은 얘기가 아니겠습니까. 혹시 여러분
에게 이와 비슷한 경험이 좀 있었습니까? 아니, 있어야 합니다. 적

어도 몇 건의 사건, 이 비슷한 경험이 있어야 비로소 그리스도인입니다. 이 사람에게는 진실과 정직함이 금보다 더 귀한 것이었습니다. 비록 강도 앞에서 그랬지만, 없다고 한 말, 이것이 전부라고 한 말은 거짓말이었어요. 이 거짓말이 금보다 더 중요한 문제였어요. 진실만이 힘이요, 용기요, 지혜요, 그리고 완악한 사람의 마음도 변화시킬 수 있는 것입니다.

일제 말년에 우리 한국 교회는 큰 시련에 빠졌습니다. 일본 사람들이 동리마다 만들어 놓은 신사가 있었습니다. 그리고 어떤 때는 집에까지 가미다나(かみだな)라는 것을 만들어 놓고 일본의 신을 섬기라는 겁니다. 신사를 섬기고, 신사를 향해 절하고, 신사 앞을 지나갈 때는 머리를 숙이라고 했습니다. 이 때 말입니다. 우리 그리스도인들은 참 어려운 문제에 빠졌습니다. 이 신사 앞에 고개를 숙이느냐 아니하느냐, 아니한다고 하면 그대로 끌려가서 순교를 당하게 되는 그런 형편입니다. 그 때에 묘한 대안책이 나왔습니다. 고개를 숙이되 하나님 앞에 기도하면 어떠냐고. 마음으로는 기도하고 겉으로는 신사 앞에 고개를 숙이면 안되겠느냐고. 미안합니다, 대체로 다 그렇게 했습니다. 그러나 몇몇 분은 "아니오. 누가 보건 말건 신사 앞에 고개를 숙였으면 우상에게 절한 것이오. 마음이 어떤지 아닌지, 그런 쓸데없는 소리 하지 마시오." 그래서 단호하게 거절하고 끌려가서 많은 우리 믿음의 조상들, 선배들, 장로님들, 목사님들이 순교했습니다. 여러분, 순교란 거짓말 할 줄 모르는 자의 행위입니다. 적당히 넘어가는 자에게는 순교는 없습니다. 한치의 양보 없이 정직하고 바르게 믿음을 지킬 때 바로 이것이 순교적 신앙이라고 하는 것입니다.

오늘 본문에 보면 예수님께서 나다나엘이라고 하는 사람을 만나십니다. 만나시는 순간 예수님께서 그를 칭찬하셨습니다. '저는 참 이스라엘 사람'이라고. '참 이스라엘 사람. 간사한 것이 없다.' 이렇게 칭찬하십니다. 이스라엘이라고 할 때는 그 뜻은 먼저 노예가 아니라는 것입니다. 비록 로마의 속국으로 살지마는 그 양심과, 그 인격과, 그 신앙이 자유함을 누리고 있어요. 어떤 것에도 매이지 않는 자유인이라는 말이 됩니다. 또 야곱이 아니고 이스라엘입니다. 구약성경에 보면 야곱이라는 말과 이스라엘이라는 말이 한 사람을 지칭하는 말이지만 계속 이렇게 엇갈려가는 것을 볼 수 있어요. 어떤 때는 야곱이라고 하고 어떤 때는 이스라엘이라고 하고 어떤 때는 야곱과 이스라엘이라고 말씀합니다. 야곱이라는 말은 '간사하다'는 뜻입니다. 그거 좋지 않은 이름이지요. 그런가하면 이스라엘이라는 말은 '하나님을 이겼다. 즉, 하나님 앞에 진실한 사람이다' 하는 뜻도 되겠습니다. 그런데 오늘 본문에 보니 야곱이 아니고 참 이스라엘이다 합니다. 참 이스라엘. 참이라는 말은 정직하다는 말이요 순수하다는 말이고 또 문자 그대로는 물을 타지 아니한 술, 물을 타지 아니한 포도주, 순수한 포도주, 그런 뜻입니다. 또 도덕적으로는 간음하지 아니한, 다른 피가 섞이지 않은, 피가 깨끗한 아주 순종 이스라엘이다, 그런 뜻입니다.

오늘 성경에 보면 나다나엘이 이런 말을 합니다. '나사렛에서 무슨 선한 것이 나겠느냐?' 이렇게 말하는데 나사렛이란 말에는 깊은 의미가 있습니다. 나사렛은 유대나라 최북단에 있습니다. 북쪽에 있어서 외세의 침략을 많이 받았습니다. 그저 어느 나라든지 강한 나라들이 쳐들어올 때마다 북방에서 내려옵니다. 맨먼저 침략을 당합니다. 이렇게 외세의 침략을 당할 때마다 많은 피해가 있지만, 여러 분 다 아시는 대로 침략자가 쳐들어오면 먼저 여인들이 짓밟힙니다. 여인들이 끌려가서 강간을 당하게 됩니다. 그래서 자연히 이 나사렛 에는 사생아가 많습니다. 그런고로 유대 사람들이 나사렛 사람을 멸 시합니다. "저거는 잡종이야. 저거는 순종이 아니야." 순종 이스라엘 이 못된다고 해서, 피가 섞였다고 해서 '나사렛' 하고 말할 때 그건 아주 일단 비하시키는 말로 '나사렛 사람'이라고 하는 것입니다. 또 이렇게 침략을 많이 받다 보면 자연히 사람이 기회주의적인 사람이 됩니다. 어쨌든 살아남아야 되기 때문에 이리저리 주체의식이 없고 바른 정직함을 지키지 못해서 그저 적당히, 적당히 이렇게 살아가야 하는 것입니다. 그래서 나사렛 사람들이 정직하지 못하고 진실하지 못하고 지조가 분명하지 못한 사람들로 인정을 받게 됩니다. 그래서 '나사렛, 그거 그런 사람들이야.' 이런 평판이 있거든요. 그래서 오늘 이 말씀이 나오는 것입니다. 나사렛 사람 중에 무슨 감히 메시야 같 은 분이 나올 수 있겠느냐? 그래서 나다나엘이 한마디 합니다. '나사 렛에 무슨 선한 것이 나오겠느냐?'

미국의 한 가정에서 있었던 일입니다. 아버지와 16살 된 아들과 의 대화입니다. 16살난 아들이 아버지에게 말합니다. "아버지, 나도 이젠 16살이 되니까 자동차 면허를 얻어서, 아버지 자동차를 내가 몰고 다닐 수 있겠습니까? 그래 주시면 좋겠는데요." 그러니까 아버 지가 하는 말이 "그래, 아, 그렇고말고. 그러나 운전을 하려면 책임 있는 인간이 돼야 하느니라. 책임 있는 인간." "그래요? 어떡하면 됩 니까?" "그럼 나하고 약속을 하자. 약속을 지키는 게 책임 있는 사람 의 모습이다. 첫째, 너 그 성적이 아주 나빠. 공부해서 성적을 좀 올려라. 둘째, 성경을 매일 아침 한 장씩 읽어라." 약속을 했어요. 다음에는 "네 머리가 너무 좀 긴데 그거 좀 잘라서 머리를 좀 단정하게 했으면 좋겠다." 그랬어요. 아 정말로, 이 아이가 한 학기를 열심히 공부해서 성적이 올라갔어요. 그리고 아버지 앞에 성적표를 딱 내놓으면서 "자, 운전 면허도 얻었고, 성적도 올랐고, 내가 성경도 봤습니다. 그러니까 저 운전해도 되겠습니까?" 아버지가 이윽히 보다가 "야 그거 머리가 아직도 긴데? 머리를 자르기로 약속했는데 머리는 자르지 않았구나." 그러니까 그 하는 말이 "아버지, 예수님의 머리가 길던데요. 예수님이 장발족인데 저도 예수님 닮아서 좀 길게 하려고 합니다." 그러니까 가만히 있다가 아버지 하는 말씀이 "그러면 예수님처럼 걸어다녀라." 그랬어요.

여러분, 약속입니다. 어떻게 돼서 약속을 했든지 약속을 지키는 것이 정직함입니다. 뒤에 이런 얘기 저런 얘기 해서는 안되지요. 그런데 오늘 나다나엘이 빌립으로부터 전도를 받습니다. 빌립이 말합니다. 오늘 45절에 보면 귀중한 말씀이 있습니다. '모세가 율법에 기록하였고 여러 선지자가 기록한 그 이를 우리가 만났다.' 그러니까 이 사람들은 성경을 보고 성경을 묵상하면서 메시야 대망사상을 굳혀 왔어요. 메시야를 기다리고 있었어요. '간절히 기다리고 있던 차에 기다리는, 성경이 예언한 바로 그 분을 내가 만났다' 하고 전도를 합니다. 이때에 나다나엘이 대답을 합니다. 나사렛, 나사렛에서 무슨 선한 것이 나겠느냐? 이렇게 일단 일축해 버립니다. 일단 의심을 합니다. 그의 전지식이 그렇고 전경험이 그렇고 '나사렛, 그 속에서 메시야가 나올 수는 없어.' 이것이 그의 생각입니다. 그의 판단이었습니다. 이성적 반응이기도 합니다.

이 때 빌립은 긴 얘기 하지 않습니다. "Come and see." "와 보라." 와 보라, 생각의 문제가 아니고 이건 경험의 문제다, 이건 만남의 문제라고 합니다. 와 보라. 그럴 때에 나다나엘이 예수께로 나옵니다. 이 장면이 아주 중요한 장면입니다. 의심을 했다고, 자기 판단이 있다고 일축하지 않고 이성적 판단을 누르고 전이해와 전경험을 일축하고 대모험을 합니다.

여러분, 신앙은 모험입니다. 왜요? 전에 경험했던 바가 아니니까. 전에 알던 것이 아니니까. 전에 생각하던 것이 아니니까. 아주 새로운 경험, 창조적 경험에 도전하는 것입니다. 그게 믿음입니다. 그러니까 내가 뭐 미리 알았고, 옛날에 어떻고, 지식이 어떻고, 도덕률이 어떻고…… 이래가지곤 안되는 겁니다. 다 예수 안믿는 사람들이 하나같이 그런 변명을 가지고 있어요. 대개 예수 안믿는 사람들은 우리 예수 믿는 사람보다 더 많이 안다고 그래요. 다 알아. 다 안대요. 그러니까 새로운 지식의 세계에 들어갈 수가 없는 것입니다. 새로운 경험에 도달할 수가 없어요. 그런데 이 나다나엘이라는 사람은 의심은 있어요. 그러나 의심을 극복하고 예수께로 나옵니다. 대단히 중요한 것입니다. 이건 행동적입니다. 그런가하면 요새말로 positive합니다. 아주 긍정적이지요. 부정을 하지 않고 긍정합니다. 이성이나 지식이나 경험으로서는 납득이 되지 않지만 그것에 준하지 않고 새 경험에 도전합니다. 그래서 예수님께로 나아옵니다. 그 나오는 나다나엘을 예수님께서 딱 보시고 크게 칭찬하셨습니다. "참 이스라엘이다."

여러분 잘 아시는 대로 아브라함이 고향을 떠날 때 성경은 이렇게 말씀합니다. '갈 바를 알지 못하고 갔다.' 못가본 곳을 갑니다. 해

보지 못한 일을 합니다. 생각지도 못했던 일에 순종합니다. 그것이 믿음입니다. 미지의 땅, 미지의 세계를 향해서 행동으로 반응하는 것입니다. 자, 의심하면서 나온다— 참 귀한 일입니다. 의심이 없다는 말이 아닙니다. 여러분, 의심 다 풀릴 때까지 기다리면 아무것도 못합니다.

여러분 식사하십니까? 그거 위생적으로 과학적으로 다 증명하고나서 먹으려면 먹을 거 하나도 없습니다. 요새 뭐 무엇이 좋다 무엇이 나쁘다들 말 많이 합디다만 대충 잡숫고 사세요. 뭐 오늘까지 그렇게 먹어왔는데 뭘 새삼스럽게 이제 와서 그 난리를 칩니까? 그럴 필요가 없습니다. 먹으면 죽는다고, 그러면 안먹으면 안죽나? 그런 쓸데없는 소리 하지 마시고요 그냥 편안하게 사세요. 그런데 중요한 것은 믿음입니다. 내 경험, 내 지식에 매이지 말고 이걸 넘어서는 믿음. 이 사람이 예수님께로 나옵니다. 그런데 나올 때에 오늘 성경에 보니까 벌써 예수님께서 이 나다나엘을 알고 계셨어요. 먼저 알고 계셨어요. 말씀하십니다. "빌립이 너를 부르기 전에 내가 너를 보았느니라." 깜짝 놀랐어요. 빌립이 너를 만나서 전도하기 전에 내가 먼저 너를 보았다— 먼저 보셨다는 말씀에 깊은 감동을 받습니다. 게다가 하나 더 있습니다. '무화과나무 아래 있을 때 보았다.' 아, 그거 감동적입니다. 이건 하나의 수수께끼입니다. 무화과나무 아래서 뭘 하고 있었나? 여러분, 생각해 보세요. 만일에 예수님께서 이랬다면 어떨까요? "네가 어느 포장마차 집에서 술 먹는 거 봤다." 그러면 어떻게 되겠어요? 그런데 그게 아니고 "무화과나무 아래 있을 때……" 유대사람들 중에 경건한 사람은 하루에 세 번 기도하거든요. 무화과나무 아래서 묵상하며 기도하고 있었어요. 하루에 세 번씩 9시, 12시, 3시에 꼭 기도하거든요. 시간을 정하고 그 때 딱 기도하고 성경을 묵상하고 있는 바로 그 장면을 예수님께서 보셨거든요. '저기에 경건한 유대인이 하나 있구나' 하고 계시다가 이 사람이 걸어오니까 '내가 먼저 보았다'라고 하십니다. 여기서 깊은 감동을 받습니다. 아주 완전히 예수님 앞에 무릎을 꿇습니다. 여러분, 이거 잊지 마세요. 주님께서 우리를 보실 때에 항상 좋은 점을 보십니다. 좋은 시간을 보십니다. 이걸 잊지 마세요. 사랑하는 사람은 사랑하는 사람의 장점만 봅니다. 아름다운 면만 봅니다. 아니, 아름다운 면으로 봅니다. 그래서 바로 그것을 들을 때에 전인적으로 응답하게 되는 것입니다. 무화과나무 아래 있을 때 보았다─ 각주를 달면 '거기서 네가 기도하고 있는 걸 봤다' 하심인데 나다나엘이 너무 감동이 돼서 마침내 '당신은 하나님이시요 당신은 이스라엘의 임금이로소이다.' 신앙고백을 하게 됩니다.

여러분, 우리는 탕자비유를 볼 때마다 '탕자가 집을 나갔다가 돌아왔다.' 이렇게 얘기합니다. 탕자가 집을 나갔다. 그래서 그 탕자비유의 주인공이 탕자인 것처럼 생각합니다. 그러나 아무리 봐도 아닙니다. 아버지입니다. 탕자가 집을 나가도록 허락한 것도 아버지요, 기다리고 있는 것도 아버지입니다. 영접한 것도 아버지입니다. 하나님 아버지의 모습을 말해주고 있어요. 탕자가 돌아오기 전에 벌써 탕자를 기다리고 있었어요. 돌아왔으니 용서한 게 아니고 용서하고 기다리고 있었어요. 이 점을 잊지 말아야 합니다. 우리가 주님 앞에 나왔습니다. 우리가 나왔으니 주님을 안 것이 아닙니다. 벌써 주님께서 우리를 기다리고 계셨어요. 내가 세상으로 갈 때에도 나와 함께 계셨어요. 이걸 잊지 말아야 합니다. 내가 하나님과 원수되었을 때 그가 나를 위하여 죽으시고 그리고 오늘 나를 만나주고 계시다는 말입니다. 그래서 나다나엘이 너무 감동을 했습니다. 신앙고백을 합니다. '당신은 이스라엘의 왕이로소이다.' 예수님 대답하십니다. "여기서 감동 먹었느냐? 아니다. 더 큰 일을 보리라." 더 큰 일, 여기까지가 네가 한 것이지만, 네가 경험한 것이지만, 네가 생각한 바이지만, 네가 고백하는 것이지만 더 큰 일을 보리라― 얼마나 귀한 말씀입니까.

여러분, 끝까지 믿음을 지키고 끝까지 정직하고 끝까지 진실할 때 더 큰 세계를 볼 것입니다. 더 위대한 역사를 이룰 것입니다. '하늘이 열리고 인자 위에 하나님의 사자가 오르락내리락하는 것을 보리라. 더 큰 것을 보리라.' △

일용할 양식의 신비

때에 여호와께서 모세에게 이르시되 보라 내가 너희를 위하여 하늘에서 양식을 비같이 내리리니 백성이 나가서 일용할 것을 날마다 거둘 것이라 이같이 하여 그들이 나의 율법을 준행하나 아니하나 내가 시험하리라 제 육 일에는 그들이 그 거둔 것을 예비할지니 날마다 거두던 것의 갑절이 되리라 모세와 아론이 온 이스라엘 자손에게 이르되 저녁이 되면 너희가 여호와께서 너희를 애굽 땅에서 인도하여 내셨음을 알 것이요 아침에는 너희가 여호와의 영광을 보리니 이는 어호와께서 너희가 자기를 향하여 원망함을 들으셨음이라 우리가 누구관대 너희가 우리를 대하여 원망하느냐 모세가 또 가로되 여호와께서 저녁에는 너희에게 고기를 주어 먹이시고 아침에는 떡으로 배불리시리니 이는 여호와께서 자기를 향하여 너희의 원망하는 그 말을 들으셨음이니라 우리가 누구냐 너희의 원망은 우리를 향하여 함이 아니요 여호와를 향하여 함이로다 모세가 또 아론에게 이르되 이스라엘 자손의 온 회중에게 명하기를 여호와께 가까이 나아오라 여호와께서 너희의 원망함을 들으셨느니라 하라 아론이 이스라엘 자손의 온 회중에게 말하매 그들이 광야를 바라보니 여호와의 영광이 구름 속에 나타나더라 여호와께서 모세에게 일러 가라사대 내가 이스라엘 자손의 원망함을 들었노라 그들에게 고하여 이르기를 너희가 해 질 때에는 고기를 먹고 아침에는 떡으로 배부르리니 나는 여호와 너희의 하나님인줄 알리라 하라 하시니라

(출애굽기 16 : 4 - 12)

일용할 양식의 신비

저는 여러 해 전에 특별한 기회를 얻어서 아프리카의 케냐와 탄자니아를 방문했었습니다. 응고롱고로라고 하는 직경 40Km나 되는 큰 분화구가 있는데 그 분화구가 초원으로 변해 있고 그 초원 속에 각종 짐승들이 모여 살고 있는 것을 봤습니다. 짐승이 우글우글합니다. 그곳에서 아주 특별한 구경을 한번 했습니다. 놀라운 장면을 보았습니다. 사자의 무리가 무려 25마리나 되는데 언덕 위에 누워서 낮잠을 즐기고 있고 한쪽에서는 새끼들이 장난을 치고 있습니다. 그 사자가 있는 앞에 임팔라라고 하는 노루같은 게 있습니다. 그것들이 같이 놀고 있고, 토끼가 있고, 거기에 사슴도 같이 있고…… 아, 도대체 이럴 수가 있습니까? 사자 앞에 이런 동물들이 함께 어울려 있는 것을 보고 '내가 에덴동산에 왔나?' 무언가 착각하게 되어 스스로 그렇게 의심하며 깜짝 놀랐습니다. 그 평화로움에 말입니다. 사자와 노루와 사슴이 같이 어울려서 평안하게 이렇게 지내고 있는 겁니다. 원 세상에, 이럴 수가 있는 겁니까. 그래서 안내원에게 물어보았습니다. 이거 웬일이냐고. 어떻게 이럴 수가 있느냐고 했더니, 대답은 간단합니다. 사자는 식사 시간 외에는 절대로 식사를 안한답니다. 이놈들이 사자의 식사 시간을 알고 있어요. 그 시간 외에는 절대 손 안대니까. 그렇게 같이 어울려 놀다가 정말로 저녁노을이 지니까 이 약한 짐승들이 다 숨어버려요.

또 하나 있습니다. 사자는 식사하고 나서 남는 것을 저축하는 일이 없어요. 어떤 짐승들은 자기가 먹고 남는 것을 나무에 매달아

놓았다가 나중에 또 먹기도 하지만, 사자는 그렇지 않답니다. 먹고 남는 것은 양보합니다. 그러면 또 다른 짐승이 먹고, 또 다른 짐승이 먹고, 마지막에는 새들이 와서 다 청소하는 것입니다. 차례차례 먹을 수 있게 돼 있어요. 사자는 절대로 저축을 하지 않아요. 다시 말해서 내일 염려를 안한다는 것입니다. 이런 것을 보면서 우주의 특별한 질서를 한번 생각해 보았습니다. 오늘 세계의 문제가 어디에 있습니까? 못가진 자와 가진 자, 가난한 자와 부한 자, 어디에 문제가 있는 것같습니까? 우리는 오늘까지 해답을 얻지 못하고 그 많은 날 동안 생각하고 토론하고 싸우고 그렇습니다. 생산이냐 분배냐 하면서 혁명을 합니다. 무엇이 우선이냐 무엇이 근본이냐, 이것 가지고 온 세계가 벌써 수백 년 동안 이렇게 싸워오고 있습니다. 가진 자가 너무 많이 축적하기 때문에 문제가 됩니다. 그래서 못가진 자가 가지지 못해서 문제되는 것보다, 가진 자가 너무 많이 가졌기 때문에 문제라는 것입니다. 나누어주지 못하기 때문에 필요한 것을 못가진 자의 문제보다 필요 이상의 불필요한 것을 많이 가지고 있는 사람들 때문에 세상이 어지럽다는 것입니다.

제가 캐나다를 갔을 때, 비행기를 타고 캐나다를 횡단하면서 보니까 그때 마침 수확 철이라서 저 끝도 안보이는 밀밭을 보았습니다. 저는 농사를 짓고 자랐기 때문에 이런 밀밭같은 것을 보면 흥미가 생깁니다. 비행기를 타고 가도 가도 끝이 나지 않는 그런 넓은 밀밭을 보면서 '아이구, 도대체 이게 얼마나 큰가.' 제게 일러준 사람의 말은 이렇습니다. 여기에서 생산하는 것, 아니, 아직도 더 생산할 수 있는데 이것만 가지고도 온세계가 다 먹고 남는다는 것입니다. 확실히 하나님께서 넉넉하게 주셨습니다. 자원의 문제, 많은 사람이 걱정하지만 글쎄 앞으로는 모르겠습니다. 아직은 문제가 아닙니다. 얼마든지. 어떤 사람은 책에서 이렇게 말합니다. 지금의 인구의 20배가 되어도 자원의 문제가 없다고까지 말합니다. 문제는 무엇입니까. 소통이 안되는 것입니다. 분배가 안되고 있어요. 다시 말하면 가진 자가 너무 많이 가졌어요. 얼마일까요? 북미에 사는 사람들이 쓰는 자연 자원을 인도나 파키스탄하고 비교하면 50배랍니다. 그러니까 50명이 먹을 것을 한 사람이 먹고 소비하고 있는 겁니다. 이렇기 때문에 문제가 있다는 것입니다.

오늘 본문 성경에서 우리는 중요한 한 단어를 얻을 수 있습니다. 귀담아 들으셔야겠습니다. '일용할 양식', daily bread—일용할 양식. 잘 새겨 보세요. 뭘 말하고 있는가. 양식은 하루용입니다. 또 하루만 필요해요. 하루 이상이 필요치 않아요. 이것이 평화의 근본입니다. 이것이 모든 문제의 해결입니다. 일용할 양식 문제로 이스라엘 백성이 하나님을 원망했습니다. 또 하나님께서 그 원망을 들어주셨습니다. 책망하시기보다는 들어주신 겁니다. 왜일까요? 원망할만한 이유가 되니까. 이스라엘 백성이 애굽에서 나왔는데 그 휴대한 식량은 지금 다 바닥났어요. 약 한 달 동안 그 광야를 여행했기 때문에 다 소진됐어요. 이제는 먹을 것이 없어요. 바로 이 순간에 저들이 하나님을 원망했습니다. 글쎄, 원망보다는 그저 가능하면 좀 조용히 기다렸으면 좋았을 것이고, 조금 더 믿음을 가지고 하나님 앞에 온유하게 기도했으면 어떨까 하고 생각해봅니다만 어쨌든 원망했습니다. 왜요? 왜 이 메마른 사막으로 우리를 인도했느냐, 왜 여기에 와서 굶어죽게 만드느냐, 죽일 작정하고 이리로 인도했느냐? 뭐 이런 얘기가 되는 거지요. 그래서 모세를 원망했지만 결국은 모세도 말했듯이 모세를 원망한 것은 곧 하나님을 원망하는 것이거든요. 또는 나아가서는 출애굽 사건 자체를 원망하는 것입니다. 왜 우리를 이리로 인도해냈느냐고 원망하는 것입니다. 자, 이 얼마나 기막힌 얘기입니까? 아니 출애굽 할 때 얼마나 감사했으며 얼마나 찬송했으며 얼마나 희열에 넘쳤는데 이제 와서 단 며칠 후에 이렇게 원망을 합니다. 이 메마른 광야, 전혀 살 수가 없습니다. 물도 없고 식량도 없습니다. 단적으로 말하면 기적이 아니고는 살아남지 못합니다.

지금도 고고학자들도 말합니다. 이스라엘 백성이, 육십만 무리가 이 광야를 건너왔다는 건 지금도 믿어지지 않는다는 겁니다. 지금도 그 메마른 사막에 나갔다가는 잘못하면 그냥 죽어요. 그 사막이 얼마나 무서운가 한번 나가보겠다고 어떤 고고학자가 지프차를 타고 나갔다가 지프차가 고장이 났어요. 죽었어요. 그만큼 무서운 곳입니다. 밤에는 추워서 얼어죽을 지경이지요. 낮에는 햇볕 때문에 뜨거워서 타죽을 정도입니다. 이 시내 광야, 이 무서운 광야, 어떻게 횡단할 수 있었을까? 아무리 생각해도 이해 안될 만큼 이건 기적이라는 겁니다. 그런데 하나님께서 그들에게 오늘 말씀대로 양식을 주십니다. 하늘로부터 양식이 비같이 내렸다— 아주 중요한 말씀입니다. '비같이 만나를 내려서 저들로 하여금 먹게 했다.' 그 만나란 말이 너무 재미있어요. 이 하늘에서부터 떡가루같은 거 요거 내려오니까 너무 신기해서 "이게 뭐냐?" 그랬어요. 원래 히브리말로 만나라는 말이 '이것이 뭐냐'입니다. 이것이 뭐냐? 그게 만나입니다. 이것을 먹고 살았단 말입니다. 자, 그런데 이게 하늘로부터 내려왔다는 말이 하늘로서 온 양식이라는, 아주 신비로운 의미를 가집니다. 하늘로서 온 양식. 보세요. 우리가 먹는 양식도 비가 와야 돼요. 하늘로서 비가 와야 양식이 돼요. 그러니 결국은 비가 양식입니다. 또 그 다음에는 햇빛이 있어야 합니다. 햇빛이 있고, 비가 있고, 그러면 땅이 열매를 맺는다— 아, 그렇습니다.

저는 미국 캘리포니아의 파사데나에서 몇 년 공부를 했는데 가까이 좀 주변으로 나가보면 여름에 아주 완전히 그냥 그 사막이 드러나지요. 노랗습니다. 산은 노랗고 사막은 그냥 그대로 모래바닥입니다. 그러다가 1년에 한두 번 비가 오는데 어쩌다가 비가 올 때도 있고 안올 때도 있습니다만 비가 한번 오고 나서 그 다음날 아침에 어쩌다가 내다보면 깜짝 놀라요. 저렇게 메마르고 아무것도 없는 줄 알았는데 파랗게 올라와요. 비만 오면 어디서 생명이 숨었다가 올라오는지 파랗게 풀이 올라오는 것을 보고 희한하다, 비는 신비롭다, 비는 생명력이다, 그걸 매일같이 경험할 수가 있었어요. 그리고 적당한 햇빛이 있어야 한다— 둘 다 하늘로서 오는 겁니다. 하늘로서 오는 양식, 즉 하늘에 달렸다는 것이지요.

어떤 어린아이가 부모님과 같이 식당엘 갔습니다. 집에서 단조로운 음식만 먹다가 식당에 가서 모처럼 풍부하고 다채로운 음식을 먹게 됩니다. 아이는 교회에 부모와 손목잡고 다니기에 집에서는 식사 때마다 감사기도를 곧잘 합니다. 꼬박꼬박 감사기도를 했어요. 그런데 식당에서 차려놓은 좋은 음식을 보고는 아이가 기도를 안합니다. "야, 너 왜 기도 안하고 먹니?" 그러니까 "아버지 돈 낼 거 아니에요? 돈 낼 건데 무슨 감사를 해요?" 여러분, 어찌 생각하십니까? 돈을 내고 먹든 안내고 먹든 내가 농사를 짓든지 그렇지 않든지 그 차원에서가 아니고 근본적으로 어떤 경로로 주어졌든지 이것은 하늘로서 온 것입니다. 모든 양식은 하늘로서 온 것입니다. 하나님께서 주신 것입니다. 그걸 잊지 말아야 돼요. 그래서 감사하는 것입니다. 하나님께 감사하고 이 양식을 받아야 해요.

오늘 본문 말씀 4절에 보면 "여호와께서 모세에게 이르시되 보라 내가 너희를 위하여 하늘에서 양식을 비같이 내리리니……" 하늘에서 양식을 준다– 얼마나 오묘한 말씀입니까? 그리고 하시는 말씀입니다. '저들이 나를 경외하나 안하나 내가 시험하여 볼 것이다.' 시험하여 볼 것이다, 믿음으로 사나 그렇지 아니한가, 하늘로서 내리는 양식에 대해서 저들이 어떻게 생각하는가, 시험하여 볼 것이라고 말씀하십니다. 왜? 일용할 양식이니까. 일용할 양식의 의미를 아나 모르나? 일용할 양식이기 때문에 계속적으로 감사하고 아니, 계속적으로 간구하고 계속적으로 기다려야 하는 것입니다.

여러분, 1년을 하루라고 한번 생각해 봅시다. 우리가 해마다 농사를 짓지 않습니까? 한 해라도 흉년이 들면 안되지 않습니까? 금년에는 더구나 태풍도 없이 이렇게 풍년이 되었습니다. 제가 지방에 다니면서 보니까 뭐 배고 과일이고 너무 많이 나와서 배를 따지 않고 내버린다고 그래요. 수송비도 안나온대요. 너무 싸서. 이 배가 또 유달리 크고 맛이 있어요. 너무 많이 생산이 돼서 이거 도대체 어찌할 수가 없대요. 이 작은 나라에서 어떻게 할 수가 없어요. 너무 많아서 배추를 내다버리고, 배를 땅에다가 묻어 버리고…… 도대체 이럴 수 있습니까? 아깝지만 어떡하겠느냐는 것입니다. 이거 수송비는 고사하고 추수하는 비용도 안나오니까. 그래서 농사하는 사람들이 또 한 번 한숨을 쉬는 것 봅니다. 보세요, 일용할 양식입니다. 역시 양식은 저축할 수가 없어요. 양식은 저축할 것이 못돼요. 그래서 내년이 걱정이 돼서 양식을 저축하려고, 몇천억의 비용을 들입니다.

창고를 짓고, 그 시설을 하고, 하지만 이 양식을 보관하는 게 이 보통 어려운 게 아닙니다. 놓아두면 썩어버리니까. 그야말로 일용할 양식입니다. 우리는 지금 3년 묵은 식량이 썩어 가고 있습니다. 그런데 북쪽에서는 또 굶어 죽어요. 이런, 이런 모순이 어디 있습니까? 이거 보관하기 위해서 지금 엄청난 비용을 쏟아 넣어야 됩니다. 왜 이래야 될까요? 높은 차원에서 한번 생각해 보세요.

여러분, 일용할 양식, 일용할 양식. 욕심을 부리지 마라, 저축할 생각 하지 마라, 내일 또 주실 테니까, 내일을 기다려라― 그것이 상징적으로 나타난 것이 만나입니다. 매일매일 거두라. 조금이라도 더는 거두지 마라. 성경에 보면 더 거두었다가 썩었대요. 썩어서 냄새가 났대요. 사람들은 매일매일 걱정이 되거든요. 내일 하늘에서 양식이 안내려오면 어떡하나? 이런 마음에서 많이 거뒀다가 썩어 나갔다는 것 아닙니까? 뭘 시험한다는 겁니까? 일용할 양식을 주시는 하나님께 대한 확실한 믿음을 시험하고 있는 것입니다. 내일 또 주실 거니까. 그렇게 믿고 오늘은 오늘로만, 오늘은 오늘 것만 가지고 만족하라.

더 재미있는 것은 안식일인데 안식일 전날은 안식일날 일하지 않게 하기 위해서 배(倍)를 거둬들이라고 합니다. 그런데 그 안식일을 위해 거둬들인 건 안썩어요. 그러나 다른 날 좀더 거둬들이고 남으면 그건 썩어요. 자, 이게 뭘 말씀하고 있는 겁니까? 일용할 양식입니다. 먹을 만큼만, 소유할 수 있는 만큼만. 그리고 내일 염려는 하나님께 맡겨라, 내일 염려는 내가 책임진다, 내일 양식은 내가 주리라― 믿으라는 것입니다. 믿고 오늘에 만족하라. 신비로운 말씀이 이 속에 있어요. 그 안식일의 교훈이 아주 신비로운 것입니다. 남겨두지 마라. 더 거두지 마라. 내일염려 하지 마라.

여러분, 요새 이상한 우리의 사회 풍조가 있잖습니까? 증권이 오르락내리락하고 문제가 많아요. 그런데 보니까 몇 사람이 걱정하지 모르는 사람들은 그게 뭔지도 몰라요. 저도 집사람한테 한참 설명을 했어요. "저 사람들 저거 왜 저럽니까?" 그래서 "아니, 그걸 모르나? 아, 그냥 저금해두면 이자가 적으니까 저축식이라고 해서 증권식으로 돌려놓으면 이자가 많아지는 거야." "아, 그러면 그거 됐네요. 아, 조금 기다리면 되겠네요." "그렇질 않지. 이왕 저금해 놓은 그걸 또 담보로 해서 늘리는 거야, 10억 가진 사람이 15억 저축을 할 수 있는데 그거 안하겠나?" 그래서 자꾸자꾸 하다보니까 이제는 잔뜩 은행에 빚을 졌거든요. 이러다가 꽈당 무너지니까 은행 이자를 물어야 되잖아요. 이자 물기 위해서 사채를 써야 되지요. 사채 몇 번 쓰고 나면 홀랑 날아가요. 이걸 분명히 알아야 합니다. 이게 뭡니까? 일용할 양식으로 만족했으면 되지. 안그렇습니까? 전 그래서 사은품도 안받습니다. 공짜는 안돼. 우리 아버지가 그러셨어요. "분명히 땀 흘려 번 것만 네 거다. 그 외에는 안된다. 공짜 좋아하면 일찍 죽는다." 전 그래서 물건을 사도 깎는 법이 없고, 사은품이란 건 안받습니다.

요새 전화에 계속 뭐 돈 어떻게 하라고, 계속 문자가 들어와요. 그거 나하고 상관이 없어요. 여러분, 다시 말씀합니다. 일용할 양식으로 만족하세요. 내일은 하나님께 맡기세요. 은행이 해결해 주는 게 아니고 정부가 해결해 주는 것도 아닙니다. 내일은 하나님의 손에 있어요. 오늘 하나님께서 시험하고 계십니다. 믿어라. 이 일용할 양식 사건을 통해서 자세하게 설명하고 계십니다.

18절로 넘어가서 보면 오늘 본문 말씀 중에 아주 중요한 말씀이 있어요. 18절에 보면 "오멜로 되어 본즉 많이 거둔 자도 남음이 없고 적게 거둔 자도 부족함이 없이 각기 식량대로 거두었더라." 참 희한한 말씀입니다. 19절에 보니 "모세가 그들에게 이르기를 아무든지 아침까지 그것을 남겨두지 말라 하였으나……" 남겨두지 마라— 얼마나 귀중한 약속입니까? 이것이 하나님께서 우리에게 주신 일용할 양식의 교훈입니다.

여러분, 일용할 양식 그 속에 진리가 있음을 이해합시다. 일용할 양식, 그 속에 하나님의 축복이 있습니다. 일용할 양식 여기에 우리의 한계가 있습니다. 이 한계를 넘어서는 것은 오직 믿음뿐입니다. 그래 하나님께서 어떻게 생각하면 인색하셔요. 딱 요렇게 주셨어요. 일용할 양식으로. 그렇다면 그런 줄 알아야 합니다. 일용할 양식 외의 것은 아무 소용이 없어요. 우리 아이들이 클 때, 그 땐 거지가 많았어요. 가끔 8월 추석이라든가 정월 초하룻날 같은 때에 거지들이 다니면서 얻어먹으면 안될 것같아서 "야, 명절날은 우리집에 와라." 그래서 거지들을 우리집에다 다 불러놓고 음식을 만들어 놓고 아이들과 둥그런 상에서 같이 먹어 봤어요. 뭐 다른 건 고사하고요. 참, 되게 많이 먹읍디다. 난 이거 먹고 이 사람들이 죽을까봐 그게 걱정이었어요. 얼마나 먹는지. 여러분, 거지는 소화불량이 없거든요. 돈많은 사람이 음식 좋은 거 차려놓고선 끄억끄억 하면서 소화제만 찾고 앉았으니 자, 어느 쪽입니까? 여러분, 어느 쪽이 행복한 겁니까? 정말 일용할 양식입니다. 두고 못먹는 사람, 없어서 못먹는 사람, 둘 다 불행하긴 합니다만 하나님께서는 일용할 양식의 원리를 오늘도 그대로 적용하고 계십니다.

　가난한 자는 먹어도 먹어도 배가 고프고 또 먹는 행복이 있어요. 그러나 부한 자는 음식 냄새만 맡아도 속이 올라와요. 그리고 그 좋은 침대에서도 잠이 안온다니, 이런 불행한 일이 어디 있습니까? 역시 일용할 양식의 원리는 그대로 통하고 있는 것입니다. 여러분은 어느 선에 있습니까? 일용할 양식, 그 속에 행복이 있어요. 그 속에 신비로운 말씀이 있습니다.　△

그 사도의 감사

이러므로 우리가 하나님께 쉬지 않고 감사함은 너희가 우리에게 들은 바 하나님의 말씀을 받을 때에 사람의 말로 아니하고 하나님의 말씀으로 받음이니 진실로 그러하다 이 말씀이 또한 너희 믿는 자 속에서 역사하시느니라 형제들아 너희가 그리스도 예수 안에서 유대에 있는 하나님의 교회들을 본받은 자 되었으니 저희가 유대인들에게 고난을 받음과 같이 너희도 너희 나라 사람들에게 동일한 것을 받았느니라 유대인은 주 예수와 선지자들을 죽이고 우리를 쫓아내고 하나님을 기쁘시게 아니하고 모든 사람에게 대적이 되어 우리가 이방인에게 말하여 구원 얻게 함을 저희가 금하여 자기 죄를 항상 채우매 노하심이 끝까지 저희에게 임하였느니라

(데살로니가전서 2 : 13 - 16)

그 사도의 감사

조지 버나드 쇼(George Bernard Shaw)라고 하는 유명한 작가의 작품 중에 「세인트 조안」이라고 하는, 아주 오랫동안 많은 사람에게 감동을 준 그런 희곡이 있습니다. 이 작품은 프랑스의 성녀 잔다르크의 이야기를 각색한 것입니다. 그 속에 이러한 대사가 나옵니다. 한번쯤 깊이 생각해야 될 그런 대사입니다. 찰스 왕이 조안에게 이렇게 말합니다. "오! 소리, 소리. 어찌해서 나에게는 들리지 않는고. 임금은 나야. 네가 아니야. 왕인 나에게 하늘의 소리가 들려야 하는데 왜 너같은 천한 사람에게만 들리느냐? 왜 내게는 들리지 않느냐?" 이렇게 묻습니다. 그 때에 그 잔다르크가 말합니다. "들리지 않는 것이 아닙니다. 듣지 않는 것입니다." 여러분, 들리지 않는 것이 아닙니다. 듣지 않는 것입니다. 아니, 듣지 아니해서 들리지 않게 되어버렸습니다. 아니, 듣지 아니함으로 듣지 못하게 돼버렸습니다. 이 점을 깊이 생각해야 합니다.

인생에서 가장 불행한 사람이 누굴까? 저는 생각합니다. 듣지 못하는 사람이라고 생각합니다. 양심의 소리, 이성의 소리, 친구의 충고, 특히 하나님의 말씀이 들리지 않는다, 이보다 불행한 일은 없다고 생각합니다. 아무것도 들리지 않습니다. 그리고 남은 것은 고집뿐입니다. 신학적으로 말한다면 하나님의 말씀이 들리지 않는다는 것은 하나님의 현재적 심판을 의미합니다. 하나님의 긍휼하심이 있고 하나님의 자비로우심과 오래 참으심이 있습니다만 계속적으로 하나님의 말씀을 거역하고 하나님의 뜻을 거역하고 거역하면 어느 순간에 더는 들리지 않는 순간이 옵니다. 이것을 성경은 '듣지 못하게 했다'고 말씀합니다. "들을까 하노라." 이렇게까지 말씀합니다. 강퍅하게 됨으로 심판하는 것입니다. 심판받은 사람입니다. 심판받은 사람. 저는 가끔 많은 사람들과 지내면서 보면 '도대체 이런 사람이 있을까?' 제가 하도 이 말을 많이 썼더니 제 전용용어라고 소문이 났어요. 구제불능. 구제불능이 아니라 구원불능. 확실히 구원불능의 사람이 있어요. 가끔 그런 일이 있어요. "아이구, 저 분을 좀 만나주시지요. 만나서 한번 충고해주시지요." 저는 안합니다. 젊었을 땐 멋도 모르고 했습니다. 제가 만나보니까 점점 더 완악해지고, 기고만장합니다. 그래서 안하기로 결심했습니다. 그래서 '알고도 행하지 않는 자는 충고하지 않는다. 듣기 싫어하면 말하지 않는다. 또 대답하기 싫어하면 묻지 않는다.' 그게 제 생활철학입니다. 어느 한계를 딱 넘어서면 그때부터는 구제불능입니다. 하나님께서 심판하신 것을 봅니다. 하나님의 심판의 손길이 벌써 꽂혔습니다. 그것을 볼 수 있습니다. 그 다음부터는 안듣습니다. 들을 수가 없어요.

여러분, 예수님 당시에도 바리새인, 서기관, 제사장 등의 종교 전문가들이 있었습니다. 이 분들이 예수님께 대해서 관심이 많았습니다. 성경에 보면 여러 차례 사람을 보내서 "당신이 메시야입니까? 당신이 그 사람입니까?" 얼마나 많이 물어 봅니까? 얼마나 탐색전을 합니까? 그 많은 이적을 보면서도, 그 많은 기사를 보면서도 가서 또 물어보고, 또 물어봅니다만 결국은 회개하지 못하고 예수님을 십자가에 못박습니다. 그래서 예수님께서 말씀하십니다. '화 있을진저, 바리새인과 서기관들이여. 저주를 받을 것이다.' '아나데마 에스토', 영어로 하면 God damn입니다. 하나님의 진노입니다. '하나님께서 당신을 심판해 버렸소'라는 말입니다.

자, 이제 보세요. 구약에서 보면 바로 왕 같은 사람, 얼마나 기회가 많았습니까? 하나님께서 주신 기회가 열 번입니다. 열 번이나 이적을 보이며 말씀을 전하고 기회를 주셨는데 끝내 회개하지 않고 강퍅해져서 그만 망하고 맙니다. 그리고 그 홍해에 빠져 죽었다고 합니다. 왜 이러해야 했습니까? 성경은 이것을 이렇게 말씀합니다. "하나님께서 그 마음을 강퍅케 하시니라." 이건 심판입니다. 이미 심판을 받았어요. 현재적 심판을 의미합니다. 여러분, 못듣는 이유가 뭐겠습니까? 문제는 마음의 자세에 있습니다. 그래서 '나는 다 안다' 하면 다시는 들리는 것이 없어요. 교만한 자에게는 아무 소리도 안 들려요. 정욕과 욕심이 가득한 사람, 다른 말씀이 들어갈 길이 없어요. 과거에 매여 있는 사람, 말씀을 들을 수가 없어요. 어두운 미래에 대한 불확실성 때문에 벌벌 떨고 있는 사람, 그 사람도 하나님의 말씀을 들을 수가 없어요. 이미 절망해서 여기가 끝이라고 생각하는 사람, 들리지 않습니다.

요새와서 자살이 많습니다. 많은 질문을 받습니다. "목사님, 자살하는 사람 구원 받을까요 못받을까요? 아, 교회 다녔다는데 어떻게……" 아, 글쎄 구원 받았는지 못받았는지 그건 하늘나라 가봐야 알고, 그건 하나님만이 아실 것이고, 그러나 한 가지는 분명합니다. 자살자는 자살하기 전에 우울증 환자입니다. 몸만 아프다고 병자가 아니라, 정신병도 병입니다. 가장 무서운 병중의 하나가 우울증인데, 이 병에 들면, 그 다음에는 자기에게 자유가 없습니다. 생각의 자유가 없는 것입니다. 자꾸만 외골수로 몰려 들어가면서 절망하게 돼 있어요. 그러니까 물만 보면 빠지고 싶고, 불만 보면 뛰어 들어가고 싶고, 당장 죽든지, 죽이든지, 이런 사람이 돼 버려요. 그건 정상이 아닙니다. 이걸 알아야 됩니다. 벌써 생각과 의식의 자유가 없어요. 병자입니다. 하나의 병적 상태일 뿐입니다. 그걸 우리가 알아야 합니다. 우울증이 그렇습니다. 자, 이제 무슨 말이 들려오겠습니까? 그는 아무 말도 들을 수가 없어요.

오늘본문에 있는 말씀입니다. 아주 특별한 감사가 있습니다. 제가 50년 동안 목회하면서 감사주일 설교를 50년 동안 해왔습니다. 절기 설교란 원래 좀 힘듭니다. 그래서 3년에 한 번씩 반복해 가면서 설교를 해왔습니다만 오늘은 특별합니다. 내 일생 처음으로 감사절에 이런 설교를 합니다. 요샛말로 수준 높은 설교입니다. 높은 수준의 신앙체험을 가진 사람만이 알아들을 수 있는 말을 하렵니다. 그래서 제가 '그 사도의 감사', 사도 바울의 마음속에 있었던 감사를 말씀드립니다. 이것은 사도 바울의 마음 속에, 그 위대한 사도의 마음 속에 있었던 그만의 감사입니다. 그는 복음을 전하는 자, 선교사입니다. 복음을 전하는 자의 마음 속에 있는 감사는 무엇일까? 옥문이 열리는 것, 감옥에서 나가는 것, 만사형통 하는 것, 그래서 많은 사람이 예수 믿는 것, 이런 외형적이고 피상적인 얘기가 아니었어요. 데살로니가전서 1장 5절에 한 번 더 그 말씀이 있습니다. "복음이 말로만 너희에게 이른 것이 아니라 오직 능력과 성령과 큰 확신으로 된 것이니……" 사도 바울이 복음을 전합니다. 설교를 합니다. 그런데 이 설교가 지식으로 전해지는 것이 아니고 감동을 주는 것도 아니고 사람을 변화시키는 능력으로 나타나는 것입니다. 말씀이 능력으로 나타나는 걸 볼 때 그걸 감사했어요. 이게 설교하는 사람에게 최고의 감사입니다. 말씀이 능력으로 나타나는 것입니다.

사도행전 13장에 보면 사도 바울이 설교합니다. 루스드라에 가서 설교를 하는데 앞에 앉은 사람 하나가 말씀을 들어요. 잘 듣고 있습니다. 뭐 옛날에 통역이 시원한 것도 아니었고, 언어의 장벽도 있는데, 뭐 그렇게 시원하게 알아들을 수 있는 그런 문화적 상황이 아니거든요. 그러나 어쨌든 사도 바울의 설교를, 낯선 손님의 설교를 열심히 듣고 있는 사람이 있습니다. 간절히 듣습니다. 집중하여 듣습니다. 그 듣는 모습을 사도 바울이 눈여겨 보다가 '저 마음 속에 엄청난 하나님의 능력이 나타나고 있구나. 하나님의 구원의 은사가 나타나고 있구나.' 알게 되었습니다. 이것을 이렇게 표현합니다. "구원 얻을 만한 믿음이 있는 것을 보고⋯⋯" 구원 얻을 만한 믿음이 있는 것을 보고. 사도 바울이 이렇게 봤다고 했는데 저도 한 50년 목회하다 보니까 이제 조금 봐요. 저도 구원 얻을 만한 믿음이 있는 것이 보입니다. 구원 얻을 만한 믿음이 있는 걸 보고 "일어나라!" 하니 벌떡 일어났어요. 그는 나면서부터 앉은뱅이요, 걸어본 적이 없어요. 얼마나 놀랐던지 좌우간 온 동리가 이거 하늘에서 신이 내려왔다고 해서 사도 바울에게 제사 드리겠다고 제물 가지고 왔잖아요. 얼마나 굉장한 사건이었는가를 단적으로 말해 주는 것입니다. 생각해 보세요. 말씀을 듣고 있어요. 그 듣는 자세를 보니까 저에게는 이게 설교가 아닌 것입니다. 도덕 강연이 아닙니다. 그에게는 생명이 있습니다. 한 말씀 한 말씀을 깊이 받아들이고 있는 걸 알고 구원 얻을 만한 믿음이 있는 것을 알고 "일어나라!" 했습니다. 벌떡 일어나요. 바울은 바로 이것을 감사하는 것입니다. 내가 전하는 말이 능력으로, 성령으로 역사하였다— 그래서 감사하는 것입니다.

또 오늘본문 2장에 와서 또다시 말씀합니다. '내가 쉬지 않고 하나님께 감사한다.' 13절에 보니 "쉬지 않고 감사함은" 계속적으로, 상황과 관계없이 항상 쉬지 않고 감사하는 것. "너희가 우리에게 들은 바 하나님의 말씀을 받을 때에 사람의 말로 아니하고 하나님의 말씀으로 받음이니……" 사람의 말로 듣지 않고 하나님의 말씀으로 들었다고 말씀합니다. 이것이 사도 바울이 갖고 있는 감사입니다. 여러분, 왜 그러하겠습니까? 내가 지금 하나님의 말씀을 전하느라고 애쓰고 있지만 받는 사람들이 하나님의 말씀으로 듣지 않으면 이건 사람의 얘기일 뿐입니다. 사람의 충고에 불과해요. 도덕 강연에 불과해요. 아무 의미가 없는 것입니다. 사도 바울은 그래서 감사하고 있어요.

제가 몇 년 동안을 항상 기억하며 기도할 때마다 감사하는 하나의 사건이 있습니다. 제가 소망교회에서 시무할 때에 어느날 외국인 몇 사람이 와서 저기 앉아 예배드리는 걸 봤어요. 동시통역을 했지만, 그 통역은 뭐 역시 한 절반밖에는 통역이 안됩니다. 어쨌든 통역을 했고, 그 사람들은 이어폰을 사용해서 듣습니다. 예배 마치고 나갈 때 카드에 편지 한 장을 써서 제게 주고 갔습니다. 영어로 자세하게 또박또박 써서 제게 주었습니다. 그 긴 얘기를 다 못합니다만 마지막 얘기는 이겁니다. '내가 20년 동안 가진 소원이 있었고, 풀지 못한 수수께끼가 있습니다. 20년 동안 고민하고 고민하고 하나님 앞에 늘 기도해 왔는데 오늘 여기 와서 목사님 설교를 통해서 응답을 받았고 해답을 얻었습니다. 감사합니다.' 그 편지는 제가 오래오래 간직했습니다. 너무너무 행복해요. 왜입니까? 나를 통해 하나님의 말씀이 전해졌거든요. 나를 통해 기도가 응답됐거든요. 말로만 아니라 하나님의 말씀으로 전해졌단 말입니다. 여기서 목사는 행복하답니다. 목사의 최고의 행복은 이것입니다. 교인들이 하나님의 말씀으로 들을 때, 이것이 행복입니다. 하나님께서 나를 사용하시는 것을 느끼기 때문입니다.

사도행전 3장에 보면 베드로와 요한이 성전에 올라가다가 앉은뱅이를 만납니다. 돈을 달라고 손을 내밀었는데 베드로가 한마디 합니다. '은과 금은 내게 없습니다.' 아마 그 거지가 실망했겠지요. "내게 있는 것으로 네게 주노니 일어나라." 벌떡 일어났습니다. 난 그때마다 생각해요. 베드로가 놀랐을까, 앉은뱅이가 놀랐을까? 나는 베드로가 더 놀랐을 것같아요. 왜요? 나도 그럴 거같으니까. 그때 베드로의 생각이 뭡니까? 바로 며칠 전에 예수를 모른다고 했어요. 그리고 도망갔던 사람입니다. 그러나 베드로는 생각합니다. '주님이 나와 함께하시고 나를 사용하고 계신다. 나는 주님께 고용되어 있다.' 어두운 과거, 그 많은 실수, 아무 상관없어요. '오늘 나를 통해 역사하신다. 나는 주의 능력의 역사에 고용되고 있다.' 그것으로 행복한 것입니다. 얼마나 행복할까요? 간단합니다. 이대로 죽어도 좋다는 것입니다. 그런 마음을 가졌을 것입니다. 바로 사도 바울의 마음이 그겁니다. '인간의 말로 받지 않고 하나님의 말씀으로 받은 것, 쉬지 않고 감사한다.' 동시에 이 말씀을 받는 사람들이, 하나님의 말씀으로 받는 그 사람이 바로 선택된 사람입니다. 그는 1장 4절에 말씀합니다. "하나님이 너희를 선택함을 아노라." 왜? 하나님의 말씀으로 받는 걸 보니까. 설교를 하나님의 말씀으로 듣는 사람은 선택받은 사람입니다. 이걸 알아야 됩니다.

제가 목회자로서 가끔 곤욕을 치를 때가 있습니다. 예배 마치고 내려갔을 때, 누가 찾아와서 문을 두드려요. 열어보면 첫마디부터

저한테 욕입니다. 누가 고자질을 해서 자기 허물을 알려서 목사가 오늘 자기 허물을 지적하고 공격을 했다는 겁니다. 아, 그러고 대듭니다. 내가 알 게 뭡니까. 그 사람이 누군지 알지 못합니다. "당신이 누군지 알 거 뭐요?" 그러면 자기 양심이 좀 찔렸던가 봐요. 아, 찔렸으면 회개하면 되는데 이 사람의 생각은 '누가 고자질을 했나?' 그렇게 돌아갑니다. 이건 아닙니다. 이 사람은 구원받지 못한 사람입니다. 구원받은 사람은 무슨 말씀이 들려오든지 다 내게 주시는 하나님의 말씀으로 듣습니다. 사도 바울은 말씀합니다. '이 사람은 선택받은 사람'이라고. 그래서 감사하고 또 인간의 말이지만 하나님의 언어로 바뀌고 있어요. 신학적인 용어로 말하면 Incarnation입니다. 말씀이 성육신되는 시간입니다. 하나님의 말씀으로 듣고, 하나님의 말씀으로 믿고, 하나님의 말씀으로 받아요. 이러한 관계를 신학적 용어로 카리스마적 관계라고 해요. 여러분, 교역자와 여러분이 여기에서 만나고 있습니다. 설교 중에 만나고 있습니다. 말씀이 능력으로 나타나는 관계에 카리스마적 관계가 있습니다.

사도 바울은 종종 어려움도 있었어요. 그의 감사를 또 들어볼까요? 갈라디아서 4장 14절에 보면 "너희를 시험하는 것이 내 육체에 있으되 이것을 너희가 업신여기지도 아니하고 버리지도 아니하고 오직 나를 하나님의 천사와 같이 또한 그리스도 예수와 같이 영접하였도다." 정말 사도 바울의 마음속에 있었던 그 감사가 짐작이 갑니다. 오직 추측입니다. 어디까지나 추리입니다. 바울이 갈라디아에서 설교하다가 간질병이 발동하면서 쓰러졌던 것같아요. 거품을 물고 쓰러졌어요. 자, 이러고 다시 그 다음 주일날 설교하려면 얼마나 힘들겠어요. 그렇지 않습니까? 갈라디아 사람들에 대해서 사도 바울이 말합니다. '너희 믿음을 시험할 만한 것이 내 육체에 있으되 나를 업수이 여기지 아니하고 그리스도와 같이 영접했느니라. 아, 참으로 감사하다.' 이거 알아야 돼요. 그 모든 허물을 다 덮어주고 하나님께서 사용하시고 하나님께서 보낸 종으로 여기며, 하나님의 말씀을 저를 통해 들었다 말씀합니다. 그래서 사도 바울이 감사합니다.

억울하게 감옥생활을 한 6개월 한 분이 계십니다. 정치적인 그런 일에 휘말렸습니다. 그리고 미국에 갔어요. 제가 미국에서 그 분을 만났어요. 사실 억울한 사람입니다. 나도 그걸 알아요. 6개월 동안 감옥에 있다가 거기 가서 지내니 얼마나 괴롭겠어요? 미시간대학에 가서 만났는데 펑펑 울어요. 너무 답답하고 속상해서. 그러나 마지막에 눈물을 닦고 말합니다. "내가 감옥에 간 거 절대 우연이 아닙니다. 원망도 많이 했고, 불평도 많이 했습니다만 내 일생 처음으로 성경을 읽었습니다. 내가 교회 집사이지만 성경 한번을 다 읽어본 일이 없습니다. 성경 읽었고. 식사 때만 기도했지 제대로 기도해 본 일이 없습니다. 내가 밤을 새워 기도했습니다. 성경을 읽었습니다. 아, 너무 감사합니다. 이 성경 말씀을 통해서 내게 주시는 말씀을 들었습니다. 6개월 억울하게 감옥생활 했지만 그 속에서 하나님의 음성을 들었기에 저는 너무 감사합니다." 이렇게 이야기를 끝냈습니다.

여러분, 감사 중에 감사가 뭡니까? 깊은 감사, 하나님의 말씀이 들려오는 것입니다. 손해는 봤지만 하나님의 음성을 들었습니다. 병들었지만 주님의 음성을 들었습니다. 우리가 주님 앞에 나올 때마다 기도할 때마다 하나님의 말씀을 들을 수 있다는 것, 너무나 소중한 감사입니다. 하나님의 말씀이 들려올 때 모든 문제가 해결이 돼요.

모든 어두움을 뚫고 밝은 빛을 볼 수가 있어요. "내가 너를 사랑하노
라" 하시는 주님의 음성이 가까이 들려옵니다. 그런고로 감사 중에
감사는, 말로만 아니라 하나님의 말씀으로 들려오는 것입니다. 오늘
도 이 은혜 안에 감사하고 감사하는 중에 가장 귀한 감사를 드릴 수
있는 감사절이 되기를 바랍니다.   △

너희 자신을 확증하라

내가 이제 세 번째 너희에게 갈 터이니 두 세 증인의 입으로 말마다 확정하리라 내가 이미 말하였거니와 지금 떠나 있으나 두번째 대면하였을 때와 같이 전에 죄 지은 자들과 그 남은 모든 사람에게 미리 말하노니 내가 다시 가면 용서하지 아니하리라 이는 그리스도께서 내 안에서 말씀하시는 증거를 너희가 구함이니 저가 너희를 향하여 약하지 않고 도리어 너희 안에서 강하시니라 그리스도께서 약하심으로 십자가에 못박히셨으나 오직 하나님의 능력으로 살으셨으니 우리도 저의 안에서 약하나 너희를 향하여 하나님의 능력으로 저와 함께 살리라 너희가 믿음에 있는가 너희 자신을 시험하고 너희 자신을 확증하라 예수 그리스도께서 너희 안에 계신 줄을 너희가 스스로 알지 못하느냐 그렇지 않으면 너희가 버리운 자니라

(고린도후서 13 : 1 - 5)

너희 자신을 확증하라

어느 시골 교회의 한 젊은 목사님은 나이든 어머니를 모시고 사는 효자였습니다. 아주 효자로 소문난 그런 목사님이었습니다. 어머니는 매주일 예배 시간마다 아들이 설교하는 교회 맨 앞자리에 앉아서 예배를 드리는데 어머니도 행복했고, 그 아들 목사님도 행복했습니다. 그러나 이상한 것은 설교를 시작하면 그 어머니는 곧 졸기 시작합니다. 꾸벅꾸벅, 때로는 코도 곱니다. 영, 덕이 되질 않아요. 이걸 어떡하면 좋을까? 그래서 목사님이 책상을 한번 쳐 보아도 끄떡도 안해요. 그것으로는 깨울 수가 없어요. 그래서 묘책을 냈습니다. 유치원 다니는 아들을 꾀어서 "네가 옆에 앉아서 할머니를 지켜보다가 졸거든 흔들어서 깨워라. 네가 계속 이렇게 잘 깨워드리면 내가 매주 일천 원씩 주마." 아, 그래 이 유치원 다니는 아들은 신이 났습니다. 천 원 버니까 손자가 그 할머니 옆에 앉아서 졸 때마다 흔들어 깨웠습니다. 아주 효과가 있었습니다. 그래서 몇 주일 동안 할머니가 졸지 못하고 예배를 드렸는데 언젠가부터 또다시 조는 겁니다. 할머니가 계속 좁니다. 그래서 아들을 불러서 물어보았습니다. "너 할머니를 깨우면 내가 천 원 준다고 했는데 왜 안깨워드리냐?" 그러니까 그 아들이 하는 말이 "할머니가 깨우지 않으면 이천 원 준다고 했거든요." 여러분, 세상의 비극이 있다면 속는다고 하는 겁니다. 속이고 속는 일로 인해서 세상에는 비극이 있습니다.

몇 년 전에 일본의 고베에 큰 지진이 있었던 것을 아실 것입니다. 공교롭게도 제가 그 지진이 있기 꼭 한 달 전에 고베에 가서 일본 교역자들의 세미나를 인도한 일이 있었습니다. 남는 시간 오후에, 관광을 좀 했는데 차를 타고 고베 시내를 쭉 돌다보니까 바다를 메워서 거기다가 쇼핑몰을 크게 지었어요. 그걸 구경할 때 화려해서 굉장하다고는 느꼈습니다만 왠지 걱정이 됐습니다. 일본은 지진이 많은 나라인데 이렇게 세워서 괜찮겠냐고 했더니 그 때에 그 일본 목사님이 한 말입니다. "이거 문제없습니다." 내진성을 감안해서 잘 지었기 때문에 문제가 없다고 그래요. "아, 그래요?" 그러고 말았지요. 그랬는데 이게 며칠 후에 지진이 났어요. 텔레비전에 나오는 걸 보니까 고가도로가 무너지고, 고베 시가 다 무너졌어요. 그걸 보고 교회에서 헌금을 해서 고베시의 시장에게 보냈습니다. 고베시장이 얼마나 고마워하는지, 그렇게 고마워하고 감사장을 보내온 일이 있었는데 다시 공교롭게 얼마 안돼서 오사카에 집회가 있어서 제가 또 갔습니다. 고베시장이 거기까지 왔어요. 와서 고맙다고 인사를 전해오는데, "아, 그거 내진성을 감안했다며?" 하고 물었더니 하는 말이 전에 있던 지진은 좌우로 흔들었는데 이번 지진은 아래위로 흔들었대요. 지진 났던 장소를 제가 가 보았더니, 땅이 그대로 2m 가량 꺼져 들어갔어요. 남아날 건물이 어디 있겠습니까? 아무튼 이런 걸 봤습니다.

여러분, 믿음은 기초입니다. 신앙이 중요하고 기반입니다. 모든 것 중에 믿음이 인격의 기초요, 행복의 기초요, 모든 것의 근본입니다. 믿음의 기초는 바로 사실에 근거합니다. 사실은 진리 위에 서고 진리가 우리에게 진실을 말해줍니다. 그런고로 리얼리티가 제일 중요한 것입니다. 갈라디아서 6장 7절에 보면 "스스로 속이지 말라" 했습니다. 자기가 뭘 좀 아는 줄 알았는데 이제 보니 몰라요. 아무것도 아는 게 없어요. 뭔가 할 수 있는 줄 알았는데 할 수 있는 게 없어요. 쓸모 있는 줄 알았는데 오늘에서야 보니 아무 짝에도 쓸모가 없는 존재입니다. 이런 것을 깨닫게 될 때 스스로 속았어요. 자기가 자기에게 속았다고 하는 것처럼 그렇게 절망스러운 게 없어요. 남에게 속았다면 원망이라도 하겠지만 나 자신에게 속았다면 누구를 탓하겠습니까? 그래서 오늘 본문은 우리에게 말씀합니다. "너희 자신을 확증하라."

여러분, 먼저 최우선적인 것이 뭐냐 하면 자기 자신을 믿을 수 있어야 한다는 것입니다. 내가 나를 안믿는데 누가 나를 믿습니까? 내가 나를 인정하지 않는데 누가 나를 인정하겠습니까? 그래 유명한 책이 있습니다. 「너 자신을 칭찬하라」. 내가 나를 칭찬할 줄 알아야 합니다. 내가 나를 칭찬하지 못한다면 아무 일도 할 수 없는 것입니다.

우스운 얘기입니다만 아주 오래전에 제 손녀 수지라는 아이가 세 살 때 아빠 엄마와 같이 우리집에 놀러 와서 밤늦게까지 놀다가 집에 갈 때 "엄마, 나 할머니하고 잘 거야." 그래요. 그래서 그러라고 놓아두고 갔어요. 이 아이가 할머니하고 잠자리에 들었어요. 아, 그러더니 밤 12시쯤 돼서 깨가지고 엄마를 찾는데 난리가 났어요. 아무리 달래도 안돼요. 할수없이 내가 차에 태워서 데려다 주었어요. 며칠 후에 또 놀러왔다가 똑같은 소릴 하는 것입니다. "나, 할머니하고 잘래!" 그래서 내가 "야, 널 어떻게 믿냐?" 그랬더니 그 녀석 하는 소리가 이랬습니다. "나도 나를 못믿어요."

여러분, 그런고로 말씀합니다. "너희 자신을 시험하고 너희 자신을 확증하라(5절)." 시험이라는 말은 '페이라조'–take test입니다.

시험해보라. 즉 객관시하라는 말입니다. 나 자신을 묵상하는 게 아니라 나 자신을 사건 앞에서 어떤 반응이 오며, 어떤 반사가 오는지, 사건 앞에서 시험하고 그리고 확증하라는 것입니다. 생각 속에서가 아니라 좀더 진실한 사실과 사건 앞에서 자신을 확증하라는 겁니다. 마태복음 4장에 보면 예수님께서도 시험을 받으십니다. 먼저 빵 문제입니다. 경제문제에 시험을 받습니다. 명예문제에 시험을 받습니다. 권세에 시험을 받습니다. 이런 세 가지 사건을 통해서 예수님을 흔들어 놓았지만 그 시험에서 예수님 이기시는 모습을 우리가 알고 있습니다. 믿음에 있는가, 자신을 시험하라.

제가 잘 아는 우리 장로님 한 분에게 "어떻게 해서 결혼했습니까?" 하고 물어보았습니다. 옛날에 결혼하게 된 그 동기를 이야기합니다. 부인의 오빠 되는 분을 알고 있어서 동생을 소개해서 결혼했습니다. 그 분이 자기 여동생에게 "저 남자 괜찮으니 한번 사귀어보고 결혼하면 좋겠다" 해서, 오빠 소개로 만나서 결혼한 겁니다. 한 번 만나고 두 번 만났습니다. 세 번째 만날 때 이 장로님이 시간을 잘 지키시는 분입니다만 일부러 한 시간 늦게 갔대요. '어디 기다리나 보자' 하고. 그래서 기다리면 결혼하고 안기다리면 그만두고. 그런 생각으로 한 시간 늦게 만나는 장소에 들어가면서 "아이구, 바쁜 일이 있어서 좀 늦게 와서 대단히 미안합니다. 차가 막혀서 그만 늦었습니다." 그랬더니 하는 말이 "그럴 수 있지요 뭐." 그러더래요. 그래서 '합격이다' 해서 결혼했대요.

여러분, 오늘 성경은 남을 시험하라는 게 아니고 나 자신을 사건 앞에서 내가 어떻게 움직이는지, 무슨 생각을 하는지, 자신을 시험하라고 합니다. 그리고 확증하라. 시험의 내용은 간단합니다. '믿음에 있는가.' '내가 참으로 하나님을 믿는가'입니다.

여러분 그 능력, 그 지혜, 그 사랑을 믿고 있습니까? 내가 믿는 것이 무엇입니까? 내가 사람을 믿는 것이 아니거든요. 죄송하지만 아내도 남편도 아니고 나 자신도 아닙니다. 내가 믿는 것은 하나님 뿐입니다. 그를 믿는 것이고 그 안에 있는 나를 믿는 것이지, 내가 나 자신을 믿는 게 아닙니다. 그래서 말씀합니다. "믿음에 있는가 시험하라." 정말 내가 믿는 것이 무엇인가? 여러분, 가끔 보면 그런 분들 많아요. 건강해서 건강을 믿는가 봐요. "나는 병원에 가본 일이 없어. 나는 한 번도 아파본 일도 없고 감기들어본 일도 없어." 그러다가 덜컥 먼저 가더라고요. 여러분 건강, 그거 믿을 수 있는 겁니까? 무엇을 믿는다는 얘깁니까? 우리가 믿는 것은 하나님뿐입니다. 나 자신도 아닙니다. 내 능력도 아닙니다. 내 지혜도 아닙니다. 이걸 잊지 말아야 합니다.

어느 목사님이 교회에 초청받아서 설교를 하시게 되는데, 사회 하시는 당회장 목사님이 부탁했어요. "우리 교회는 1시간 예배드리고, 1시간 동안에 교인들이 나가고 들어와야 되기에 1시간 이상 예배가 길어지면 안됩니다. 그런고로 설교는 25분 해야 되고 길어도 30분까지만 가능합니다. 그 이상은 안됩니다." 그러니까 그 목사님이 "알았어! 아, 그럼 알았다고." 그랬어요. 그런데 설교를 1시간 했어요. 내가 그 다음 시간에 하게 돼 있는데 들어가려니까 들어갈 수가 없어요. 꽉 막혀서. 자, 그 교회 당회장 목사님이 기가 차서 "아이구, 목사님 이거, 내가 분명히 부탁을 했는데요" 하고 얘길 합니다. 내가 그랬어요. "글쎄, 그 노인의 말을 어떻게 믿나? 자기가 한 말을 3분 후에 잊어버리거든. 잊어버렸으니까 또 해야지." 그래요. 그렇게 총명하고, 그렇게 분명하던 분인데, 어느 사이에 이렇게 되는 것입니다. 누굴 믿어요? 내 능력, 내 의지, 내 결심? 아닙니다. 내가 믿는 것은 오직 하나님뿐이고, 그 은혜와 그 능력만 믿는 것입니다.

유명한 D. L. 무디라고 하는 세계적인 부흥사가 있었습니다. 어느 날 젊은 사람이 가까이 와서 "선생님, 궁금한 게 있는데요. 목사님의 성경책을 제가 꼭 한번 보고 싶습니다." 좀 죄송하지만 저보고도 그렇게 얘기하는 분들이 많아요. "목사님의 성경책 한번 꼭 보고 싶습니다." 그래서 그러라고 무디는 그를 방에 들어오라고 해서 자기가 많이 읽는 성경책을 딱 펴 보였어요. 그러니까 그 성경책이 낡았을 뿐만 아니라 구절구절마다 중요한 곳에, 빨간 줄로 언더라인이 되어 있습니다. 그리고 그 여백에다가 뭐 이것저것 써 놓은 것도 있고. 이거 다 이렇게 보는데 중간 중간에 아, 특별한 것이 있어요. 거기에 'T, P', 'T, P' 그렇게 써 놓은 것들이 있어요. 여기저기에 있어요. 이 청년이 물어보았습니다. "T, P가 무엇입니까?" 무디 선생이 말했습니다. "내가 성경을 읽지! 성경을 사랑하지! 성경을 믿지! 그러나, 실생활 속에서 Test and Proof—내가 한번 시험하고 그리고 확증한 부분 그걸 내가 여기다가 표시해 놓은 걸세."

여러분, 성경을 보시면서 내 생활 속에서 '이건 확증된 것이다. 현실적으로 확증된 것이다.' 표시해 나가면서 읽는 그 무디 선생님의 확실한 믿음을 우리가 본받아야 할 것입니다. 제자들이 예수님을 믿는 것같이 보였어요. 그러나 풍랑이 일어나니까 예수님께서 같이 계시다는 생각을 까맣게 잊어버리고 죽게 되었다고 난리를 칩니다. 그래 예수님 말씀하십니다. "적게 믿는 자여 어찌하여 의심하느냐." 예수님의 말씀입니다. 성 아우구스티누스는 말했습니다. '사랑이 있는 믿음은 그리스도인의 믿음이요 사랑이 없는 믿음은 귀신의 믿음이다.' 여러분, 여러분은 어떤 믿음을 가지고 있습니까? 아니, 누구를 믿고 있습니까? 내가 믿는 바가 무엇이라고 생각해 왔습니까? 이제 믿음을 정리할 때가 됐습니다. 믿을 수 없었던 거 치워버려요. 믿어서는 안되었던 거 이제는 치워버리세요. 아직도 무엇인가 믿을 수 있다고 붙들고 있지 마세요. 또 실망할 것이고 더 큰 실망을 하게 될 것입니다. 미리 실망한 자는 다시 실망하지 않습니다. 미리 절망해버린 자는 다시 절망할 이유가 없습니다. 여러분, 믿음에 있는가, 확증해 보십시오. 내가 믿는 것이 무엇입니까? 다시 한 번 스스로 확증해야 하겠습니다.

근본적으로 경제가 흔들립니다. 세계가 흔들립니다. 은행이 부도가 납니다. 내가 무엇을 믿었습니까? 많은 사람들이 사람도 못믿고, 뭐 은행도 못믿고, 땅이다, 땅. 특별히 우리 한국 사람들은 땅에 대한 그 집념이 강해요. 좌우간 외국에 가서도 땅만 삽니다. 돈만 생기면 땅만 사놓고 그렇게 좋아해요. 그뿐 아닙니다. 제가 미국을 가끔 방문해 보면 괴로울 때가 많아요. 설교 끝난 다음에 "우리집에 갑시다. 우리집에 갑시다." 아니 내가 그 집에 가야 될 이유가 뭡니까? 그런데도 가자고 가자고 해서 2시간이나 차를 타고 그 집엘 가요. 왜요? 집 자랑하고 싶어서. 이렇게 애써 벌어서 넓은 땅에다가 집을 하나 지어 놓고 그렇게 자랑합니다. 이거 보여 주고 싶어서. 거길 방문하고 돌아오다가 설교 시간에 못맞춰서 한 번 애먹었습니다. 왜 이렇게 그걸 꼭 보여주고 싶었는지. 땅에 대한 것, 이건 틀림없다고 생각한 것입니다. 아니올시다. 땅도 못믿어요. 아, 그렇다면 그런 줄 아세요. 부동산, 미련하게 우리 한국 사람들 여기에다 목을 걸었어요. 그대로 휘청합니다.

  여러분, 아무것도 믿을 것이 안됩니다. 내 건강도 나 자신도…… 내가 믿을 것은 하나님뿐입니다. 주님 말씀하십니다. "하나님을 믿으니 또 나를 믿으라." 하나님을 믿으니 또 나를 믿으라. 그거 외에는 믿지 마라, 믿을 것은 없습니다. 여러분 절대로 잊지 말아야 합니다. 스스로 시험해봅시다. 내가 무엇을 믿고 살아왔나? 지금도 아직도 붙들고 있는 게 무엇인가? 다 지워버리세요. 이젠 털어버리세요. "믿음에 있는가, 자신을 시험하고 확증하라." 그리스도 안에 있는 나를 믿고 그리스도 안에 있는 저를 믿고 이 세대에 역사하시는 하나님의 능력을 믿는 것입니다. 믿음의 근본은 오직 십자가의 사랑으로 확증해 주신 하나님의 사랑 그것뿐입니다. 스스로 시험할 것입니다. 그리고 믿음을 정비할 것입니다. 믿음을 새롭게 할 것입니다. "스스로 시험하고 자신이 믿음에 있는가 확증하라." △

멀찍이 좇아가는 제자

예수를 잡은 자들이 끌고 대제사장 가야바에게로
가니 거기 서기관과 장로들이 모여 있더라 베드로가
멀찍이 예수를 좇아 대제사장의 집 뜰에까지 가서 그
결국을 보려고 안에 들어가 하속들과 함께 앉았더라
(마태복음 26 : 57 - 58)

멀찍이 좇아가는 제자

유명한 독일의 철학자 이마누엘 칸트는 무슨 일을 하든지 깊이 생각하고 결정하는 사려 깊은 인간이었습니다. 그가 평소에 가깝게 지내던 여자가 있었습니다. 이 정도면 청혼할 법도 한데 칸트 쪽에서 아무런 반응이 없었습니다. 기다리다 지쳐서 여인 쪽에서 청혼을 하게 되었습니다. 부끄러운 일이지만 그럴 수밖에 없었습니다. 여자가 입을 열어 결혼하자는 이야기를 했더랍니다. 이 청혼을 받고도 칸트는 아무런 응답이 없었습니다. 기다리다 지친 이 여자는 칸트를 찾아가서 결혼할 생각이 없는 거냐고 다그쳐 물었습니다. 이에 칸트는 말했습니다. "아니. 그런 것은 아니다. 생각할 시간을 좀 달라" 했습니다. 그러고나서 칸트는 도서관에 들어가서 많은 책을 펴 놓고 결혼해야 할까 말까, 결혼하는 게 좋은지 안하는 게 좋은지 연구를 시작했습니다. 그리고 분석을 했습니다. 드디어 결론이 나왔습니다. 결혼하기로. 그래서 칸트는 여자 집에 찾아가서 그 여자의 아버지께 정중하게 인사를 드리고 "선생님의 따님과 결혼하기로 결정했습니다" 하고 말했습니다. 그러자 아버지는 말했습니다. "여보게, 너무 늦었네. 내 딸은 벌써 결혼해서 두 아이의 어머니가 되었네."

여러분 '망건 쓰다 파장 본다'는 말이 있습니다. 옛날 사람들의 말입니다만 그저 웬만해야지, 이 생각, 저 생각…… 이거 끝도 나지 않는 겁니다. 아우구스티누스의 유명한 명언이 있습니다. '에포케'라는 말인데요, '판단중지'라고 하는 말입니다. 이럴까 저럴까, 저럴까 이럴까, 이건 끝도 없습니다. 죽을 때까지 해도 끝이 나질 않습니다.

그런고로 '판단중지'입니다. 여기까지만 생각하기로, 오늘까지만 생각하기로, 그리고 이성적 판단을 넘어서 의지적 판단으로 결론을 내려야 한다는 것입니다.

케임브리지 대학의 앤서니 홉킨스 교수의 말 중에 이런 말이 있습니다. '선택은 곧 포기와 책임을 의미한다.' 선택은, 하나를 선택하려고 하면 많은 것을 포기해야 합니다. 그리고 선택하고 포기하는 데 대한 책임을 자신이 져야 합니다. 선택해 놓으면 이제 누구도 원망할 수 없습니다. 또 원망해도 안됩니다. 선택과 포기에 대한 책임, 그러고야 어떤 일이든지 성사될 수가 있는 겁니다. 선택의 폭이 넓을수록 힘듭니다. 왜냐하면 많은 것을 포기해야 되니까요. 또 많은 것을 포기하는 데 대한 책임을 져야 하니까요. 선택의 폭이 좁을수록 일은 간단합니다. 아니, 선택의 여지가 없을 때 'No choice', 그건 간단합니다. 그러나 선택의 폭이 넓을수록 점점 더 사람은 약해지기도 하고, 많은 책임을 지는 불안에 시달리게 됩니다.

오늘본문에 나타난 사도 베드로에 대해서 생각합시다. 이 본문에 나타난 대로 보면 가장 초라한 시간입니다. 아주 비참한 베드로라는 사람의 모습을 여기서 보게 됩니다. 그는 갈릴리 바닷가에서 물고기를 잡던 어부입니다. 뭐, 평범한 생활을 하는 사람입니다. 그런데 예수님께서 오셔서 '나를 따르라' 해서 예수님의 제자가 됩니다. 바닷가에서 소명을 받고 예수님의 제자가 됩니다. 마침내 그의 신앙의 클라이막스라고 하는 장면이 나옵니다. 마태복음 16장에 보면 "너희는 나를 누구라 하느냐" 하고 예수님께서 물으실 때 그는 대답합니다. "주는 그리스도시요 살아계신 하나님의 아들이시니이다." 이 중요한 신앙고백에 예수님께서는 만족하게 여기시고 그를 칭찬하십니다. "이를 네게 알게 한 이는 하늘에 계신 내 아버지시니라." 이렇게 칭찬하시면서 천국열쇠를 주신다고 하십니다. 그래서 유럽에 가보면 많은 석상들을 볼 수 있는데, 거기에 보면 12제자도 있고, 여러 그 성자들의 석상이 있습니다. 베드로를 알아보는 방법이 있습니다. 그 손에 큰 열쇠를 들고 있는 자가 베드로입니다. 검을 들고 있는 자는 사도 바울입니다. 어쨌든 천국열쇠로 상징되는 베드로가 됐습니다. 그러나 이렇게 수제자 생활을 3년이나 한 사람이 예수님께서 체포될 때에 예수님을 3번이나 부인합니다. 그냥 모른다고 한 게 아닙니다. 3단계입니다. 부인합니다. 그 다음에는 맹세합니다. 그 다음에는 저주합니다. 그래서 3중 부정이라고 합니다. Three denial. 세 번 예수님을 부인하게 됩니다.

그는 갈릴리 바다에서 부름을 받고 가정을 버리고, 직업을 버리고, 예수님을 좇습니다. 따른 것입니다. 누가복음 18장 28절에 보면 '우리가 모든것을 버리고 주를 따릅니다'라고 간증을 합니다. 사실로 그랬어요. 물리적으로는 가정을 떠났고, 직업도 버렸고, 그리고 예수님을 따랐습니다. 그러나 '우리가 다 버리고 주를 따릅니다' 할 때, 그 마음 깊은 곳에 뭐가 있었는가 하면 보상심리가 있었습니다. 보상이 뭡니까? 이걸 버리지 못했습니다. 이 대가성, 보상, 뭔가 그걸 버리지 못했다는 것입니다. 마지막 한 가지를 버리지 못했습니다. 그래서 예수님 말씀하십니다. 신앙고백 하는 베드로를 앞에 놓고 말씀하십니다. "내 제자가 되려면……" 3가지입니다. '첫째 자기를 부인하고, 둘째 자기 십자가를 지고, 셋째 나를 좇을 것이니라.' 이 3단계입니다. '자기를 부인한다.' '자기 십자가를 진다.' '예수만을 좇는다.' 예수님을 선택할 때 모든것을 버려야 합니다. 그런데 예수님 가시는 길이 무슨 길입니까? 십자가의 길입니다. 그런고로 예수님과 함께한다면 십자가를 선택해야 되고 나머지는 다 버려야 합니다. 그런 순간이 온 것입니다.

종교개혁자 칼뱅은 말합니다. '신앙생활 너무 어렵게 생각하지 말자. 예수믿는다는 거 간단하다. 첫째는 계속적으로 자기를 부인하는 것이다.' 나 자신을, 버려야 될 걸 자꾸 버려야 돼요. 이것도 버리고, 저것도 버리고, 소중했던 것도 버리고, 아주 귀중하다고 생각했던 거 오늘 보니 쓸 것이 못돼요. 버리고, 버리고, 그렇게 나아가는 것이 신앙생활입니다. '둘째는, 순례자의 길이다.' 이 세상은 다 나그네다, 잠깐 잠깐 지나가는 것이다, 오래 머물 것도 아니고, 오래 가질 것도 아니고, 또 그렇게 소중한 게 아니다, 순례의 길, 순례자의 심령, 순례자의 정체의식, 그것이 바로 신앙생활이다 말합니다.

정신과 의사인 정혜신씨가 쓴 「불안한 시대로부터의 탈출」이라고 하는 책에서 그는 이렇게 말하고 있습니다. '인생은 자기발견의 과정이다.' 여러분이 누구입니까? 내가 누구라고 생각하십니까? 세상 살아가면서 나이들어가면서 점점 내가 누구냐 하는 데 대한 물음을 합니다. 내가 어디까지 왔나? 무엇을 가졌느냐 무엇이 되었느냐가 아닙니다. "내가 누구냐?" 어떤 모습으로, 어떤 모습으로 내가 지금 서 있느냐, 자기 존재의식에 대한 계속적인 자기 발견을 거듭하고 있는 것이다— 여러분, 지금 내가 누구입니까? 한번 물어야 할 것입니다.

그런데 오늘 성경말씀에는 참으로 '도대체 이럴 수 있을까?' 하는 난센스가 있습니다. 베드로가 지금 빌라도 법정에 선 게 아닙니다. 빌라도는 로마 총독입니다. 거기는 군영입니다. 예수님께서 빌라도 법정에 서셨을 때에 그가 예수님을 좇아가다가 군사들이 창을 들이대고 "너, 예수 믿는 사람이지 너 예수의 제자지?" 하고 물었다면 아, 생명은 하나밖에 없으니까 "아, 아닙니다"라고 부인할 수도 있을 것입니다. 그런 순간이 된다면요. 여러분, 그런 자리에 서봤습니까? 총을 들이대고 "손들어!" 하는 거 한번 당해봤습니까? 그거 해볼만합니다. "손들어!" 할 때, 정신이 확 듭니다. 그런 순간을 한번 생각해보세요. 이렇게 되면 베드로가 뭐 그런 때는 예수를 모른다고 하고 살기 위해서 좀 비겁한 모습이 나타날 수도 있습니다. 그러나 오늘 베드로가 간 곳은 가야바의 법정입니다. 산헤드린 공의회입니다. 성경대로 대제사장과 서기관이 있는 곳입니다. 이거 군사들이 있는 곳이 아닙니다. 뭐 어느 군인이 창을 들이대고 "너, 예수 믿지? 너 예수의 제자지?" 그랬던 게 아닙니다. 성경에서 보는대로 어떤 계집아이가 하나 나와서 '당신 그 말하는 사투리를 들어보니까 갈릴리 사람이요, 갈릴리 사람 중에 예수의 제자가 많은데, 당신이 예수의 제자가 아닌가?' 뭐 이런 정도거든요. 여기다 대고 나 예수 모른다고. 이게 창피한 겁니다. 아니, 큰 위험에서 그랬다면 동정이라도 하지만 아니, 그 계집아이가 그 사투리 쓴다고 해서 예수의 제자 같다고 하는데 뭐 그 말 한마디에 그렇게 펄쩍 띌 거 있습니까? 아주 비겁해요. 참 말이 안돼요, 도대체가.

또 한 가지, 오늘 본문에 보는 대로 여기까지 가는 것도 그래요. 멀찍이 좇아갔어요. 좇아가든지 말든지 할 것이지 멀찍이 따라가는 건 뭡니까? 뭐든지 그래요. 여러분, 좀더 매듭을 분명히 하고 선을 분명히 합시다. 가든지 말든지, 믿든지 말든지. 믿으려면 똑바로 믿어야 합니다. 제가 어느 교회 가든지 우리 예수소망교회를 자랑 좀 합니다. 어떤 자랑이냐 하면 우리교회는 앞으로 나와서 앉으십시오, 하지 않아도 된다는 것입니다. 다른 교회에 가보면, '앞으로 나와 앉으십시오.' 아, 그 예배 시작하기 전에 '일어나서 다 앞으로 나와 주세요.' 찬송 부를 때 '앞으로 나오세요.' 왜 자꾸 이렇게 말하는가 하면, 전부 뒤에만 앉고 앞이 텅비었거든요. 이게 민망하니까 사회자가 앞으로 나오세요, 앞으로 나오세요, 그걸 꼭 하거든요. 이거 앞자리가, 이 좋은 자리가 죽 비어 있어요. 그리고 중간서부터 교인들이 앉았거든요. 그러면 제가 참 좋질 않아요. 그래 제가 우리 예수소망교회 자랑을 하지요. "우리 교회는 그런 거 없습니다. 우리 교회는 맨앞에서부터 앉습니다. 여기 맨앞에 앉으려면 45분 전에 와야 한다고 합니다. 이거 비싼 자리니까." 그리고 내가 그때마다 한마디 합니다. 제가 가끔 설교할 때 그 말을 하거든요. "가까이하여 말씀을 듣는 것이 우매자의 제사보다 낫다. 그런고로 나는 이 절반 뒤의 사람은 상대 안한다." 그렇습니다. 여러분, 생각해 보세요. 한번 깨끗이 생각해 보세요. 기왕에 나왔는데, 버스를 타고 그 멀리서, 걸어서, 걸어서, 전철 타고 여기까지 왔는데, 그래가지고 뒤에 앉을 건 뭐요? 기왕에 올 바에야 바짝 다가서지. 안그래요? 학교에서도 공부 잘하는 놈은 앞에 앉아요. 어쨌든 선생 낯을 피해 돌아다니는 놈은 시원치 않은 놈이지요. 안그렇습니까? 목사 얼굴 보는 거 거북해하는 사람, 그것도 문제가 있는 거지. 기왕에 나왔으면 앞자리, 좀 바짝 다가서는 마음, 적극적이고 긍정적인 이 자세가 필요한 것입니다.

오늘 베드로가 예수님을 좇아가는데 가까이 가든지 말든지 할 것이지 멀찍이 좇아간다, 난 성경 읽을 때마다 마태복음, 누가복음에서 이 말씀을 하는데 멀찍이, 멀찍이, 도대체 몇 m나 멀찍이 갔을까? 이게 도대체 마음에 안들어요. 이러니까 문제가 되는 것입니다. 적극적으로 동참해야지요. 적극적으로 참예해야지요. 정신을 차리고 집중적으로 참예하는 것, 이것이 귀한 마음이란 말입니다. 베드로가 멀찍이 좇아가는데 그 다음 말이 더 재미나요. "그 결과를 보려고……" 이런, 이런. 아, 이 수제자가 구경하러 간다는 게 말이 돼요? 어쩌자는 얘기요? 결과가 어려워지면 도망가고 또 영광을 받으면 참예하고 뭐 그러자는 겁니까? '결과를 보려고', 너무 마음에 안들어요. 처음부터 그저 동참을 했으면 함께 죽는 거고요, 아니거든 아예 멀리 가버리든지. 멀찍이 좇아가서 결과를 보려고 구경하려고 했다고. 구경하려고. 그 자세가 잘못됐어요. '멀찍이 따라갔다.' 왜 그랬을까요? 겟세마네 동산에서 기도하지 않았어요. 기도하지 않았기 때문에 용기를 잃어버렸어요. 기도하지 않았기 때문에 기도 중에 결정을 보지 못했어요. 결단을 하지 못했기 때문에 그는 이렇게 어정쩡해서 멀찍이 좇아가는 사람이 됐습니다. 여러분, 다음이 문제입니다. 핵심은 여기에 있습니다. 이런 사람에게 내리는 심판이 있습니다. 이제 베드로가 심판을 받습니다.

여러분, 베드로가 이렇게 해서 예수님을 세 번이나 모른다고 하는 그런 어이없는 실수를 하게 되었는데, 어째서 그렇게 된 것같습니까. 베드로가 본래 이렇게 생각했던가요? 이럴 줄을 몰랐거든요. 이렇게까지 초라하고 비참할 줄을 몰랐거든요. 이런 일이 있으리라고 생각 못했어요. 이걸 알아야 됩니다. 이렇게 결정 없는 길을 가게 되면 꼭 시험에 빠져요. 이럴까 저럴까 하고 있을 때는 꼭 사건에 부딪혀요. Total commitment, 전적으로 위탁하고 헌신하지 못하면 꼭 시험에 빠집니다. 어정쩡하면 꼭 사건이 생겨요. 베드로 앞에 시험이 다가옵니다. 하필이면 '당신이 예수의 제자요?'라는 말을 이 아가 씨가 할 필요가 뭐 있습니까? 이런 시험에 빠졌어요. 이건 함정과 같은 거라고 생각합니다. 베드로는 생각했을 겁니다. '내가 이러지는 않았는데, 이렇게 하려고 했던 것도 아닌데, 이 정도는 아닌데……' 이건 아닙니다, 확실히. 베드로가 이런 사람은 아닙니다. 이러리라 고 생각도 안했어요. 그런데 예수님을 부인하는 사람이 되고 말았어 요. 이건 심판이지요. 이런 시험에 빠졌어요. 이걸 잊지 말아야 합 니다.

유명한 부흥사 무디 선생님의 책에 보면 누가복음 22장 61절을 묵상하면서 이렇게 말합니다. "베드로가 예수를 모른다고 할 때 예 수께서 돌아보시니" 그랬어요. 베드로의 부인하는 소리, 그게 들렸 던가봐요. 예수님께서 돌아보셨어요. 예수님과 베드로가 눈이 마주 쳤어요. 무디 선생은 이렇게 추리합니다. 그 순간 예수님은 인자한 눈으로 베드로를 측은히 보시면서 "베드로야, 네가 나를 모른다니 사실이냐? 내가 너를 갈릴리 바다에서 불렀고, 네가 물에 빠질 때 내가 너를 건져주었다. 내가 너에게 천국 열쇠를 준다고 했는데 베 드로야, 네가 나를 모른다니 사실이냐?" 눈으로 말씀하셨다는 것입 니다. 그래 베드로가 화살이 꽂히듯이 마음이 괴로워서 밖으로 나가 서 슬피 울고 통곡을 했다고 합니다. 그럴 것입니다. 말을 해야 말이 겠습니까? 그가 예수님을 부인하는 순간 예수님께서 베드로를 보셨 어요. 여러분, 왜 이 모양이 돼야 했습니까? 멀찍이 따라갔기 때문 입니다. 애당초 멀찍이 따라가는 사람에게는 꼭 이런 시험이 오는 것입니다. 이건 심판입니다. 멀찍이 좇아가는 제자에게 내리신 심판 이요 그가 빠졌던 함정입니다.

여러분, 베드로는 생각했을 것입니다. 내가 이렇게 형편없는 사람인 줄 몰랐어요. 이렇게 형편없는 제자인 줄 자기도 몰랐어요. 이제서 깨달았어요. 그리고 너무 부끄러워서 예수님 부활하신 다음에 부활하신 예수님을 만나 보았어요. 빈 무덤도 가 보았어요. 그러나 그는 차마 '내가 제자입니다' 하고 나설 수가 없어서 갈릴리로 물고기 잡으러 갔습니다. 밤새껏 한 마리도 못잡았습니다. 그 마음 가지고 무슨 물고기 잡겠어요? 이렇게 피곤해할 때 예수님께서 찾아가십니다. 베드로가 예수님을 찾은 게 아니라 예수님께서 베드로를 찾아가십니다. 예수님을 세 번 부인하고 부끄러워하는 저 제자를 찾아가서 아무것도 묻지 않으십니다. 왜 그랬느냐? 왜 그렇게 형편이 없었느냐? 야, 이 사람아 어찌 그럴 수 있느냐? 그런 말씀 없으십니다. 딱 한마디입니다. '지금 네가 나를 사랑하느냐, 아가파스 메. 네가 나를 사랑하느냐? 내 양을 먹이라.' △

주여 보기를 원하나이다

여리고에 가까이 오실 때에 한 소경이 길 가에 앉아 구걸하다가 무리의 지남을 듣고 이 무슨 일이냐고 물은대 저희가 나사렛 예수께서 지나신다 하니 소경이 외쳐 가로되 다윗의 자손 예수여 나를 불쌍히 여기소서 하거늘 앞서 가는 자들이 저를 꾸짖어 잠잠하라 하되 저가 더욱 심히 소리질러 다윗의 자손이여 나를 불쌍히 여기소서 하는지라 예수께서 머물러 서서 명하여 데려오라 하셨더니 저가 가까이 오매 물어 가라사대 네게 무엇을 하여 주기를 원하느냐 가로되 주여 보기를 원하나이다 예수께서 저에게 이르시되 보아라 네 믿음이 너를 구원하였느니라 하시매 곧 보게 되어 하나님께 영광을 돌리며 예수를 좇으니 백성이 다 이를 보고 하나님을 찬양하니라

(누가복음 18 : 35 – 43)

주여 보기를 원하나이다

여러분, 모스 부호(Morse code)를 아십니까? 저는 옛날 전쟁시절에 군인으로 통신을 맡아보았습니다. 그래서 모스 부호를 많이 훈련받았습니다. 뚝뚝뚜뚝 뚜뜨뜨뚝 뚜뚝…… 이렇게 해서 의사를 전달하는 모스부호라는 게 있습니다. 그런데 그 모스 전신회사에서 일하고 싶어하는 젊은이가 있었습니다. 그는 우연히 신문광고를 보다가 모스 회사에서 사원을 모집한다는 말을 듣고 그 회사의 직원이 되기 위해서 응시를 했습니다. 갔더니 벌써 수십 명의 사람들이 그 회사의 응접실에 모여앉아 있는 것입니다. 거기 앉아서 한 30분이 넘도록 기다렸습니다. 그런데 좀 있다가 이 청년이 맨마지막에 온 사람인데도 불구하고 벌떡 일어나더니 사장실로 들어가는 것입니다. 먼저 와서 기다리던 사람들은 불평이 많았습니다. 아니, 저 사람이 맨 마지막에 왔는데 어떻게 먼저 들어가나. 어쨌든 들어갔는데 얼마 후에 사장님하고 이 청년이 같이 웃으면서 사장실에서 나오는 것입니다. 그리고 사장님이 모든 사람들한테 하는 말이 "우리가 원하던 직원을 택했으니 섭섭하지만 여러분은 다 그냥 집으로 돌아가십시오." 그런단 말입니다. 가만히 있겠습니까? "이거 맨마지막에 온 사람인데 어째서 이 사람이 먼저 들어갔으며 어떻게 이 사람이 합격하고 우리는 이렇게 많이 기다렸는데 불합격이란 말입니까?" 했더니 사장님 하시는 말씀이 "무슨 말씀입니까? 우리 저 게시판에 모스 부호로 '들어오십시오. 들어오십시오.' 여러 번 신호를 보냈는데 이 청년 하나만 들어왔어요. 여러분, 모스 회사에 오실 때는 적어도 모스 부호쯤은 읽을 줄 알아야 이게 되는 거지 아무 준비 없이 이 회사에 입사하겠다고 왔으니 당신들은 처음부터 자격이 없습니다. 안녕히 가세요.” 그랬다고 해요.

여러분, 무엇인가 우리가 소원이 있다면 그 소원에 합당한 준비가 있어야 됩니다. 준비 없이 소원만 늘어놓고 간절한 소원 그것 가지고만 안되지 않겠습니까? 특별히 여러분이 기도를 하신다고 합시다. 기도는 하는데 준비는 없어요. 기도하는 데 준비케 하시는 하나님의 음성에 대해서는 귀를 기울이지 않고 있다는 것입니다. 그렇다면 그 소원이 어떻게 이루어질 수 있겠습니까?

아인슈타인 박사가 어느날 특별한 질문을 받았습니다. “박사님, 만일에 신과의 대화를 할 수 있다면 무슨 질문을 하시겠습니까?” 이 질문을 받고 아인슈타인은 잠시 생각하고나서 “우주가 어떻게 시작했는지 그걸 좀 알고 싶습니다. 그 다음 문제는 다 수학적으로 풀 수가 있으니까 거기까지만 좀 신에게 묻고 싶습니다” 하더니 잠시 고개를 숙였다가 다시 말합니다. “아니오. 그 질문은 중요하지 않습니다. 나는 이렇게 물을 것입니다. ‘도대체 왜 우주를 창조하셨습니까?’ 라고 신에게 묻겠습니다. 그래야 내가 왜 사는지 나의 삶의 의미를 알 수 있기 때문입니다” 라고 아주 의미심장한 대답을 했습니다.

성도 여러분, 사람을 평가할 때 혹은 자기 자신을 평가할 때 어디다 기준을 두고 평가하십니까? 용모입니까? 건강입니까? 요새말로 얼짱 몸짱입니까? 아니면 그가 가진 소유입니까? 그가 가진 지식입니까? 그가 가진 능력입니까? 아니면 그의 소속입니까? 무엇을 기준으로 사람을 평가해야 하는 것이냐입니다. 가장 중요한 것, 오늘 성경 말씀이 우리에게 말씀해주는, 암시해주는 중요한 교훈은 이

것입니다. '소원에 의해서 평가되어야 한다.' 내 믿음이 뭐냐? 내 소원과 일치하는 것입니다. 현실이 아니고 소원입니다. 현상이 아니라 그 속 깊은 곳에 있는 소원입니다. 현실에 물들지 않고 짓눌리는 많은 사건 속에서도 끈질기게 흔들리지 않는, 깊은 곳에 있는 소원, 이것이 그 사람의 중심이요 이것이 하나님께서 보시는 것입니다.

우스운 얘기가 있습니다. 교회 나오는 아가씨가 한창 더운 여름에 꼭 배꼽티를 입고 다닌단 말입니다. 아니, 이 배꼽을 내놓고 교회를 나오는 것입니다. 그래서 "아가씨, 그 배꼽티가 마음에 안드는데 좀 배꼽을 가리고 다니면 안되겠나?" 목사님이 이렇게 말했더니 이 아가씨 하는 말이 "하나님은 중심을 보신다면서요? 그래서 제가 배꼽을 내놓고……" "아, 그래요? 아, 그거 하나님께서는 마음을 보시지요. 그렇게 배꼽을……" 그랬더니 그 아가씨 하는 말이 "그러면 다음 주일날은 가슴을 내놓고 올께요." 그러더랍니다. 여러분, 하나님께서는 중심을 보십니다. 그 중심이라는 게 뭡니까? 그의 건강도, 그의 지식도, 그의 소유도, 그의 능력도 아닙니다. 그 속에 있는 깊이 감추어진 비밀한 소원입니다. 절대 변하지 않는 소원, 아직까지도 물들지 아니한 깨끗한 소원, 그것을 묻고 계시는 것입니다. 그것이 내 인생이요 그것이 나의 정체요, 그것이 하나님께서 보시는 바란 말입니다. 이걸 잊지 말아야 합니다.

아주 유명한 수도사가 있었습니다. 수도경력이 많고 많은 사람에게 존경을 받던 분이 나이많아서 세상을 떠났어요. 세상을 떠난 다음에 또 그 제자가 또 세상을 떠났어요. 하늘나라에 가서 보았더니 아, 이렇게 훌륭한 수도사가 이거 웬일입니까? 거기에 아주 요염하게 생긴 예쁜 아가씨하고 옆에 떡 앉아서 서로 붙들고 있는 것입니다. 아, 이런 세상에. 아, 이렇게 훌륭한 수도사가 어떻게 여기에 와서 저렇게 추잡한 창녀하고 같이 있단 말인가? 이거 말이 안되누먼. 천사에게 원망을 했습니다. "아, 천사여 이건 말이 안되는데요. 어떻게 저런 훌륭한 수도사가 여기 와서 이렇게 타락했단 말입니까?" 했더니 천사가 하는 말이 "잘못 봤소. 지금 저 수도사에게 상을 준 게 아니고 저 창녀에게 벌을 준 겁니다" 하더랍니다.

여러분, 하나님께서는 중심을 보십니다. 저 여자가 이 남자를 옆에 놓고 얼마나 고통스럽겠느냐, 이것입니다. 저 사람에게는 지금 굉장한 고역입니다. 여러분, 내 마음에 소원이 무엇입니까? 요한복음 5장 6절에 어찌 생각하면 난센스같은 질문이 있습니다. 38년 동안 베데스다 연못가에 누워 있었습니다. 38년 동안 누워 있던 이 불쌍한 사람, 예수님께서 가까이 가셔서 그에게 물으십니다. "네가 낫고자 하느냐?" 조금 주를 달면 "네가 아직도 낫고자 하느냐?" 그런 물음입니다. 여러분, 38년이 되었지만 아직도 상황에 굴하지 않고 살아온 생에 무너지지 않고 있는 소원, 아직도 낫고자 하는 것, 그것이 있느냐고 물으십니다. 그리고 이 사람을 고쳐주시는 예수님의 모습을 볼 수 있습니다.

여러분, 세상이 아무리 변했어도 중심엔 변함이 없어요. 확실한 소원이 있어요. 과거가 아닙니다. 허황한 꿈도 아닙니다. 확실한 소원, 영원히 불변하는 소원, 그것을 묻고 있는 것입니다. 오늘 성경에 보면 한 소경의 이야기가 있습니다. 딱 두 단어가 중요합니다. '구걸하다가' 그랬어요. 이 사람은 거지입니다. 시각장애자로서 구걸을 했어요. 몇년 동안이나 구걸생활을 했는지, 몇년 동안이나 거지로 살았는지 모르겠어요. 그러나 거지생활에 익숙한 사람입니다. 얻어먹고 사는 게 그만 문화화했어요. 가난도 문화란 말이 있습니다. 아주 체질이 됐고, 익숙해졌어요. '뭐 그저 인생 내 팔자가 이러니까 이렇게 사는 거지' 합니다. 지나가는 사람을 알아보지도 않아요. 손 내밀어요. 누구에게나 손을 내밀고 한푼 주면 좋고, 안주면 말고. 이렇게 한평생을 살아왔단 말입니다. 그런데 예수님께서 이곳으로 지나가신다는 말을 들어요. "왜 이렇게 소란하냐? 예수님 지나가신다고? 그래!" 소리 지릅니다. "다윗의 자손이여" 하고 소리를 지를 때, 예수님께서 가까이 오라고 불러 놓고 물으십니다. '내가 네게 무엇을 주기를 원하느냐?'

여러분, 이 무슨 소원이 나와야 될 것같습니까? 지금까지 그는 모든 사람에게 돈만 구했어요. 얼마간의 돈만 구했어요. 그러나 예수님께는 그렇지 않습니다. 예수님께만은 엉뚱한, 그의 마음 깊은 곳에 있던, 중심에 있는 소원이 나옵니다. "보기를 원하나이다." 예수님께서 "그래, 보아라" 하십니다. 눈을 떴습니다. '네 믿음이 너를 성하게 했느니라.' 얼마나 소중한 말씀입니까? 다른 사람에게 가서는 그저 돈을 달라는 것이 소원입니다. 먹는 거요. 입는 거요. 편안히 사는 거요. 그러나 예수님께는 아니라고, 보기를 원한다고 했습니다. 그건 깊은 곳에 있던 소원입니다. 아직도 이 소원은 변하지 않고 있었어요. 보기를 원하나이다— 얼마나 중요한 말씀입니까?

여러분, 예수님께서 간곡하게 하신 말씀을 아시지요? 마태복음 6장에서 말씀하십니다. '무엇을 먹을까 무엇을 마실까 무엇을 입을까 염려하지 마라. 하나님께서 다 주시느니라.' 무엇을 먹을까, 무엇을 마실까, 세상이 어떻게 되나, 달러가 어떻게 되나, 기름값이 어떻게 되나, 그거 생각하지 마라. 오늘 예수님 말씀입니다. 그건 이방

사람들이 구하는 것이다, 이제 구할 네 소원은 무엇이냐? 그 나라와 그의 의를 구하라— 저는 직선적으로 말하고 싶습니다. 가끔 보면, 대표로 나와서 기도하시는 분들 가운데서도 "경제 부흥하게 해주시고, 정치 안정되게 해주시고, 남북통일 하게 해주시고……" 이런 기도를 많이 해요. 저는 거기에 아멘 잘 안합니다. 왜요? 그것이 아니니까요. 경제를 이렇게 만든 게 사람의 일입니까? 하나님께서 그렇게 만드신 것입니다. 하나님의 손이 짧아서 된 게 아닙니다. 하나님의 능력이 부족해서 경제가 망가지는 게 아닙니다. 이 속에 말씀이 있어요. 세상을 한번 흔들어놓는 데 거기 의미가 있어요.

미국의 어느 잡지에 난 얘기입니다. 미국의 9·11 때, 교회가 터지게 모였어요. 9·11 한번 꽝 하니까 그렇게 모인 겁니다. 그런데 그 다음에 또 교회가 텅텅비어요. 어느 미국 목사님이 제가 시무할 때, 저희 교회 한번 오셨다가 저녁예배 때 설교를 한번 했습니다. 그분이 그래요. "곽목사는 참 행복합니다." "왜요?" "이렇게 좋은 교인들을 앞에하고 설교하니 얼마나 좋습니까. 설교준비 할 맛도 있고, 설교할 맛도 있고…… 나는 예배당은 2,000명 들어가는 큰 예배당인데 교인은 30명입니다. 할머니들 다 졸고 앉았는데 내가 설교를 해야 되나 말아야 되나, 이 말 해도 졸고, 저 말 해도 자고 앉았으니 설교준비할 마음도 없어요. 그러니 나야말로 얼마나 불행합니까? 목사님은 참 행복하십니다." 아, 그 말을 내가 진지하게 들었어요. 그리고 심지어는 이런 농담까지 했어요. 죽었다 다시 태어나면 소망교회 목사 한번 하고 죽었으면 좋겠다고. 알만하지요, 그 중심을.

여러분, 경제·정치·문화 다 중요해요. 그건 세상 사람들이 구하는 것입니다. 예수님 여기 계시다면 이렇게 말씀하실 겁니다. '그건 세상 사람들이 구하는 것이다.' 세상 사람들이 무엇을 먹을까, 무엇을 입을까, 무엇을 마실까, 경제적인 안정, 정치적인 뭐, 다 그런 거 아닙니까? 세상 사람들의 소원이 이 교회까지 들어와 있고, 심지어 우리의 기도에도 있단 말입니다. 기도 중에도 그 소원이 그대로 있어요. 이 소원이 바뀌어야 돼요. 요새 학문적인 용어로 말한다면 '패러다임 쉬프트'가 돼야 합니다. 가치 변화가 돼야 됩니다. 소원이 바뀌어야 됩니다. 지난날에는 돈이었어도 지금은 은혜입니다. 지난날에는 부귀 영화였어요. 아닙니다. 지금은 신령한 은혜를 구해요. 적어도 교회에 나와서, 하나님 앞에 구하는 소원은 '그의 나라와 그의 의'— 이게 예수님의 말씀입니다. 아주 간곡하게 부탁하신 말씀입니다.

세상 사람들이 구하는 이것, 이것, 이것. 그게 그대로 여기에 들어온다면 이 어떻게 교회입니까? 어떻게 신앙인이냐 그 말입니다. 좌우간 깊이 생각합시다. 그래서 예수님 말씀이 '세상 사람들은 그저 무엇을 먹을까, 무엇을 마실까, 무엇을 입을까, 뭐라고 그러지만 제발 너희는 그러지 마라. 하나님께서 다 아시느니라. 다 알아서 하고 계시느니라. 그건 아니고 그의 나라와 그의 의를 먼저 구하라. 그리하면 이 모든것을 더하시리라.' 이거 주님의 말씀입니다. 소원이 중생해야 됩니다. 내 소원이 변해야 됩니다. 하나님께로 향한 확실한 소원이 분명해야 됩니다.

앤드루 매튜스(Andrew Matthews)라고 하는 분이 「즐겨야 이긴다」라는 재미있는 책을 써서 170만부가 팔려 베스트셀러에 올랐습니다. 아주 의미심장한 책입니다. 그는 그 책에서 이런 말을 합니다. '남에게 부탁을 할 줄 알아야 한다. 나 혼자서 뭘 다 한다고 생각하지 마라. 남에게 부탁하고 남을 믿을 수 있어야 한다. 그리고 그걸 즐겨야 한다.' 남에게 부탁할 때 그게 바로 자부심이요 자기 자신의 가치라는 것입니다. 또 나아가서는 정신적으로 건강하다는 것입니다. 여러분, 내가 잘났고, 나 혼자서 다하고, 나는 아무에게도 부탁할 것도 없다, 하는 사람은 정신적으로 건강한 사람 아닙니다. 저러다가 자살합니다. 하나님과 가족에게 함께하는 마음, 더불어 즐거워하는 마음을 가지는 그런 여유, 이게 건강한 것입니다.

그 다음에 좀더 나아가서 한 차원 높은 애기를 합니다. '다른 사람에게 돕는 즐거움을 누리게 해주는 기쁨도 있어야 한다.' 여러분, 누구에게 가서 뭘 부탁을 해요. 꼭 부탁해야만 되는 게 아닙니다. 안해도 돼요. 하지만 저 사람으로 하여금 남을 돕는 기쁨을 누리게 해주는 것입니다. 이제 우리가 성탄절이 돼서 뭐 선물도 주고받고 하겠습니다만 선물이라는 게 그렇습니다. 누가 만일에 선물을 준다면 '감사합니다' 하고 받으면 그 사람은 즐거워집니다. 사실 그 선물이 필요 없다 하더라도 '나는 이거 필요 없어요. 내게는 필요 없어요.' 그러면 어떻게 되겠어요. 안됩니다. 아주 작은 선물이라도 크게 받으면서 '감사합니다. 요긴하게 쓰겠습니다' 하면 그 사람을 즐겁게 해주는 것입니다. 선물은 저 사람이 주지만 즐거움은 내가 선사하는 것입니다. 한 차원 높지 않습니까? 이런 인격이 돼야 정신적으로 건강하다는 것입니다. 그렇습니다. 여러분, 금년에는 좀 선물을 많이 구하세요. 그리고 받는 대로 고맙다고 하세요. 선물 주는 사람을 즐겁게 해주는 그런 한 차원 높은 성탄절이 됐으면 합니다.

잘 아는 헨델이 「메시야」를 쓸 때의 에피소드입니다. 런던 어느 조그마한 집 셋방에서 23일 동안 두문불출하고 「메시야」를 작곡하고 있었습니다. 그를 돕고 있는 가정부가 들어가 봤더니, 책상 앞에 앉아서 손을 모으고 하늘을 쳐다보면서 눈물을 줄줄 흘리고 있었답니다. 눈물을 막 흘리고 있어요. "아 이거 웬일이십니까?" 그랬더니 "봐라. 하늘이 내 앞에 열렸도다. 전능하신 하나님을 내가 보고 있다." 하늘이 열리는 것을 보고 「메시야」를 작곡합니다. 여러분, 소원이 바로 돼야 현실이 풀립니다. 이걸 잊지 말아야 합니다. 예수님 말씀하십니다. '네 믿음이 훌륭하다. 보아라.' 얼마동안이나 시각장애자로 살았는지 모르지만 예수님 앞에는 소원이 달랐습니다. "보기를 원하나이다." 여러분, 우리 마음속에도 깊은 소원을 가집시다. 영원히, 영원히 변하지 않는 그런 소원이 있어서 어떤 사건에 부딪힐 때마다 그 소원은 순수해집니다. 더 온전해집니다. 더 확실해집니다. 그 믿음으로 살아갈 수 있기를 바랍니다.   △

그것을 종일 묵상하나이다

　　내가 주의 법을 어찌 그리 사랑하는지요 내가 그것
을 종일 묵상하나이다 주의 계명이 항상 나와 함께하
므로 그것이 나로 원수보다 지혜롭게 하나이다 내가
주의 증거를 묵상하므로 나의 명철함이 나의 모든 스
승보다 승하며 주의 법도를 지키므로 나의 명철함이
노인보다 승하니이다 내가 주의 말씀을 지키려고 발
을 금하여 모든 악한 길로 가지 아니하였사오며 주께
서 나를 가르치셨으므로 내가 주의 규례에서 떠나지
아니하였나이다 주의 말씀의 맛이 내게 어찌 그리 단
지요 내 입에 꿀보다 더하니이다 주의 법도로 인하여
내가 명철케 되었으므로 모든 거짓 행위를 미워하나
이다 주의 말씀은 내 발에 등이요 내 길에 빛이니이
다 주의 의로운 규례를 지키기로 맹세하고 굳게 정하
였나이다

(시편 119 : 97 - 106)

그것을 종일 묵상하나이다

목회생활 중에 교인들로부터, 특별히 젊은이들로부터 많은 질문을 받는데 그중에 제일 많이 받는 질문이 있습니다. 어쩌면 목회 한평생 계속되는 질문일 것입니다. 그것은 "에덴동산에 왜 하나님께서 선악과를 만들어놓으셨습니까? 아, 그것만 안만들어놓으셨더라면 우리가 에덴동산에서 편안하게 행복하게 살 수 있었을 텐데 왜 그걸 만드셔서 말썽입니까?" 이런 질문입니다. 어쩌면 한평생 듣는 질문일 것입니다. '다 먹을 수 있다. 그러나 이것만은 먹지 마라. 먹으면 죽으리라. You surely die. 이것을 먹으면 죽는다.' 금단의 열매를 만들어놓으셨습니다. 여러분, '하나님이 그것 따먹을 줄 뻔히 알면서 왜 만드셔가지고 이렇게 우리를 어렵게 만드셨나' 싶지만 이 금단의 열매가 없다면 바로 그 순간 인간은 인간이 아닙니다. 그 점을 깊이 생각해야 합니다. 말씀이 있습니다. 이 말씀의 상징으로 나무가 있고, 금단의 열매가 있습니다. 여기서 우리가 자유인이 되고 인간의 존재가 형성이 됩니다. 먹을 수도 있고 안먹을 수도 있고, 그러면서 안먹을 수 있고. 바로 거기에 인간의 모습이 있습니다. 만약 안먹을 수밖에 없고 먹을 수밖에 없다면 그건 얘기가 달라지지요. 그러나 이렇게 스스로 운명을 선택하도록 만들어놓으셨습니다. 스스로 운명을 선택할 수 있다─ 이 얼마나 굉장한 것입니까? 이 영광을 하나님의 형상으로 창조된 인간에게만 주셨습니다. 우리는 본능대로 살지 않습니다. 우리는 본능을 억제하며 살 수 있습니다. 우리는 이성대로만 살지 않습니다. 이성의 기능을 제한하며 살 수 있습니다. 그것이 인간입니다. 선택과 자유, 그리고 선택에 대한 책임, 그 말씀과 우리와의 인격적 관계, 거기에 우리의 인간의 모습이 있는 것입니다.

어떤 분은 그렇게 말합니다. '먹으면 죽으리라' 하는 말씀, 이 한 말씀만 사람들이 믿었더라면 인류의 역사는 바뀌었을 거라고. 그렇습니다. 오늘도 마찬가지입니다. 오늘 현실적으로도 그 말씀만 믿었더라면 내 운명은 바뀌었을 겁니다. 말씀과 믿음의 상관관계, 이 속에 우리 인간의 모습이 있습니다. 아니, 인간의 행복이 있고 인간의 영광이 있습니다. 말씀하시는 하나님 앞에서 인간이 됩니다. 믿음으로 응답하면서 하나님의 자녀가 됩니다. 그 말씀을 감사함으로 행복하게 받아들이면서 사랑받는 하나님의 자녀가 됩니다. 이것이 우주적 원리입니다. 말씀과 믿음, 말씀하시는 하나님의 말씀의 상대자인 인간, 그 존재의식과 그 믿음, 여기에 참으로 아름다운 우리 인간의 모습이 있는 것입니다.

자, 이러한 말씀과 우리와의 관계를, 이런 인간존재의 모습을 성경은 비사로 여러 곳에 설명해주고 있습니다. 첫째가 '도의 젖'이라고 하는 것입니다. 베드로전서 2장 2절에 보면 "갓난아이들과 같이 신령하고 순전한 도의 젖을 사모하라" 합니다. 여러분, 아이들을 키우면서 보지 않습니까? 어머니와 아이 사이에 젖이 있습니다. 아이들은 이 젖을 먹고 삽니다. 젖은 생명줄입니다. 아이들은 어머니 품에 안겨서 젖을 물면 행복합니다. 많은 화가들이 이 모습을 그림으로 그린 바가 있습니다. 젖을 빠는 어린아이의 모습과 젖을 먹이는 어머니의 모습을 통해 행복의 극치를 표현한 것입니다. 이 관계가 인간 행복의 극치란 말입니다. 어린아이는 아무것도 바라는 게 없습니다. 젖을 물면 평화로워지고, 행복합니다. 또 젖을 먹이면서 어머니는 행복합니다. 이 이상의 아름다운 그림이 어디 있겠습니까. 성경은 말씀합니다. '하나님과 우리와의 관계에서 말씀이 도의 젖이다.' 갓난아기가 젖을 빠는 것같은 그런 아름다운 관계, 그런 절대적 관계로 우리는 말씀을 사모해야 합니다. 오직 어머니의 젖, 그거 하나면 더 바랄 것이 없습니다.

둘째 비사는 '생수'라고 하는 것입니다. 예수님께서 요한복음 4장에서 말씀하십니다. '내가 주는 물은 영원히 목마르지 않는다.' 사람은 물을 마셔야 삽니다. 사람의 몸은 75%가 물이랍니다. 요새 뭐 건강 비법에 대해서 많은 말을 하는데, 물을 많이 마시라고 합니다. 하루에 2l를 마셔야 한답니다. 2l씩 물을 마시기가 참 어렵습니다. 그래도 좀 많이 마셔보려고 애를 씁니다. 책에서 읽기로는 우리가 차를 마신다고 하지만, 무슨 차, 무슨 차, 무슨 차 하지만 물이 제일이랍니다. 물. 생수를 먹으라. 많이 먹어야 된다. 제가 커피를 좋아하는데 커피를 마시면 바로 이뇨가 됩니다. 커피 마시고 한 15분 되면 바로 이뇨가 되거든요. 그래 난 그게 좋다고 생각했어요. 순환이 잘된다고 생각을 했는데, 커피를 마시고 소변을 보고 나면 그 커피 마신 것보다 배의 양의 물을 마셔야 된답니다. 그걸 몰랐거든요. 그래서 요새는 커피 마실 때마다 물을 가져오라고 해서 물도 마십니다. 커피를 마셨으면 그보다 배나 되는 물을 먹어야 몸의 수분을 충분히 충당할 수 있다는 것입니다. 몸은 물입니다. 물의 공급을 받아야 합니다. 생수를 마셔야 됩니다. 유명한 말이 있지요. '바닷물은 마실수록 갈증이 생긴다.' 성도 여러분, 오직 생수만이 우리의 갈증을 해결합니다. 그래서 예수님께서 말씀하십니다. '내 말은 생수다. 말씀은 생수다. 이걸 먹어야 산다. 뭐 좋은 거 많이 먹겠지만 다 소용 없다. 생수를 먹어야 사느니라. 내 말은 생수다. 생명수다.' 절대 필수입니다.

셋째는 '생명의 떡'입니다. 떡은 일용할 양식입니다. 예수님께서 말씀하십니다. '사람이 떡으로만 사는 것이 아니다.' 예수님께서 주시는 것은 무엇입니까. 생명의 떡입니다. 자, 그냥 떡이 아니고 생명의 떡, 이건 일용할 양식입니다. 매일 먹어야 됩니다. 한 번 잘 먹었다고 며칠 안먹을 수 없는 것입니다. 우리는 하루에 두 끼, 세 끼를 꼭 먹어야 합니다. 사람들이 건강의 비결이 어디 있느냐고 많이 제게 묻는데 저는 여러 가지로 대답할 말은 없습니다. 그러나 딱 2가지를 말합니다. 하나는 일찍 일어나는 것이고, 둘째는 절대 굶지 않는다는 것입니다. 절대 굶지 않는다. 더구나 아침, 아침을 많이 먹어야 합니다. 여러분, 생명의 떡, 말씀을 매일 먹어야 합니다. 때마다 먹어야 됩니다. 이것 없이는 이 어려운 세상을 살 수가 없어요.

또하나는 '진액'입니다. 잘 아시는대로 성경에는 포도나무 비유가 있습니다. 포도나무 가지가 포도나무에 붙어 있다, 포도나무 가지는 나무의 원줄기에서 진액을 받아들여요. 진액을 받아서 자라고, 꽃이 피고, 열매가 맺는 거란 말입니다. 이 가지가 원줄기에서 끊어지면 진액을 못받아요. 그러면 말라버립니다. 그렇지 않습니까? 이것이 바로 생명입니다. 이건 마치 피와 같은 것입니다. 생명력을 공급받아야 합니다. 포도나무 가지가 포도나무 줄기에서 진액을 받아들이듯 성도는 말씀을 받아들입니다. 저는 가끔 그런 생각을 합니다. 농사를 짓는 농촌에서 자랐기 때문에 압니다. 호박같은 것을 보면 그 줄기가 조그마해서 보잘 것 없어요. 그런데 그 줄기에서 진액을 받아 그렇게 크는 걸 볼 때 참으로 희한합니다. 수박도 보세요. 그 수박 줄기가 가느다란데 거기서 진액을 받아 그렇게 큰 수박이 생깁니다. 우리가 계속적으로 말씀의 생명력을 공급받아야 합니다.

또 다른 하나는 오늘 말씀에도 있습니다만 성경은 '꿀'이라고 했습니다. 우리가 먹는 것 중에 제일 대표적으로 맛이 있는 것을 말씀합니다. 그래서 언제나 '꿀맛 같다'라는 말을 합니다. 어떤 사람은 설교를 듣고도 '꿀맛 같다'라고 말하고, 어떤 사람은 책을 보면서 '꿀맛 같다'라고 합니다. 좋은 말씀을 들으면 꿀맛이라는 것입니다. 이 꿀맛이라는 건 우리가 먹는 것 중에 맛있기로 최고인 것을 표현한 것입니다. 역시 꿀은 뭐니뭐니해도 배고파야 꿀입니다. 배부르고는 꿀이 없습니다. 배고파야 꿀맛으로 느낍니다. 또하나는 건강해야 꿀입니다. 오늘도 이 자리에서 하나님의 말씀을 같이 듣고 있지만 이 말씀을 꿀맛으로 듣는 사람이 있는가하면, 보리밥만 못하게 듣는 사람도 있어요. 그거 왜 그럴까? 그 사람은 건강하지 못해서 그렇습니다. 건강한 사람에게는 항상 꿀맛입니다. 꿀맛이 자체가 바로 건강입니다. 맛있게 먹는다는 건 나 자체의 문제입니다. 굶었을 때 먹어야 맛있게 먹고, 또 먹으면서 익숙해져서 더 맛이 있는 것입니다. 이건 우리 아버지의 철학입니다. 가끔 뭐 '입맛이 있다, 없다' 말하면 절대 용납하지 않으십니다. 그저 '입맛 없다, 있다'는 말을 못합니다. 벼락이 떨어집니다. 자꾸 먹으면 맛이 납니다. 그렇습니다. 조금 맛이 없는 것도 자꾸 잡숴 보세요. 맛이 날 겁니다. 꿀맛입니다.

제 친척 어른 중에 제가 존경하는 분이 있습니다. 박헌식 장로님이라고 하는 제 외삼촌입니다. 제 어머니하고 한 살 차이인데 피란나오셔서 여기 와 계셨고 92세에 돌아가셨습니다. 그런데 그는 말

쏨이 없어요. 의사인데 환자들이나 친구들이 와서 한마디씩 합니다. "오늘 몇마디 했습니까?" "지금 하는 거지." 도대체가 말이 없는 분입니다. 그 대신에 책을 많이 읽어요. 책이 많고, 그 책이 늘 부러웠어요. 책을 그렇게 많이 보시는 분인데 언젠가 한번 갔더니 그 많은 책을 싹 없앴어요. 하나도 없이 싹 다 치웠어요. "책이 다 어디 갔습니까?" "이젠 필요가 없다." 책상에는 커다란 성경책만 놓여 있어요. "이제는 이거 하나면 된다. 나는 신문도 보지 않는다." 성경을 계속 읽어요. 마침내 시편, 잠언, 요한복음을 다 외워요. 아주, 떡 앉으면 다 외웁니다. 딸아이 집에 갈 때 버스타고 잠언 외우면 끝난대요. 성경만 읽고, 이것만 좋아합니다. 그리고 그렇게 아름답게 천국 가시는 걸 봤어요. 성경을 꿀맛으로 아는 것입니다. 왜요? 사랑하기 때문에. 사랑하기 때문에.

또하나, 성경을 '등불'이라고 했어요. 그래서 "내 발에 등불이니이다" 했습니다. 발에 등불과 같아요. 옛날엔 불빛을 이렇게 발에다 비추었거든요. 그래야 갈 수가 있어요. 3층집 건물에 어린아이가 아래층에서 잠을 자는데 그 집에 불이 났어요. 아이가 눈을 떠서 계단을 타고 꼭대기에 올라갔습니다. 그리고 그 연기 속에서 아이가 울고 있습니다. 소방대원들이 밑에 받을 준비를 해 놓고서 뛰어내리라고 말해도 절대 안뛰어내립니다. 그냥 울기만 합니다. 밖에서 돌아온 어머니가 아이를 쳐다보면서 얘기합니다. 이름을 부르면서 "얘야, 엄마가 여기 있다. 뛰어내려라." 3층 높이에서 "어머니!"하고 뛰어내리더랍니다. 어머니의 음성이 들려야 용기가 생기는 것입니다. 우리 그리스도인은 하나님의 음성을 들어야 용기가 생깁니다. 하나님의 음성으로 지혜롭게 됩니다. 그래서 오늘 말씀에 보니 '원수보다 지혜롭고, 스승보다 지혜롭고, 경험이 많은 노인보다 지혜롭다'고 그랬어요. 시편 기자는 그래서 성경을 종일 묵상한다고 했습니다. 이건 탐구가 아닙니다. 연구가 아닙니다. 분석이 아닙니다. 비판도 아닙니다. 묵상입니다. 묵상은 듣는 마음입니다. 묵상은 집중하는 마음입니다. 묵상은 사랑하는 마음입니다.

영성가인 안셀름은 「하늘은 네 안에서부터」라는 책에서 이렇게 말합니다. '하나님께 나아가는 자의 필수조건은 침묵이다. 사람은 침묵하면서 다른 사람에 대한 비판, 다른 사람에게 알려지기를 바라는 평판, 이 모든 것으로부터 자유할 수 있다. 침묵하면서 자기중심의 생각, 자기 욕심에 몰두되는 생각으로부터 자유할 수 있다. 침묵하면서 내면의 소용돌이치는 먼지는 가라앉히고 하나님과 만날 수 있다.' 침묵을 강조합니다. 동양의 성자 공자는 말합니다. '사람의 성스러운 태도와 인격은 3가지에 의해서 얻어진다. 첫째는 사색이다.' 사색으로 사람이 배우고 변합니다만 이것은 가장 높은 것입니다. 사색하면서 깊이 묵상하면서 많은 것을 깨달아갑니다. '둘째는 모방이다. 이건 가장 쉬운 방법이다. 세 번째는 경험이다. 가장 고통스러운 방법이다.' 이 모든것을 통해서 우리는 보다 더 성스러운 인격으로 발전합니다.

조지아 주립대학의 마이크 메스론 교수님이 쓴 그 책 가운데서 그는 이렇게 말합니다. '사람은 3가지 귀를 가져야 한다.' 잘 들으시기 바랍니다. '첫째는 상대방의 말을 깊이 듣고 잘 알아들어야 한다. 말을 잘 알아듣도록 해야 한다. 두 번째는 말하지 않는 말을 들을 줄 알아야 한다.' 꼭 말을 해야만 말이 아닙니다. 말 안하고 침묵할 때에도 그 침묵 속에서 말을 들을 수 있어야 합니다. '세 번째는 말하고자 하나 어떻게 말할지 몰라, 좋은 말을 찾지 못해서 말 못하는 그 말도 들어야 한다.' 여러분, 말 꼭 해야만 되겠습니까? 말 없는 말을 들어야 됩니다. 하나님의 침묵을 생각합시다. 예수님께서는 겟세마네 동산에서 기도하십니다. 성경에 기록한 대로는 그렇습니다. '이 잔을 내게서 지나가게 해주세요.' 하나님의 응답이 없습니다. 침묵을 응답으로 받고, 예수님 대답하십니다. "내 뜻대로 마옵시고 아버지의 뜻대로 하옵소서."

여러분, 침묵 속에서 들을 줄 알아야 돼요. 말없는 말을 들을 줄 알아야 돼요. 우리는 성경을 읽습니다. 성경 속에서 주님 말씀하십니다. 무궁무진하게 말씀하십니다. 조용히 묵상하면서 내게 주시는 말씀을 들어야 합니다. 이렇게 들음으로써 그리스도인이요, 들음으로써 그리스도인으로 성장하게 되고, 신령하게 되고, 능력의 사람이 됩니다. 여러분, 오늘 주신 말씀입니다. "여호와여 주의 율례의 도를 내게 가르치소서 내가 끝까지 지키리이다 나로 깨닫게 하소서 내가 주의 법을 준행하며 진심으로 지키리이다 나로 주의 계명의 첩경으로 행케 하옵소서. 내가 이를 즐거워함이니이다.(33~35)." △

믿기만 하라

아직 말씀하실 때에 회당장의 집에서 사람들이 와서 가로되 당신의 딸이 죽었나이다 어찌하여 선생을 더 괴롭게 하나이까 예수께서 그 하는 말을 곁에서 들으시고 회당장에게 이르시되 두려워 말고 믿기만 하라 하시고 베드로와 야고보와 야고보의 형제 요한 외에 아무도 따라옴을 허치 아니하시고 회당장의 집에 함께 가사 훤화함과 사람들의 울며 심히 통곡함을 보시고 들어가서 저희에게 이르시되 너희가 어찌하여 훤화하며 우느냐 이 아이가 죽은 것이 아니라 잔다 하시니 저희가 비웃더라 예수께서 저희를 다 내어 보내신 후에 아이의 부모와 또 자기와 함께 한 자들을 데리시고 아이 있는 곳에 들어가사 그 아이의 손을 잡고 가라사대 달리다굼 하시니 번역하면 곧 소녀야 내가 네게 말하노니 일어나라 하심이라 소녀가 곧 일어나서 걸으니 나이 열 두 살이라 사람들이 곧 크게 놀라고 놀라거늘 예수께서 이 일을 아무도 알지 못하게 하라고 저희를 많이 경계하시고 이에 소녀에게 먹을 것을 주라 하시니라

(마가복음 5 : 35 - 43)

믿기만 하라

어느 교회에 교회학교 어린이들에게 '기적'이라고 하는 개념을 설명하려고 애쓰고 있는 한 전도사님이 있었습니다. 이 전도사님이 어린이들에게 어떻게 하면 기적이라는 말을 잘 설명할 수 있을까 해서 이렇게 말했더랍니다. "만약에 어떤 사람이 교회 3층에서 그만 실수해서 밑바닥까지 떨어졌는데 한군데도 다치지 않고 멀쩡하다면 이런 경우에 너희는 뭐라고 하겠느냐?" 하고 아이들에게 물어보았더니 한 아이가 대답하기를 "그 사람 참 재수가 좋네요" 하더랍니다. 전도사님은 또 한 번 더 물었습니다. "두 번째 떨어졌는데 또 멀쩡하다면 그 땐 뭐라고 하겠느냐?" 했더니 "우연이지요, 그건. 우연한 일입니다"라고 대답합니다. 전도사님은 당황했습니다. 어쨌든 기적이라는 말이 나오도록 유도해야겠다는 생각에서 초조한 가운데서 또 말했습니다. "세 번째 떨어졌는데 그래도 하나도 다친 데가 없다면 그땐 뭐라고 하겠느냐?" 했더니 한 학생이 손을 들더니 이렇게 말하더랍니다. "전도사님, 그건 새빨간 거짓말이죠."

여러분, 기적이 뭡니까? 여러분은 기적을 믿으십니까? 도대체 어디까지가 기적이고 어디까지가 기적이 아닙니까? 바로 여기에 문제가 있습니다. 우리는 지금도 기적 속에 삽니다. 생각건대 기적이 아닌 것이 없습니다. 여러분이 아침에 눈을 떴지요? 그게 기적입니다. 저는 이렇게 아침 7시 반에 나오시는 우리 교인들(7시 반 예배로서는 우리교회가 최고로 많이 나옵니다.) '내가 여기 나와 있다는 게 기적이다.' 그런 생각을 하시지 않습니까. 그렇습니다. 사람은 그의 지식 만큼 행복합니다. 그 믿음 만큼 능력의 사람이 되는 것입니다. 아무리 많은 것을 가졌고 아무리 좋은 여건이 있다 하더라도 그것이 내 지식으로 소화되지 않으면 행복할 수는 없습니다. 결국은 이것이 기적이라는 걸 알고, 깨달으면서, 그 만큼만 사람은 행복한 것입니다. 아는 만큼만 행복하다, 그걸 잊지 말아야 합니다. 주먹만한 금덩이를 손에 쥐고 있더라도 이걸 돌덩이라고 생각하는 사람에게는 돌입니다. 아는 만큼만 행복해요. 또, 믿는 만큼만 능력을 소유하게 됩니다.

지식은 합리성과 경험에 기초합니다. 그게 과학입니다. 그러나 믿음이란 이것을 초월합니다. 그래서 내 경험에서 알면 그것이 지식입니다. 다른 사람의 경험을 내가 수용하면서 알게 되면 그건 믿음입니다. 내가 가본 일 없어도, 다른 사람이 가보았다면, 그것을 믿게 되면 자신의 지식이 성립됩니다. 저는 달나라 못가봤습니다만 달나라를 갔던 어윈(James Irwin) 대령과 단독으로 1시간 동안 얘기할 기회가 있었습니다. 너무나 좋은 시간이었습니다. 내가 달나라를 갔다 온 것과 비슷해요. 왜요? 나는 그걸 믿으니까. 그의 말한 것을 믿으니까. 내가 일부러 갈 필요가 없어요. 그 사람이 다녀왔다면 됐어요. 나는 이걸 믿으니까요. 믿음이란 주관적 지식의 한계를 넘어서 객관적 지식을 내가 수용하는 것을 의미합니다.

스탠포드 대학의 알버트 란두라 교수의 말과 같이 '사람은 자신이 선정하는 기대, 자신이 정해놓은 기대치에 스스로 자기 자신을 붙들어 놓고 거기에 맞추려고 하는 데서부터 불행이 온다'는 것입니다. 그렇습니다. 과학이라는 것은 합리성에 기초합니다. 또 합리성은 경험에 기초합니다. 그런데 엄격히 말하면 경험하지 못하는 것은 전혀 인정하지 않는 것이 과학의 맹점입니다. 여러분 '과학과 신비' 이건 전혀 다른 이야기입니다. 신비란 경험의 한계를 넘어서는 것입니다. 과학은 경험 안에 있는 것입니다. 사건에 대한 초경험적인 것을 내가 믿음으로 소화하면서 지식이 성립합니다. 이것이 바로 신비라고 하는 것입니다. 여러분, 한계라고 하는 것이 있습니다. 지식의 한계, 합리적 설명의 한계, 아니 경험의 한계. 그러나 사람은 이 한계 안에서 모든것을 풀려고 합니다. 참 유감된 것은 그냥 다른 사람의 경험을 내 경험으로 받아들이면 되련만 꼭 자기가 해봐야겠다는 것입니다. 내가 못먹어봤어도 다른 사람이 먹고 '어떻더라' 하면 '아, 그렇구나' 하면 되는데 '아니, 내가 먹어봐야지, 내가 가봐야 돼.' 이렇게 고집을 부리는 동안 세월 다 갔어요. 그걸 알아야 됩니다.

성경에 보면 요한복음 11장에 나사로라고 하는 사람이 죽었다가 나흘만에 장례식까지 다 치르고 썩어서 냄새까지 났다는데, 예수님께서 무덤을 찾아가서 살려내시는 그런 기사, 기적 중의 기적이 있습니다. 예수님의 모든 이적과 기사 중에 최고 절정의 기적이 나사로 부활사건입니다. 거기에 보면 요한복음 11장 26절에 예수님께서 사랑하시는 마르다에게 물으십니다. '네가 이것을 믿느냐 네 오라비가 다시 살 것이다. 이것을 믿느냐?' 믿을 수가 없지요. 또 11장 40절에 말씀하십니다. "네가 믿으면 하나님의 영광을 보리라." 예수님께서 나사로를 살리기 직전에 하신 말씀입니다. "네가 믿으면 하나님의 영광을 보리라." 내가 볼 땐 안믿은 거같아요. 이제 나사로가 살아난 다음에야 믿게 됩니다. 비로소 믿게 되는데, 제가 볼 때는 유감스러워요. 진작 믿었더라면 더 좋았을 걸. 그랬으면 세상이 달라지는 건데, 하는 생각이 듭니다. 믿지 않고, 아니 '안믿어, 절대 안믿어’ 그러다가 마지막에 꽝하고 터진 다음에야 자기가 경험하고 나서 믿어요. 이렇게 살면서 그 많은 세상을 낭비한 것입니다. 잘못 산 것입니다. 이제서 보니 잘못한 것입니다. 여러분, 그런 생각 하지 않습니까? ‘진작 믿었더라면 좋았을 걸…… 그 말씀을 믿었더라면 좋았을 걸…… 진리를 믿었더라면 좋았을 걸.’ 안믿고 고집, 고집부리다가 이제 와서 믿었어요. 그동안 지나간 세월이 너무너무 잘못됐어요. 너무 아쉬워요. 너무 불행했어요. 이 단순한 진리를 어떻게 오늘까지 안믿었을까?

저는 이런 이야기를 많이 들어요. 이게 목사의 특권이기도 합니다. 임종이 가까운 분들 이제 며칠 후에 세상을 떠나게 됩니다. 의사는 손을 뗐습니다. 바로 그 순간 대체로 이렇게들 말합니다. “이런 순간이 있다는 걸 진작 알았더라면 과거처럼 살지는 않았을 겁니다.” 이런 말을 수없이 들었습니다. 그러나 생각하면 어리석은, 바보같은 얘기입니다. 그래 죽을 줄 몰랐다는 말입니까. 아, 그 많은 장례식에 참여하고 그 많은 책을 보고, 그 많은 경험 속에서 그래 내가 경험하지 못했다고 해서 죽음을 안믿겠다는 것입니까. 이제 죽음이 몇시간 앞에 다가올 때 이제야 이런 멍청한 소리를 하는 것입니다. “이런 순간이 있을 줄 알았더라면 지난날처럼 살지는 않았을 겁니다.” 이만큼 사람이 어리석습니다. 역시 다 경험할 수는 없어요. 믿음이 먼저고 그 다음이 경험이라는 확인이 있을 뿐이지요. 확증이 있을 뿐입니다.

오늘 성경 말씀을 보면 참으로 애매한 순간의 말씀이 있습니다. 회당장 야이로, 그는 당시 최고의 지방 유지입니다. 이런 사람이 예수님 앞에 나아옵니다. 내 생각같아서는 이 사람이 예수님 앞에 그렇게 쉽게 나올 사람이 아닙니다. 나와서 무릎을 꿇을 사람이 아닙니다. 그러나 그럴 수밖에 없는 정황이 됐어요. 12살난 외동딸이 병들어 죽어가고 있거든요. 이 딸이 죽어가는데 어찌하겠어요? 다른 방법이 없어요. 그래서 예수님 앞에 가서 무릎을 꿇습니다. '아마도 예수님은 살려 주실 수 있을 것이다.' 예수님을 의원으로 생각하고, 아니 기적의 사람으로 생각해서 이렇게 했던 것같습니다. "좀 살려 주세요." 예수님도 참 인자하시게 '그래 너희 집에 가자' 해서 가십니다. 예수님과 함께 예수님을 모시고 야이로가 집으로 가는데 다른 사건이 또하나 있어서 조금 지체하게 되었습니다. 그러다가 노상에서 소식을 듣습니다. 집에서 사람이 와서 회당장에게 말합니다. '당신의 딸이 죽었습니다. 더이상 선생님을 괴롭히지 마세요.' 이 순간이 참 애매한 순간입니다. 자, 어떻게 하면 좋겠어요? 죽어가기 때문에 예수님을 모시고 가는 중인데 죽었대요. 모시고 가야 되겠습니까, 말아야 되겠습니까? 이 한계점을 생각합니다. 바로 이 순간에 이 사람은, 자 보통으로 말하면 "죄송합니다. 이렇게 여기까지 거동해주신 것 감사하고요, 그러나 죽었다니까 여기까지입니다. 여기까지. 안녕히 가십시오" 이럴 수밖에 없잖아요. 의사라면 그럴 수밖에 없어요. 그 누구에게도 그럴 수밖에 없어요. 죽어갈 때 소망을 걸고 뭐 누구나 이런 일 저런 일을 생각합니다만 우리 인간의 사는 스타일이 그래요. 그러나 죽었어요. 그러면 더이상 선생님을 괴롭힐 이유가 없지요. 이렇게 주저하고 있을 때, 이 한계점에 있을 때 야이로는 말이 없는데, 예수님께서 말씀하십니다. 너무도 아름답고 귀한 순간입니다. 예수님 말씀하십니다. "믿기만 하라" "두려워 말고 믿기만 하라." 이 때 야이로가 다시 예수님을 모시고 가던 길을 계속 갑니다. 그리고 이 아이를 다시 살려내게 됩니다.

한계. 인간의 지식의 한계, 경험의 한계, 아니, 내 지식의 한계가 여기까집니다. 여기까지. 그러나 결코 잊지 말아야 합니다. 이 한계를 넘었어야 됩니다. 내 지식은 여기까지입니다. 하나님께 대한 믿음은 여기서부터 출발하는 것입니다. 내가 만든 한계, 거기에 매여서는 안됩니다. 의원으로서는 이게 한계입니다. 기적의 사람으로서도 한계입니다. 인간으로서는 한계입니다. 그러나 메시야로서는 아닙니다. 이제 예수님께서 '믿기만 하라, 두려워 말고 믿기만 하라' 말씀하십니다. 스스로 한계를 정하고 스스로 절망하는 것이 인간입니다. 그러나 성경은 말씀합니다. 주님께서는 오늘 말씀하십니다. 믿기만 하라. 역경은 역전될 것이고 위기는 기회가 될 것이라고. 여러분, 그렇게 살아오지 않았습니까? 지난날도 그렇게 살아오지 않았습니까? 오늘 이 시점에서 또다시 주님께서는 우리에게 물으십니다. "두려워 말고 믿기만 하라." 예수님께서는 야이로의 집에 들어가시면서 울며 훤화하는 사람들에게 '왜 이렇게 시끄러우냐. 죽은 것이 아니라 잔다' 그러셨어요. 예수님께서는 저 어린아이 깊은 곳에 있는 생명력을 보셨거든요. 그러나 사람들은 비웃었습니다. '아, 죽은 게 분명한데 어쩌자는 거야. 죽었는데 잔다고 하시누만.' 그랬겠지요. 그러나 예수님께서는 이 죽은 열두 살 딸에게 말씀하십니다. '일어나라. 달리다굼.' 말씀의 능력이 있는 한 생명은 존재합니다.

「가이드 포스트」에 나온 실화입니다. 'Victory over Fear'라는 제목으로 알렉산더 플러머(Alexander Plummer)가 자기 자신의 경험을 이렇게 짤막하게 소개하고 있습니다. 65세까지 무병했습니다. 전혀 병을 모르고 살았습니다. 딱 한 번 불편해서 병원에 갔더니 전립선

급성 암입니다. 사형선고를 받고 그는 두려움에 떱니다. 먼저 생각한 것은 자기가 살아온 생이 허무하게 무너지는 것입니다. 그동안에 애쓰고, 공부하고, 경험하고, 쌓아놓고, 모아놓은 것이 그냥 확 무너지는 것이 너무 기가막혀서 두려워했습니다. 그 다음에는 그건 중요하지 않습니다. 자기가 죽은 다음에 가정은 어떻게 될까? 가정에 대한 것이 걱정입니다. 그 다음에는 그것도 아닙니다. 살 사람 살겠지. 문제는 죽음입니다. 죽음에 대해서 고민합니다. 도대체 죽음이 뭐냐? 죽은 다음에는 어떻게 되는 거냐? 불확실한 미래에 대해서, 내세에 대해서 고민합니다. 죽음을 고민하다가 마지막에는 그게 아닙니다. 죄가 생각나기 시작합니다. 만일에 천국이 있다 하더라도 내가 죄인인 이상 어떻게 하면 좋겠느냐? 그래서 천국이 있느냐 없느냐 하는 이것이 중요한 것이 아니고 자신의 죄의 문제가 중요해진 것입니다. 죄의 문제를 가지고 고민합니다. 두려워합니다. 깊이 고민합니다. 마침내 회개합니다. '주님 이 두려움 자체를 가져가 주십시오. 죄로부터, 죄의 공포로부터, 죄책으로부터 자유하게 해주세요.' 십자가의 은혜를 붙들고 이렇게 기도하는 중에 믿음을 얻었습니다. 영혼이 다시 살아났습니다. 하나님, 여기까지 인도해주신 하나님 감사합니다. 이것이 기적이었습니다. 감사합니다, 감사합니다─병이 나았어요. 크리소스톰(Chrisostom)은 유명한 말을 했습니다. "우리를 멸망에 빠뜨리는 것은 죄가 아니라 절망이다." 절망은 불신앙입니다.

허드슨 테일러(J. Hudson Taylor)라고 하는 유명한 선교사가 있지요. 그가 범선, 돛단배를 타고 중국을 향해 가는데 바람이 불지를 않습니다. 고요합니다. 이 돛단배는 바람이 불지 않으면 꼼짝을 못합니다. 그런데 선장이 벌벌 떱니다. 그리고 허드슨 테일러 앞에 와서 "큰 걱정입니다. 바람이 불지 않아서 배가 못가는 건 좋지만 이 배가 점점 표류하고 있습니다. 흘러가고 있는 데 저 앞에 보이는 것이 섬입니다. 저 큰 섬에는 식인종들이 산다고 합니다. 식인종이 사는 섬으로 이 배가 지금 흘러가고 있는데 바람이 불지 않으니 어찌할 길이 없습니다. 큰 걱정입니다. 좀 위해서 기도해 주세요. 바람 불게 해 달라고 기도해주세요." 그러니까 허드슨 테일러가 빙그레 웃으면서 "그러면 돛을 올려" 하고 말합니다. "아, 바람도 불지 않는데 왜 돛을 올립니까?" "바람 불게 해달라고 기도하면서 돛을 올리지 않고 어떻게 배가 가겠나? 믿으면 돛을 올려!" 돛을 올리고 모두가 함께 기도했습니다. 바람이 불어서 식인종에게 잡혀먹히는 것을 면했답니다.

여러분, 믿음이란 내 지식의 경험, 내 예측의 한계를 벗어나는 것입니다. 안 된다고 말하지 마세요. 끝났다는 말도 하지 마세요. 망했다는 말은 더더욱 하지 마세요. 끝은 내가 정하는 게 아닙니다. 그런고로 그의 능력, 그의 지혜, 그의 사랑을 믿고 다시 한계를 넘어서 저 앞의 세계를 보세요. 다시 주님의 음성을 들어보세요.

"두려워 말고 믿기만 하라 하나님의 영광을 보리라." △

한 나그네의 회고록

바로가 요셉에게 일러 가로되 네 아비와 형들이 네게 왔은즉 애굽 땅이 네 앞에 있으니 땅의 좋은 곳에 네 아비와 형들로 거하게 하되 고센 땅에 그들로 거하게 하고 그들 중에 능한 자가 있는 줄을 알거든 그들로 나의 짐승을 주관하게 하라 요셉이 자기 아비 야곱을 인도하여 바로 앞에 서게 하니 야곱이 바로에게 축복하매 바로가 야곱에게 묻되 네 연세가 얼마뇨 야곱이 바로에게 고하되 내 나그네 길의 세월이 일백 삼십 년이니이다 나의 연세가 얼마 못되니 우리 조상의 나그네 길의 세월에 미치지 못하나 험악한 세월을 보내었나이다 하고 야곱이 바로에게 축복하고 그 앞에서 나오니라 요셉이 바로의 명대로 그 아비와 형들에게 거할 곳을 주되 애굽의 좋은 땅 라암세스를 그들에게 주어 기업을 삼게 하고 또 그 아비와 형들과 아비의 온 집에 그 식구를 따라 식물을 주어 공궤하였더라

(창세기 47 : 5 - 12)

한 나그네의 회고록

　히브리사람들의 「탈무드」에 나오는 유명한 이야기입니다. 어느 때에 다윗 왕이 전쟁에 나가서 큰 승리를 거두었습니다. 목숨을 건 전쟁에서 승리를 거둔다는 것은 굉장히 통쾌한 일입니다. 벅찬 감격으로 환호성을 들으면서 다윗 왕은 큰 기쁨으로 돌아옵니다. 그런데 그는 하나님의 사람이기에 마음속에 생각하는 바가 있었습니다. '아, 내가 지금 교만해지고 있구나.' 이 승리를 자랑하고 싶고 또 모든 사람에게 알리고 싶은 것입니다. 자꾸만 자랑하고 싶고 높아지려는 마음을 느끼면서 그는 생각했습니다. '교만하면 안되지. 겸손해야지, 암 겸손해야 되고말고.' 그래서 겸손해야지, 겸손해야지 그런 생각을 했어요. 여러분 조영남씨가 부르는 유행가에도 그런 노래가 있습니다. '겸손은 힘들어 겸손은 힘들어……' 그거 복음입니다. 겸손은 정말 힘듭니다. 다윗이 그걸 느꼈어요. 겸손은 힘들다. 그래서 그는 아주 훌륭한 반지를 만드는 보석상을 불러서 "내게 반지를 하나 만들어 다오. 보석으로 큰 반지를 만드는데, 그 보석에다가 보기만 해도 겸손한 마음을 가지도록 그런 문구를 새겨서 만들어오라" 그랬습니다. 반지 만드는 건 어렵지 않지만 무엇이라고 써야 될지 모르겠어요. 박사님들을 불러서 의논해보았지만 적당한 문구를 찾지 못합니다. 어느 나이많은 박사 한 사람이 "그건 우리가 못합니다. 저 어린 애로 지금 뛰놀고 있지만 솔로몬이 지혜가 있습니다. 철없이 놀고 있는 솔로몬에게 가서 물어보면 뭔가 해답이 나올 겁니다." 그랬어요. 그래서 밖에서 뛰어놀고 있는 솔로몬을 불러서 "지금 아버지가 이런 일로 고민하고 있다. 거기다가 뭐라고 쓰면 볼 때마다 겸손해질 수 있겠느냐?” 묻습니다. 솔로몬이 빙그레 웃으면서 하는 말입니다. “'이것 역시 곧 지나가리라'라고 쓰세요.” 그렇습니다. 모든것은 지나간다— 그야말로 지혜입니다. 영광도 지나가고, 분노도 지나가고, 화려함도 지나가고, 젊음도 지나가고, 모든것이 잠시잠깐이면 지나갑니다. 그러니 자랑할 것이 못된다 그런 말이겠지요? 역시 솔로몬은 지혜의 사람이었습니다.

베드로전서 2장 11절에 보면 사도 베드로는 이렇게 말씀합니다. “사랑하는 자들아 나그네와 행인 같은 너희를 권하노니……” 인생을 나그네와 행인이라고 했고 야고보도 같은 말씀을 했습니다. 이것은 히브리사람들의 인생철학입니다. 나그네와 행인은 지나가는 사람들입니다. 잠깐 지나가는 사람들입니다. 오늘본문에 보면 바로 왕이 요셉에게 은총을 베풀어서 그 가족들을 전부 애굽으로 모셔오라고 합니다. 그래서 70명이나 되는 많은 사람이 이주를 해서 애굽으로 왔습니다. 그 대표되는 야곱은 요셉의 아버지입니다. 야곱을 향해서 '당신 나이가 얼마요?' 하고 물었습니다. 그 때에 그가 일생을 회고하면서 아주 의미심장한 말을 합니다. '내 나그네 세월이 130년입니다, 130세요. 그런데 한마디로 요약하면 험악한 세월을 살았습니다. 험악한 세월을 살았습니다.' 이것이 야곱의 회고담입니다. 그는 축복을 받은 사람입니다. 창세기 28장 15절에 보면 “내가 너와 함께 있어 네가 어디로 가든지 너를 지키며 너를 이끌어 이 땅으로 돌아오게 할지라. 내가 네게 허락한 것을 다 이루기까지 너를 떠나지 아니하리라”— 벧엘에서 하나님께서 약속해주십니다. 그가 고향을 떠날 때 하나님께서 직접 말씀해주십니다. '내가 너와 함께하리라. 다시 돌아오게 하리라.' 이런 귀한 축복의 약속을 받고 그는 고향을 떠납니다. 그리고 이제 이렇게 살아서 100년을 살아갑니다. 그런데, 그 야곱의 생을 가만히 돌아보면, 하나님의 축복 받은 사람의 그 증거가 확실히 있습니다. 어디에 가나 막힌 듯하면서도 길이 열립니다. 끝난 것 같은데도 또 새로운 길이 열립니다. 고향을 떠나 헤매는 나그네였습니다만 그는 큰 가정을 이루기도 했습니다.

야곱이 삼촌 라반의 집에 가 있을 때에 라반은 하나님을 섬기지 않는 사람입니다만 몇 번 같은 말을 합니다. '너는 복의 근원이다. 하나님이 너 때문에 우리집에 복을 주신 것을 내가 아노라.' 그렇게 신중한 말을 합니다. 여러분, 이 얼마나 참 굉장한 말입니까? 하나님께서 너 때문에 우리집에 복을 주셨다. 특별히 우리 민족도 그런 말을 많이 하지 않습니까? 며느리가 잘 들어와야 복을 받는다고. 어떤 때는 아이가 하나 태어나면 이 아이 때문에 복을 받는다고도 합니다. 어느 장로님 댁에 가서 며칠 동안 유할 때가 있었습니다. 그 분이 광산사업을 하다가 실패해서 간증을 합니다. 정말 그럴까 싶어요. 아주 전부 다 어려워졌을 때에 일주일 동안을 먹지도 자지도 못하고 고민을 했대요. 일주일 딱 지나고나니까 머리가 하얗게 되더랍니다. 아주 물들인 것처럼 하얀 머리가 되더랍니다. 세상에 이럴 수가 있습니까? 그는 고통 중에 살았는데 한 10년이 지난 후에 늦둥이가 태어났어요. 나이 50인데 늦둥이 하나가 태어났는데 아이가 태어난 그 해에 머리가 까매지더래요. 그래서 이 장로님이 그 아이가 복덩이라고 얼마나 귀여워하는지 모릅니다. 하나님께서 내게 복을 주신 증거라고 그렇게 딸을 귀여워하는 것을 봤습니다. 그 교회에 부흥회를 인도하러 갔는데 막무가내로 "목사님은 저희집에서 모셔야 합니다"그래서 그 장로님 댁에 가서 며칠 동안 유한 일이 있었어요.

복의 근원 - 여러분 생각해보세요. 이 사람 때문에 복받는다, 이 야곱 때문에 온 집이, 심지어 짐승까지도 복을 받는 것입니다. 이걸 복의 근원이라고 합니다. 확실히 야곱은 복의 근원입니다. 하나님께서 함께하셨고 하나님께서 늘 인도하셨습니다. 그런데 이 야곱의 일생을 보면, 그는 원래 간사한 사람입니다. 야곱의 그 이름 자체가 간사하다는 뜻입니다. 그는 간사한 사람인데 이렇게 복을 받고, 복을 받으면서도 사람이 안되더구만요. 그렇게 복을 받고 살면서 사람이 좀 바뀌는 걸 봤으면 좋겠는데 안됩니다. 사람 되기 어렵습니다. 많은 시련 속에서 조금씩 변해가는 걸 볼 수 있는데, 이 사람은 욕심이 많아요. 야곱은 욕심이 많아요. 수단과 방법을 가리지 않고 아버지와 형을 속이고 하나님의 축복을 가로챘어요. 그만큼 그는 복에 대하여 정열이 있는 사람입니다. 아버지와 형님을 속였어요. 그러나 그건 몇 시간 후에 다 속인 것으로 드러났습니다. 아버지를 속이고 형을 속여서 복을 받더니 놀라운 것이 야곱은 다시 자식에게 속습니다. 아들 요셉이 죽지 않았어요. 형들이 팔아먹었잖아요. 그런데 죽었다고 했거든요. 야곱은 아들 요셉이 죽은 줄 알고 "내 아들 요셉아……" 울면서 살기를 130년! 이 아들 때문에 통곡하며 130년을 살았습니다. 그리고 뒤에 알고보니 애굽에 가서 살아 있어요. 총리대신이 됐대요. 얼마나 기가 막히겠어요? 그 130년 동안 슬프게 산 그 생을 얼마나 후회했겠느냐는 것이지요. 그러나 할말이 없는 것이 아버지와 형님을 속였더니 내 아들이 나를 속였어요. 이것이 하나님의 공의입니다. 또한 그는 많은 재산을 가지면 되고 또 큰 가족을 이루면 된다고 생각했습니다만 형님을 만나러 올 때에 너무 답답해서 가족과 재산을 다 얍복 강으로 건너보내고, 홀로 남아 밤을 새웁니다. 홀로 남아서. 얼마나 처절합니까. 보세요. 12아들도 필요가 없어요. 그 많은 부인도 필요가 없어요. 그 많은 재산도 위로가 되질 않아요. 다 건너보내고, 홀로 남아서 하나님 앞에 기도합니다. 결국은 홀로 남더라고요. 그렇게 욕심을 부렸지만 아무것도 가진 것 없습니다.

또 야곱에 대해서 우리가 뺄 수 없는 이야기가 사랑 얘기 아니겠습니까? 사랑을 따라서 사는 일생이었어요. 어느 역사를 보아도 이렇게 열렬한 연애를 한 사람이 없어요. 라헬을 만나서, 라헬을 보는 순간 첫눈에 반했어요. 첫눈에 반해놓고 삼촌에게 부탁합니다. '내가 라헬을 사랑합니다. 저 라헬을 제게 주세요.' 라반이 욕심이 많아요. 삼촌은 머슴으로 7년 동안 일하라고 합니다. 여러분, 머슴살이 7년을 하고 장가간 사람 봤습니까. 성경은 너무 솔직하게 말씀합니다. '7년을 수일같이 보냈더라.' 왜요? 사랑하기 때문에. 여러분, 아무리 생각해도 이런 사랑은 들어보지도 못하고 해보지도 못했어요. 그러나 야곱은 다시 라반에게 속고나서 다시 라헬을 얻어야겠다고 그러니까 또 7년. 합치면 14년. 14년 동안 머슴살이를 해서 원하던 사람과 결혼했어요. 가끔 둘이 연애하는데 부모님들이 반대해서 결혼을 못한다고 그런 고민을 상담하러 오는 사람들이 있어요. 그럼 내가 "기다려" 그럽니다. "얼마나 기다릴까요?" "7년을 기다려" 그럽니다. 그렇지 않습니까? 아, 이게 성경입니다. 14년을 머슴살이를 해서 원하던 여자와 결혼을 했어요. 참 화끈한 연애 한 번 했습니다. 그런데 이렇게 결혼을 하긴 했는데 이 여자가 질투가 많아요. 이건 아가페가 아니고 에로스거든요. 그래서 너무나 남편을 괴롭혀요. 이상하게 이 여자가 아이를 못가졌어요. 그러니까 남편을 괴롭히는 것입니다. 창세기 30장 1절에 보면 '나로 자식을 낳게 하라. 아니면 죽겠노라' 그래요. 야곱이 다른 때는 다 온순했는데 여기서는 강하더라고요. "내가 하나님을 대신하겠느냐." '내가 너를 데리고 살 수는 있어도 아이가 생기고 안생기고는 하나님께서 하시는 것이다. 내가 하나님을 대신하겠느냐.' 한마디 한 것입니다. 어쨌든 화끈하게 열렬히 사랑했습니다만 그러나 성경을 자세히 보면 야곱이 임종할 때 그 때에 147세였는데, 임종 시에 마지막으로 하는 말입니다. "나를 레아 곁에 묻어라." 라헬은 홀로 묻혔고 야곱은 그 라헬의 언니 레아 곁으로 갑니다. 그렇게 극성을 부렸지만 아니더라고요. 어째서 '라헬 곁에 묻어라' 하지 않고 '레아 곁에 묻어라' 했는지 그 속셈은 누구도 모르겠어요. 그러나 임종할 때 생각하니 '그렇게 열렬한 사랑도 별게 아니었구나' 했을 것입니다. 라헬 때문에 고생 많이 했어요. 그 여자 때문에 속 많이 썩었어요. 그는 지난날을 그렇게 회고하고 있는 것 같습니다.

그가 라반의 집을 떠나서 독립해서 다시 고향으로 돌아옵니다. 그런데 하나님과 약속한 곳은 벧엘입니다. 벧엘로 가야 하겠는데 이 사람이 벧엘로 가지 않고 좌회전해서 세겜으로 갔습니다. 이건 잘못입니다. 하나님과 약속된 곳은 벧엘입니다. 하나님께서 약속하신 곳도 벧엘입니다. 하나님께서는 '여기서 네가 나를 섬기리라, 이제 자유로운 몸이 됐을 때 왜 벧엘로 돌아오지 않고 세겜에 머물렀느냐' 하십니다. 세겜에 7년 동안 있었습니다. 큰 부자도 됐습니다만 큰 올무에 걸려서 그는 많은 피해를 봅니다. 딸이 죽고, 여러 가지로 어려운 일이 있습니다. 재산 다 빼앗깁니다. 그리고 빈털터리가 됐을 때

비로소 35장 2,3절에서 말합니다. "너희 중의 이방신상을 버리고 자신을 정결케 하고 의복을 바꾸라 우리가 일어나 벧엘로 돌아가자"라고 합니다. 이상한 것은 그가 라헬을 열심히 사랑했습니다만 라헬은 우상을 섬겼습니다. 열심히 사랑했으나 그 사랑은 라헬을 하나님의 사람으로 만들지 못했습니다. 그리고 마지막에 그는 벧엘로 돌아가자, 다 데리고 벧엘로 돌아갑니다. 아주 빈 몸이 되어서 돌아갑니다. 이거 보세요. 야곱은 확실히 정열의 사람이고 열정의 사람이었습니다. 세간을 모으려고 애썼고 사랑도 해봤고, 다했습니다만 문자 그대로 험악한 세월을 살았습니다. 아무것도 없고, 생각건대 하나님의 강권적 은총만 있었습니다. 그가 아버지 어머니를 떠날 때에도 하나님께서 함께하셨고 하란에 거할 때에도 함께하셨고 세겜에서 죽을 수밖에 없는 처지에서 몰살당하게 됐는데도 역시 하나님께서 그를 이끌어 다시 벧엘로 돌아오게 하십니다. 일생을 회고해보니, 자신은 하나님 앞에 잘못했고, 하나님께서는 자신에게 후한 분이셨습니다. 은혜를 베푸셨습니다. 내가 모르는 축복을 내리셨습니다. 강권적 은혜가 있었습니다. 그는 이렇게 회고하고 있습니다.

어느 한 수도사가 한평생 수도생활을 하다가 세상을 떠났습니다. 세상을 떠나서 천국문에 갔을 때 베드로가 "자, 일생 살아온 것을 한 번 돌아보세요" 해서 천국문에서 지난 생을 돌아보았더니 자기가 태어나서부터 오늘까지 오는 길이 좍 마치 영화를 보듯이 보이는 것입니다. 자세히 보니 발자국이 보여요. 그런데 발자국이 한 사람의 발자국이 아니고 두 사람의 발자국입니다. "나는 혼자서 살았는데 어떻게 발자국이 둘입니까?" "주님께서 너와 함께하셨기 때문이다." 가만히 보다보니까 가끔 발자국이 하나밖에 없어요. 중간중간 하나밖에 없을 때가 있어요. 그래서 "저기는 어떻게 한 사람의 발자국밖에 없습니까? 그때는 내가 홀로 있었습니까?" "아니다. 네가 너무 힘들어하여 주님께서 너를 업고 다니셨느니라." 여러분, 내 혼자서 산 것이라고 생각하십니까? 거기에도 주님께서 함께하셨습니다. 내가 실수 할 때, 내가 주의 뜻을 떠날 때, 야곱처럼 정신없이 헤맬 때에도 하나님께서는 그곳에 계셨습니다. 그리고 인도하셨습니다. 당신의 품으로 인도하셨습니다. 여러분, 이걸 잊지 말아야 합니다. 하나님께서 약속하신 벧엘, 하나님의 집으로 계속 인도하셨어요. 우리가 지난 1년을 돌아보면 야곱처럼 험악한 세월을 살았습니다. 그러나 하나님의 은총은 계속 나와 함께하였습니다. 그리고 아버지집에 거하게 하셨습니다. 그런 간증이 있어야 하겠습니다.   △

오직 경건을 연습하라

네가 이것으로 형제를 깨우치면 그리스도 예수의 선한 일군이 되어 믿음의 말씀과 네가 좇은 선한 교훈으로 양육을 받으리라 망령되고 허탄한 신화를 버리고 오직 경건에 이르기를 연습하라 육체의 연습은 약간의 유익이 있으나 경건은 범사에 유익하니 금생과 내생에 약속이 있느니라 미쁘다 이 말이여 모든 사람들이 받을 만하도다

(디모데전서 4 : 6 - 9)

오직 경건을 연습하라

　　텔레비전 프로그램 중에 제가 재미있게 보는 것이 하나 있습니다. '세상에 이런 일이'라는 것입니다. 그걸 볼 때마다 느끼는데, 정말 '세상에 이런 일이……' 할 만큼 세상에 참 희한한 일들이 많아요. 그 중에 특별히 바로 며칠 전에 오직 김치만 먹는 개에 관한 에피소드가 방송되었습니다. 개가 김치 먹는다는 게 말이 됩니까? 그런데 이 개는 오직 김치만 먹어요. 기다란 김치를 썰지도 않고 주어도 꿀꺽 삼킵니다. 심지어 고기하고 김치를 같이 줘도 고기는 싹 남기고 김치만 먹어요. 그런 특이한 개가 있습니다. 그 개를 이리저리 따라다니면서 어떻게든 다른 걸 먹여 보려고 시도해도 절대 안먹습니다. 오로지 김치만 먹어요. 그런데 그렇게 된 이유가 너무나 가상합니다.

　　원래 이 개는 버려진 개였습니다. 며칠을 굶고 병까지 들어서 비실비실 거리를 방황하던 중에 마침 지나가던 할머니 한 분이 불쌍히 여겨서 그 쓰러져가는 개를 끌어안고 집으로 왔습니다. 그래서는 무언가 먹을 걸 주어야 하는데 아무것도 없었습니다. 자기가 먹는 것이라곤 밥하고 김치밖에 없어서 그냥 밥과 김치를 개한테 주었습니다. 그랬더니 개가 그걸 꿀꺽 삼켰고 그때부터 입맛이 돌기 시작했던 것입니다. 그 후로 그 개는 김치만 먹게 된 것입니다.

　　여러분 이것이 무엇을 말해 주는 것입니까? 입맛이 돌아야 됩니다. 즉, 가치관이 바뀌어야 합니다. 세계관이 확 바뀌어야 한다는 말입니다. 그것이 바뀌기까지는 신앙생활, 경제생활, 정치생활… 그 무엇을 해도 잘될 수가 없고 무얼 해도 행복할 수가 없습니다. 개가 김치를 먹듯이 우리 입맛이, 우리 생각의 패러다임이 확 돌아가버려야 합니다. 이것을 중생이라고 합니다.

2008년 연말 연기대상을 수상한 탤런트 김혜자씨가 있습니다. 여러분도 텔레비전에서 보셨는지 모르겠습니다만 이 김혜자씨는 '월드비전'의 친선대사로서 에티오피아를 비롯한 소말리아, 라오스 등 오지에 사는 어려운 사람들을 돌보면서 열심히 봉사활동을 하고 있는 탤런트입니다. 이번에 특별히 '엄마가 뿔났다'라는 드라마에서 연기를 잘해 그 나이에 연기대상을 받게 된 것입니다. 제 의견에도 당연하다고 생각됩니다. 그런데 그녀가 지난 10년 동안 지구촌의 가난한 사람들, 불쌍한 사람들을 돌보면서 경험한 일들을 책으로 엮어냈습니다. '꽃으로도 때리지 말라'는 제목의 책인데 많은 사람들에게 깊은 감동을 주고 있습니다. 이제 제가 말씀드리려는 것도 그 책에 나오는 이야기입니다.

텍사스에 석유사업으로 크게 성공한 부자가 있습니다. 그 분이 자기 집에 어떤 성직자를 초대해서 저녁식사 대접을 잘했습니다. 하지만 속셈은 자기의 많은 재산과 자기의 성공담을 자랑하고 싶었던 것이었습니다. 그래서 식사를 마친 후 그 부자는 동쪽 창문을 열고 보여주면서 말합니다. "저기 보세요. 저기 많은 석유탑이 있지 않습니까? 저게 모두 내것입니다. 내가 40년 전에 여기 올 때는 아무것도 없이 빈손으로 왔습니다. 그 후 갖은 고생을 다해서 부지런히 벌고 또 벌고 연구하고 또 벌고 해서 이렇게 부자가 됐습니다."

이번에는 서쪽에 있는 창문을 쫙 열고 끝없이 널려 있는 소떼를 보여주었습니다. 정말이지 미국 텍사스에 가보면 그 초원이 얼마나 넓은지를 볼 수 있습니다. 저는 미국은 다 사막인 줄 알았거든요. 캘리포니아를 다녀보면 넓기는 하지만 대부분 사막이거든요. 그런데 텍사스는 아닙니다. 3시간을 차로 운전하고 달려도 계속해서 초원일 정도로 넓습니다. 그런데 그 부자가 그 넓은 초원의 수많은 소떼를 보여주면서 말합니다. "저게 다 내겁니다."

이번엔 남쪽에 있는 창문을 열자 넓고 화려한 골프장이 보입니다. 그런데 그가 또 말하기를 "저것도 내것입니다." 북쪽에 있는 창문을 열고 높고 화려하게 지어놓은 호텔을 보여줍니다. "저 멀리 보이는 저 호텔도 내겁니다. 보세요. 저는 무엇 하나 부족한 게 없습니다. 40년 전에 맨손으로 와서 이만큼 크게 성공했습니다. 저는 아무것도 부족함이 없는 사람입니다." 그러자 성직자가 그렇게 자랑하는 그 돈많은 부자의 어깨를 어루만지면서 위를 가리켰습니다. "저기에는 무엇이 있습니까? 저곳에 당신의 것이 무엇이 있습니까?" 그 질문에 부자는 아무 말도 할 수가 없고 고개를 떨어뜨렸다고 합니다.

성도 여러분, 경건이라는 말은 헬라어로 '유세비오스' 혹은 '유세베이아'라고 합니다. 영어로는 옛날에는 파이어티(Piety)라는 단어로 표현했고, 보통 새로운 영어로는 가들리니스(Godliness)라고 합니다. 한마디로, 하나님이 있는 마음, 하나님 앞에 선 정체의식 혹은 하나님을 향한 삶의 자세를 경건이라고 합니다. 만약 하나님의 속성을 한마디로 말하라고 하면 히브리식으로 표현하자면 딱 한마디입니다. '거룩함'입니다. 하나님께서는 거룩한 하나님이시고 그 거룩한 하나님의 속성을 향해서 가는 것, 그 분의 거룩함으로 향하는 마음이 바로 경건입니다. '거룩함'을 따라가는 생활이 경건이고, 하나님을 향한 거룩함을 마음에 품을 때 경건이라는 성품을 갖게 됩니다.

오늘본문에서 이렇게 말씀합니다. "경건에 이르도록 자신을 단련하라." 우리말 개역성경은 "연습하라"고 번역했습니다. 단련하라, 연습하라는 말씀을 생각해보면, 경건이란 일시적인 깨달음으로 되는 게 아님을 알 수 있습니다. 우리는 보통 새해를 맞이할 때마다 새롭게 생각합니다. 그리고 결심합니다. 깨닫고 결심을 합니다마는 그야말로 '작심삼일'입니다. 여러분도 결심을 해보았습니까? 잘하면 사흘 정도 갑니다.

우스운 얘기입니다만 건강해보겠다고 돈있는 사람들은 모두 다 집집마다 러닝머신을 갖추어놓습니다. 그런데 그 기계를 파는 사람들 말에 의하면 그 비싼 러닝머신을 갖다놓고 한 달을 제대로 하는 사람이 별로 없답니다. 그냥 장식용으로 있는 것입니다. 러닝머신을 구입한 후 그걸 계속해서 사용하고 그것으로 운동하는 사람은 보기가 어렵다는 것입니다. 이처럼 우리는 결심은 하지만 결심을 잘 실천하지는 못합니다.

깨달음이라는 것 혹은 결심이라는 것 그거 불가능한 것입니다. 그것만 가지고는 안됩니다. 연습이 필요한 것입니다. 단련이 필요해요. 그래서 사도 바울은 오늘본문처럼 말씀한 것입니다.

여러분 자신을 알아야 됩니다. 내가 누굽니까? 내가 얼마나 게으릅니까? 내가 얼마나 못됐습니까? 내가 얼마나 한심합니까? 그걸 알아야 합니다. 그 나이 될 때까지 아직도 자신에 대해 모르면 되겠습니까? '내가 이런 면에서 형편이 없는 사람이다'라고 생각되면 그쪽을 막아야지요. 그쪽과는 관계를 끊어야지요. 그래서 사도 바울은 자기가 얼마나 잘못된, 부족한 사람인가를 알고는 이렇게 말씀합니다. 로마서 7장 19, 24절입니다. "내가 원하는 바 선은 행하지 아니하고 도리어 원치 아니하는 바 악은 행하는도다…… 오호라 나는 곤

고한 사람이로다 이 사망의 몸에서 누가 나를 건져내랴"고 탄식합니다. 바울은 그런 사람입니다. 자기를 잘 알고 있는 것입니다. 그래서 그는 고린도전서 9장 27절에서 심각한 말씀을 합니다. "내가 내 몸을 쳐 복종하게 함은……" 즉, 내가 내 육체적인 것을 쳐서 복종케 한다는 뜻으로, '복종한다'라는 말을 헬라어 원문으로 보면 '둘라고고 둘로스'라고 합니다. '둘로스'라는 말이 노예라는 말이고 '아고'라는 말은 인도한다는 말입니다. 합치면 '노예로 인도한다'는 말인데, 쉽게 말하면 '노예로 길들인다'는 뜻입니다. 만약 멀쩡한 사람을 붙들어다가 "이제부터 너는 노예다"라고 말한다면 그 사람이 말을 듣겠습니까? 그래서 사람을 노예로 만들기 위해서 때리고, 쇠고랑을 채우는 등 갖은 방법으로 길을 들이는 것입니다. 그렇게 해서 고분고분한 노예를 만드는 것입니다.

사도 바울의 말씀은 노예를 길들이듯 자기 몸을 쳐서 복종케 한다는 뜻입니다. 여러분이 여러분 자신을 쳐서 복종케 해야 됩니다. 내 말을 안듣는 나 자신을 어떻게든 내 말을 듣도록 만들어야 합니다. 그런데 여러분 이 몸 하나 길들이는 데 한평생이 걸립니다. 쉽지 않은 일입니다. 그러기 위해서는 수많은, 피나는 노력이 필요합니다. 시간이 많이 걸립니다. 여러분 혹시 자동차를 운전하십니까? 운전이라는 것 어떻게 보면 참 간단한 것입니다. 운전기술이라는 것 이론으로는 한 3분이면 다 배웁니다. 핸들은 이렇게 움직이고, 액셀러레이터와 브레이크는 이렇게 밟으면 된다고 설명하면 듣는 사람이 알아듣습니다. 자, 얼마나 쉽습니까? 하지만 그렇다고 그 설명을 들은 사람이 운전을 할 수 있습니까? 자동차 운전 같은 것 하나도 핸들을 잡고 드라이브를 하면서 바깥 경치를 즐길 수 있기 위해서는 적어도 3년 정도가 걸립니다. 그것도 매일 해야 합니다. 운전을 하다 말다 하면 소용없습니다. 특별히 중간에 장기간 쉬면 안됩니다. 아십니까? 사람이 쉰 살이 넘어서 운전을 배우면 고가도로는 못올라가고, 예순 살이 넘어서 1년만 운전을 쉬면 다시는 핸들을 못잡습니다. 그렇다면 그런 줄 아세요.

지금 뭘 말하는 겁니까? 계속해야 하는 걸 강조하는 것입니다. 쉬면 안됩니다. 가끔 제 아들이 저더러 "아버지, 이제 손수 하시는 운전은 그만하세요. 운전기사 대드릴 테니까 좀 그만하시지요." 그러면 저는 말합니다. "내가 운전 못하는 날은 죽은 날인 줄 알아라." 그러면서 속으로 생각합니다. "아니, 이 좋은 걸 내가 왜 남에게 주냐? 이 좋은 걸 왜?" 제가 45년을 운전했거든요. 계속 했거든요. 매일 했거든요. 쉬지 않았거든요. 쉬면 안돼요. 정말입니다. 제가 해외에 나가서 2주일 정도 있다가 돌아와서 핸들을 잡아보면 벌써 느낌이 틀립니다. 아주 겁이 납니다. 그럴 때 고속도로를 한바탕 뛰고나면 그때서야 자리가 잡힙니다.

그러니 여러분 한번 생각해보십시오. 사람을 길들인다는 게 얼마나 어려운 것인지를. 감각의 세계라는 건 용서가 없습니다. 그래서 계속해야 하는 것입니다. 기도도 계속하고, 성경도 계속 읽고, 일찍 일어나는 것도 계속해야 돼요. 쉬면 안됩니다. 연습, 단련은 그렇게 하는 것입니다. 여러분도 아시다시피 제가 새벽마다 찬물로 목욕을 하지 않습니까? 그런데 어떨 땐 잡사람이 그럽니다. "여보, 나이도 있고 하니 이젠 그만하시지요." 그런데 전 그때 이렇게 제 자신에게 말합니다. "이걸 왜 그만해? 이거 안하면 끝나는 거다." 그래서 오늘 이 추운 겨울 아침에도 찬물로 목욕을 했습니다. 얼마나 좋은

데요! 그러나 잊지 마세요. 하루아침에는 결코 안됩니다. 이것도 한 3년은 걸려야 합니다. 모든것은 훈련에서 나옵니다. 단련을 해야 합니다.

제가 교회에서 시무하고 있을 때 월요일이 되면 저도 운동도 좀 해야 하고 또 부목사님들도 일주일에 한 번씩은 운동을 하게 하려고 교회 부목사님들하고 같이 볼링장에 갔습니다. 그런데 처음 부임한 목사님들 중에 볼링을 좀 빨리 배워보려고 책을 사서 연구도 하고 심지어는 몰래 와서 과외수업까지 합니다. 나름대로 열심히 연습을 해가지고 볼링을 하는데 하지만 그게 그렇게 되나요? 저야 어떤 날은 300점도 칩니다. 여러분 이래뵈도 제가 300점을 12번이나 칠 정도로 잘합니다. 그런데 부목사님들에게는 이게 안되는 것입니다. 젊은 사람이 힘도 좋고, 레슨도 받고, 교본으로 연구도 했는데 안되는 것입니다. 그럴 때마다 제게 묻습니다. "목사님, 저는 왜 안될까요?" 그럴 때면 제가 하는 유명한 말이 있습니다. "만일에 목사님이 그 정도 해서 볼링이 잘되면 그건 20년이나 친 나를 모독하는 겁니다."

무엇이든 하루아침에 되겠습니까? 결심한다고 됩니까? 밤새껏 기도한다고 그게 됩니까? 그것은 울어도 못하고 힘써도 못해요. 잇 테이크스 타임 (It takes time!), 시간이 필요한 것입니다. 그것도 많은 시간이 필요합니다. 공부도 그렇습니다. 공부도 중간에 쉬면 안돼요. 책 보는 거 쉬면 안됩니다. 제가 목회자로서 설교하는 것도 그렇 습니다. 쉬면 안됩니다. 설교 준비하는 것, 기도하는 것, 계속해야지 쉬면 안됩니다. 한번은 설교를 한 10년 쯤 쉰 목사님에게 설교를 하라고 했더니 세상에 2시간을 하더라고요. 좌우간 자기도 무슨 말을 하는지 모르는 말로 2시간을! 그러더니 자기 설교가 왜 이렇게 길어졌느냐고 저보고 묻더라고요. 그래서 제가 그랬습니다. "아까 한 말을 잊어버려서 또 하는 거 아닌가?"

그러니 여러분, 무엇이든 계속해야 됩니다. 훈련은 계속해야 됩니다. 쉬면 안됩니다. 훈련에 있어서는 바로 이 사실을 알아야 합니다. 그래서 일찍 일어나는 것도 일이 있건 없건 일찍 일어나야 하고, 새벽기도 나오는 것도 안나오다가 한번 나오면 하루종일 정신이 없는 것입니다. 이거 하나 내가 내 체질로, 내 라이프 스타일로 만드는 데 3년 정도 걸립니다. 이게 경건 훈련입니다. 경건은 단련입니다. 경건한 생각, 경건한 마음가짐, 경건한 의지, 경건한 실천력, 경건한 가치관, 모든 게 다 훈련에서 나옵니다.

그 과정은 이렇습니다. 여러분이 생각하지요? 깨닫지요? 결단하지요? 생활에 옮기지요? 생활에 반복하지요? 그 다음에 습관이 되지요? 그렇게 습관이 된 다음에 우리의 라이프 스타일이 됩니다. 그 다음에 그것이 우리의 성품이 됩니다. 이 과정을 거쳐야 됩니다. 그런데도 우리는 가끔 너무 우발적인 것을 요구합니다. 한번 은혜를 화끈하게 받으면 그대로, 마치 마술사의 손에서 무언가를 달라는 것처럼, 순간에 달라질 줄로 생각하는데, 아예 기대도 하지 마세요. 그렇게 되지 않습니다. 경건은 훈련이요 단련입니다.

그런 점에서 우리는 세 가지 경건의 훈련을 받아야 합니다. 첫째는 퓨어리티(Purity)입니다. 정결하게 사는 것, 보다 더 깨끗하게 사는 것을 훈련해야 됩니다. 깨끗한 생각, 깨끗한 마음가짐, 그리고 깨끗한 가치관을 연습해야 합니다. 더러운 이득을 탐내지 말아야 합니다. 왜냐하면 땀흘려 벌지 않은 것은 절대로 나를 이롭게 하지 않기 때문입니다. 제 선친이 제게 가르쳐준 교훈이 있습니다. "공짜 좋아하면 일찍 죽는다." 여러분, 공짜 바라지 마세요. 그 다 잘못된 겁니다. 퓨어리티(Purity), 깨끗하게, 깨끗하게, 보다 깨끗하게 사는 훈련이 필요합니다.

두 번째는 사랑의 훈련입니다. 이런 사람도 사랑하고, 저런 사람도 용서하고, 심지어 원수까지 사랑하는 사랑도 훈련입니다. 이거 결코 하루아침에 되는 게 아닙니다. 많은 시간을 들여 아가페 훈련을 해야 합니다.

세 번째는 로열티(Loyalty, 충성) 훈련을 해야 합니다. 무엇이든 했다 하면 충성되게 하는 것을 훈련하는 것입니다. 하다 말다 하다 말다…… 하는 인생을 언제까지 계속하려고 하십니까? 한번 했다 하면 끝까지 가는 충성이 있어야지 하다 말다가 하는 것은 결코 바람직하지 않습니다. 교회 봉사든 뭘 하든 한번 한다 했으면 죽을 때까지 한다는 자세, 이것이 진정한 열심입니다. 그런 훈련이 우리에게 필요한 충성훈련입니다. 우리 교회에 그렇게 충성스러운 분들이 참 많습니다. 첫날 교회 딱 나오면서부터 꾸준히 나오는 분들 보세요. 역시 다릅니다.

새해에는 얼마나 벌까 하는 생각은 접어두는 게 좋겠습니다. 세상이 다 어려운데 내 사업만 잘되리라고 기대할 거 없습니다. 거기다가 기준을 두지 말고 얼마나 깨끗하게 사는가에 기준을 둬야 하겠습니다. 얼마나 사랑하며 얼마나 사랑의 영역이 넓어질 수 있을까? 얼마나 사랑했는가? 그것을 위해 살아가야 합니다. 그리고 얼마나 충성되게 살고 있는가 하는 충성지수를 우리 자신에게 묻는 삶을 살아야 하겠습니다.

여러분, 어디까지 왔습니까? 새해에는 인생을 좀 업그레이드

(Upgrade)해서 한 단계 더 높이 성결하고, 사랑하고, 충성되는, 그런 훈련을 다시 시작합시다. △

자족하는 마음의 복

　　누구든지 다른 교훈을 하며 바른 말 곧 우리 주 예수 그리스도의 말씀과 경건에 관한 교훈에 착념치 아니하면 저는 교만하여 아무것도 알지 못하고 변론과 언쟁을 좋아하는 자니 이로써 투기와 분쟁과 훼방과 악한 생각이 나며 마음이 부패하여지고 진리를 잃어버려 경건을 이익의 재료로 생각하는 자들의 다툼이 일어나느니라 그러나 자족하는 마음이 있으면 경건이 큰 이익이 되느니라 우리가 세상에 아무것도 가지고 온 것이 없으매 또한 아무것도 가지고 가지 못하리니 우리가 먹을 것과 입을 것이 있은즉 족한 줄로 알 것이니라 부하려 하는 자들은 시험과 올무와 여러 가지 어리석고 해로운 정욕에 떨어지나니 곧 사람으로 침륜과 멸망에 빠지게 하는 것이라 돈을 사랑함이 일만 악의 뿌리가 되나니 이것을 사모하는 자들이 미혹을 받아 믿음에서 떠나 많은 근심으로써 자기를 찔렀도다

(디모데전서 6 : 3 - 10)

자족하는 마음의 복

지난 수요일, 독일 5위의 부자인 아돌프 메클레가 달리는 열차에 몸을 던져 자살했다는 뉴스가 온세상을 놀라게 했습니다. 그는 92억 달러, 우리 돈으로 10조 원을 가진 재산가입니다. 독일에서 다섯 번째, 세계에서 94번째가는 부자입니다. 그는 성공적인 경영자이기도 합니다. 인격적으로도 많은 사람들에게 존경을 받아온 경제인입니다. 그런데 가족들의 말에 의하면 최근의 금융위기로 인해서 많은 스트레스를 받아오던 그가 스트레스를 이기지 못해서 그렇게 한 것같다고 사인을 결론지었습니다.

켄 블렌차드(Ken Blanchard)와 셸든 보울스(Sheldon Bowls) 두 사람이 공동으로 내놓은 책이 하나 있습니다. 아마도 사업하는 분들은 꼭 읽어야 할 제2의 바이블이라고도 불리는 책입니다. 「부자 황금률」이라는 제목의 책입니다. 그 책에 의하면, 우리가 돈을 벌었다 혹은 부자다, 얼마를 가졌다, 하든 간에 우리는 몇 가지로 잣대로 재어서 심판을 해봐야 합니다.

첫째, 즐거움 테스트입니다. 성경은 분명히 말씀합니다. '하나님께서 당신의 사랑하는 자녀에게 복을 주실 때 부를 주시고 겸하여 근심을 주시지 않는다'고 했습니다. 다시 말해, 돈이 생기면서 걱정이 함께 생기면 그 돈은 복이 아닙니다. 그런 돈은 축복이 아닙니다. 하나님께서 주신 것이 아닙니다. 그 점을 잊지 말아야 합니다. 돈과 함께 행복이 와야 합니다. 돈을 버는 나도 행복하고 또 주변사람도 행복해야 됩니다. 여러분, 혹 물건을 팔고 삽니까? 바른 거래라는 것은 사는 사람, 파는 사람이 둘 다 즐거워야 됩니다. 행복해야 됩니다. 저는 그래서 물건값을 깎지 않습니다. 왜요? 그 사람이 나한테 물건 팔고나서 "오늘 참 바보같은 사람 만났다" "오늘 참 재수좋은 날이다" 그렇게 말 좀 하게 되면 안됩니까? 나는 그런 기쁨을 드리고 싶어요. 그까짓 마진 얼마를 내가 더 가진들 혹 못가진들 그거 때문에 살고 죽는 것도 아니지 않습니까? 우리 선친 말씀대로 하면 "물건값 깎아서 집 마련하는 사람 없다"는 것입니다. 오히려 사람만 추해지는 것입니다. 어쨌든 돈 거래에 있어서는 사는 사람, 파는 사람 다 행복해야 됩니다. 사는 사람도 마치 밭에서 진주를 찾은 것처럼 행복하고, 파는 사람은 파는 사람대로 좋은 일 했다고 행복해하는, 이런 즐거움이 있는가를 살피는 테스트를 해봐야 합니다. '함께 즐거워야 된다, 그것이 아니면 복이 아니다.' 그 책의 저자들은 우리에게 말해줍니다.

또하나는 목적 테스트입니다. 도대체 무엇을 위해서 돈을 벌었느냐? 무엇을 위한 물질이고 무엇을 위한 노력이고 무엇을 위한 수고냐를 묻는 것입니다. 목적을 한 번씩 물어보라는 것입니다. 다시 물어야 합니다. 매일 물어야 합니다. 내가 우스갯말처럼 늘 입버릇처럼 외우는 말이 있습니다: "누구를 위해 좋은 울리느냐?" 도대체 무엇을 위한 것이냐? 그것이 영원한 가치의 것이 아니라면 그것은 쓸데없는 것입니다.

세 번째는 창의력 테스트입니다. 여기에 영감이 있느냐, 여기에 하나님께서 주신 은사가 있느냐 하는 것입니다. 하나님께서 내게 주신 소중한 선물, 그것이 오늘 나의 물질로 나타난 것이고 성공으로 나타난 것이어야 합니다. 하나님께서 내게 주신 은사에 내가 얼마나 바르게 응답하고 있느냐를 묻는 것이 바로 창의력 테스트입니다.

네 번째 테스트는 영원한 부자인가 하는 것입니다. 땅에서도 부자이고, 하늘에서도 부자인가 하는 것입니다. 성경은 "네 보화를 하늘에 쌓아두라!"고 말씀하십니다. 땅에서도 부자고 하늘에서도 부자라는 말은 내가 소유하는 데도 부자고 베푸는 데도 부자여야 한다는 말입니다. 여러분, 사람은 사실 자기가 쓴 돈만 자신의 것입니다. 그것도 자기 마음대로 쓴 것만입니다. 내 마음에서 즐거움을 가지고 사랑하는 마음으로 써버린 것, 그건 영원히 내것입니다. 그러나 아직도 손에 가지고 있는 것은 아직 내 것이 아닙니다. 예수님 말씀대로, 오늘 밤 주께서 내 영혼을 취하시면 그건 뉘것이 되겠습니까? 이미 쓴 것만, 베푼 것만 내것이다 하는 잣대로 자신의 부를 한번 측정해야 된다는 얘깁니다.

종교개혁자 마르틴 루터는 그리스도인의 회심을 세 가지로 요약합니다. 첫번째는 머리의 회심입니다. 예수를 믿음으로 말미암아 생각이 바뀌고 세계관이 바뀌고 가치관이 바뀌고 목적의식이 바뀌어야 된다는 것이 바로 머리의 회심입니다. 자기중심적인 생각에서 하나님 중심적인 생각으로 바뀌는 것, 이것이 첫번째 중생입니다. 두 번째 회심은 가슴의 회심입니다. 분노와 좌절과 죄책과 후회와 두려움들이 다 물러가고 감사와 찬송으로 부정적인 생각이 긍정적인 생각으로, 하나님을 찬양하는 마음으로 항상 가득한 것이 가슴의 회심입니다. 중요한 것은 세 번째 종류의 회심입니다. 마르틴 루터는 그것을 돈주머니의 회심이라고 합니다. 마음이 바뀌고 감성도 바뀌었다고 하지만 이 돈주머니가 회개하지 않으면 진정한 회심이 아니라는 것입니다. 돈주머니를 꽉 쥐고 놓지 못하면 영영 불행한 사람이 되는 것입니다. 그래서 얼마나 자유롭게 쓰는가, 얼마나 보람 있게 쓰는가, 얼마나 돈을 쓰고 행복한가, 하는 돈주머니의 회심이 중요한 회심의 하나라고 한 루터의 견해는 대단히 의미있는 얘기가 아닙니까?

심리 상담가 로리 애슈너와 미치 메이어슨 두 사람이 공동으로 지은 재미있는 책이 근래에 나왔습니다. 「When is Enough, Enough?」라는 책입니다. 이 책은 우리에게 "언제 너는 만족할 것이냐?" "When is enough?"라고 묻습니다. 사람이 원하는 것을 가질 수 있습니다. 그런데 문제는 가질 때마다 더 부족하게 느낀다는 것입니다. 이상하게도 가지면 가질수록 더 부족한 마음이 커집니다. 저자들은 책에서 사람의 이런 심리적인 상태를 일곱 가지로 잘 분석해놓았습니다. 보십시오. 처음에 직업이 없는 사람은 직업 하나만 있고 아침마다 직장에 나갈 수만 있다면 좋겠다, 더 바랄 것이 없다며 오로지 직장만을 바랍니다. 그러다가 직장에 나가게 되었습니다. 그런데 그 다음엔 또 '아, 이거 자동차가 있어야겠다. 자동차만 있으면 행복하겠다'고 생각합니다. 그러다가 자동차를 마련을 했습니다. 그 다음엔 또 집이 있어야겠다, 아 이거 집만 있으면 더 바랄 것이 없다, 아 일 년에 한 번씩 이사 다니는 것도 힘들고, 제발 내 집이 생겨서 이렇게 돌아다니지 않았으면 좋겠다고 바랍니다. 내 집 마련 이게 소원이라고 합니다. 자, 이제 집이 생겼습니다. 그런데 이젠 또 여자가 있어야 되겠다고 생각합니다. 사람의 욕망은 계속 올라갑니다. 점점 커지는 것입니다. 문제는 욕망 만큼 불행이 오는 것이라는 사실입니다. 그래서 가장 어려운 때가 가장 행복하고, 많이 가질수록 점점 불행해지는 것이 인간 심리라고 분석을 합니다. 그 책의 결론은 이렇습니다. '만족은 성취나 소유에 있지 않다. 중요한 것은 얼마나 사랑을 느끼고 얼마나 사랑하느냐는 것이다. 어린아이처럼 사랑하는 마음을 가질 때 사랑하는 만큼만 행복이 있고 만족함도 있는 것'이라고 합니다.

미하엘 짐페를이 지은 우리에게 아주 웅변적으로 말하는 재미있는 제목의 책이 하나 있습니다. 「1%만 가져도 99% 행복하다」는 책입니다. 1%만 가져도 99% 행복할 수 있다— 왜 그럴까요? 1%로 만족하기 때문입니다. 그 이상 필요하지 않기 때문입니다. 사실 우리는 과잉시대에 삽니다. 속도과잉, 소비과잉, 노동과잉을 하며 삽니다. 하지만 사람은 소박함을 즐길 줄 알아야 합니다. 합리적인 소비를 해야 합니다. 일이 목적이 돼서는 안됩니다. 죄송하지만 제가 피란을 나와서 처음에 군대에 입대하기 전에 그야말로 이리저리 방황하면서 정말 얻어먹고 살았습니다. 이 집 저 집에 가서 일도 좀 해주면서 살 때입니다. 심지어는 집에 들어가서 그 집에 시계 고장난 거 수리해주고 밥 한 끼 얻어먹었었습니다. 그렇게 살고 있을 때의 일입니다. 몇 끼를 굶었는데 누군가 고구마를 굽고 있었습니다. 겨울에 굽는 고구마 냄새는…… 아 정말 기가막혔습니다. 그런데 그걸 좀 먹긴 먹어야겠는데 가진 건 없고 있다면 차고나온 손목시계 하나뿐이었습니다. 그 당시에는 온동네에 손목시계라고는 그거 하나밖에 없었을 정도로 아주 귀한 보물이었습니다. 그걸 딱 풀어주고 고구마를 받았는데 딱 4개를 주더군요. 그 따끈따끈한 고구마들을 손에 들고 눈을 맞으며 서서 하나님 앞에 감사기도를 하는데, 아, 눈물이 뚝뚝 떨어지는 게 아닙니까? 그러니 그 고구마맛이 어느 정도였겠습니까? 얼마나 맛이 있었는지…… 여러분 내가 지금까지 고구마를 안먹습니다. 정말 얼마나 감격했는지 그때같은 그런 행복은 어떤 진수성찬을 만나도 느낄 수 없을 정도의 맛이었습니다.

　여러분, 만약 행복을 인생의 지표로 한다면 이제 묻고 싶습니다. 여러분은 얼마나 행복하십니까? 오늘 본 성경을 보면 '경건을 가져야 한다'고 말씀합니다. 이 경건을 꼭 지켜가야 되는데, 경건에 방해되는 게 많습니다. 그럼에도 경건을 지켜갈 수 있는 길은 여기에 있습니다. 그리스도의 말씀과 경건에 관한 교훈, 여기에 딱 매여 있어야 합니다. 여기에서 떠나면 안됩니다. 말씀을 떠나면 안됩니다. 예수님 말씀대로 '내 말이 너희 안에 거하면 무엇이든지 구하라. 그대로 이루리라.' 예수님의 말씀, 그 교훈이 마음속에 가득할 때 행복이 있는 것이지, 환경이나 재물로 오는 것이 아닙니다.

　경건을 지키는 두 번째의 경우는 이것입니다. 자족하는 마음이 있으면 경건에 유익이 있다는 것입니다. 족한 줄로 아는 마음, 그저 항상 넉넉한 마음, 그것을 말씀합니다. 이는 더 바랄 것이 없다 하는 그런 마음입니다. 있는 그대로 받아들이며 감사할 줄 아는 그런 마음 말입니다. 키에르케고르는 「이것이냐 저것이냐」라는 그의 명저에서 이렇게 말합니다. 사람의 성장단계를 말할 때 첫째는 미학적 단계가 있다. 쾌락과 호기심에 끌려 사는 단계가 있다고 합니다. 그게 바로 젊은 세대지요. 그런데 그것은 항상 공허함으로 끝난다는 것입니다. 두 번째 단계는 윤리적 단계입니다. 이건 의무에 속한 것입니다. 하고 싶지 않은 일도 해야 됩니다. 벌어먹고 살기 위해서 아침 일찍 일어나야 됩니다. 먹고 싶지 않은 음식도 먹어야 됩니다. 건강을 지켜서 일을 해야 하기 때문입니다. 바로 이런 의무적 단계가 있습니다. 그런데 이런 도덕적 단계 역시 지루하고 피곤한 것입니다. 그러면 대체 사람을 행복하게 할 수 있는 길은 어디 있는 것입니까? 키에르케고르에 의하면, 종교적 단계입니다. 하나님 앞에 단독으로 서서 하나님과 자신 사이에 비밀한 관계를 맺을 때만 진정한 행복이 있을 수 있는 것이라고 합니다.

사도 바울은 갈라디아서 5장 24절에서 말씀합니다. "그리스도 예수의 사람들은 육체와 함께 그 정과 욕심을 십자가에 못박았느니라." 여러분, 십자가를 쳐다볼 때 정과 욕심이 다 사라져야 됩니다. 사실 정과 욕심, 이건 내 마음대로 못합니다. 이 많은 욕심, 이 많은 정, 끈질기게 나를 괴롭히는 이 모든 일들에서 어떻게 벗어날 수 있을까요? 겸손하면 될까요? 그러나 겸손해지기가 어렵습니다. 마음을 비우면 될 줄 아십니까? 그러나 도대체 마음을 비울 수가 없습니다. 이것을 알아야 합니다. 오직 성경은 말씀합니다. '십자가로 할 수 있다.' 십자가를 쳐다볼 때, 십자가의 은혜 가운데서 정과 욕심을 다 십자가에 못박아버릴 때 자유인이 될 수가 있습니다. 십자가가 우리에게 무엇을 말씀하고 있습니까? "네 죄 사함 받았느니라." 십자가는 우리에게 사죄를 선언하고 있습니다. 우리가 죄에서 벗어날 때 우리의 이 모든 정욕으로부터 벗어날 수 있는 것입니다. 또한 십자가는 우리에게 하나님의 자녀 됨을 확증해줍니다. '네가 허물도 많고 부족함 많지마는 너는 하나님의 자녀다'라고 확증해주는 순간 세상이 바뀝니다. 로마서 8장 32절에서 사도 바울은 이렇게 고백합니다. 제가 개인적으로 제일 좋아하는 요절입니다. "자기 아들을 아끼지 아니하시고 우리 모든 사람을 위하여 내어주신 이가 어찌 그 아들과 함께 모든것을 우리에게 은사로 주시지 아니하겠느냐." 십자가를 은사로 받는 순간 나의 현실도 은사가 됩니다. 그럴 때 나의 사는 중에 겪는 그 모든 사건들이 다 하나님께서 내게 주시는 축복의 과정이 됩니다. 은사가 됩니다. 은사로 사는 생이 됩니다. 이것만이 진정한 복입니다. 그래서 무슨 일을 좀 당해도 선물로 주신 것, 하나님께서 내게 주신 것, 아니, 나에게만 주신 것으로 받아들일 때, 사람은 자족하는 마음이 됩니다. 족한 마음이 됩니다. 넉넉해집니다. 다윗은 고백합니다. "여호와는 나의 목자시니 내가 부족함이 없으리로다." 원문을 영어로 옮기면 이렇게 됩니다. '그는 내게 목자이십니다. 그러니 I want nothing, 난 더 바랄 것이 없습니다.' 하나님께서 나와 계시니 더는 바랄 것이 없습니다, 넉넉합니다, 만족합니다 라는 고백입니다.

여러분, 만족하는 사람, 감사하는 사람은 마귀도 유혹하지 못합니다. 원망과 불평이 있을 때 교만하고, 교만해질 때 원망하고, 원망할 때 마귀 시험에 빠지는 것입니다. 오늘 성경은 우리에게 아주 재미있게 말씀하고 있지 않습니까? "먹을 것과 입을 것이 있은즉 족한 줄로 알지니라." 증권 해서 반토막이 났다고 그럽시다. 그래도 먹을 것과 입을 것이 있으면 족한 줄 알아야 합니다. 그만하면 넉넉하고, 더 바랄 것이 없는 것입니다. 여기서 우리는 손익계산을 해야 됩니다. 잃어버린 것이 많아도 얻은 것이 더 많지 않습니까? 깨달은 것이 더 많고, 느낀 것도 많고, 새로워진 것도 많지 않습니까? 바로 이 손익계산을 바로 해야 합니다.

어떤 부자가 돈이 많았는데 죽으면서 이걸 다 가지고 가지 못하는 게 너무 억울했습니다. 그래서 이리저리 궁리하다가 "내 관 속에다가 돈을 넣어주라"고 할까 생각했습니다. 하지만 자기 죽은 다음에 안넣어주면 그만이지 어떻게 하겠습니까? 그래서 믿을 사람이 없어서 자기딴에는 크게 생각하고 친하게 지내던 목사와 의사와 변호사 세 사람을 불러서 10만 달러씩 줬습니다. 현금을 다 주고나서 "나 죽은 다음에 관 속에다가 그 돈을 좀 넣어다오. 그것만이라도 가지고 가고 싶다"고 부탁했습니다. 그들은 그러마고 약속을 했습니다. 드디어 그가 죽고 장례식을 치렀습니다. 차를 타고 세 사람이 돌아오는 길에 서로서로 간증을 하게 됐습니다. "그 돈 10만 달러 다 넣었나?" 그러니까 목사가 하는 말이 "넣었지. 그게 어떤 돈인데 그걸 내가 가로채면 안되지. 단 십일조는 뗐지." 그러자 의사가 말합니다. "나는 지금 병원을 확장하는 중이라서 그 본인에게 허락을 받지는 못했지만 그 병원을 위해서 한 5만 달러 쓰는 걸 좋아하실 것같아서 반은 뗐네." 그 말을 듣던 변호사가 말합니다. "이 나쁜 사람들아 그게 어떤 약속인데 그걸 어기나? 몽땅 집어넣어야지. 난 몽땅 다 넣었다!" 두 사람이 놀라서 "정말 그랬냐?"고 하자, 변호사는 말하기를 "약속어음으로 넣었지" 하더랍니다.

관 속에다 약속어음을 넣었습니다! 결코 못가져갑니다. 그런 줄 아세요. 가져갈 길이 없습니다. 바로 이게 미련입니다. 조금만 생각을 해서 '이거 못가지고 간다'는 것만 알아도 세상이 달라질 텐데 바로 이 미련 때문에 이렇게 세상 살기가 어렵게 되는 것입니다. 여러분, 마음을 비우면 자유로워진다는 것을 왜 모르겠습니까? 그러나 어렵습니다. 겸손하면 행복하다는 것도 압니다. 그러나 힘듭니다. 자족하는 마음이 있으면 경건에 유익이 된다는 것 다 경험하고 있습니다. 그러나 못합니다. 이건 은사입니다. 하나님께서 주시는 복입니다. 하나님께서 복으로 여러분에게 은혜를 주실 때 복을 받기도 하고, 복을 알기도 하고, 복을 지키기도 하고, 복을 누릴 수 있는 것입니다. 하나님께서 주시는 은사입니다. 베트릭의 「오늘만은」이라는 아름다운 글을 소개하고 싶습니다.

'오늘만은 행복하고 싶다. 링컨은 대부분의 사람들은 자기가 행복해지려고 결심한 정도 만큼 행복하다고 했는데, 이 말은 진리다. 행복은 내부에서 온다. 그것은 외부의 사정이 아니다. 오늘만은 나 자신을 사물에 부응시키자. 사물을 내가 바라는대로 다루려고 하지 말자. 가족, 사업, 운을 그대로 받아들여 나를 그것에 부응시키자. 오늘만은 세 가지 방법으로 내 영혼을 운동시키자. 남모르게 좋은 일을 해보자. 수양을 위하여 적어도 두 가지는 내가 하고 싶지 않은 일을 하자. 오늘만은 유쾌하게 지내자. 될수있는대로 씩씩한 모습으로 살고 될수있는대로 어울리는 복장을 하고 조용하게 이야기하고 예의바르게 행동하고 마음껏 사람을 칭찬하자. 그리고 남을 비방하지 말고 꾀를 부리지 말고 남을 탓하거나 꾸짖지 않도록 하자. 오늘만은 30분 동안이라도 혼자 앉아 조용히 휴식하며 기도하는 시간을 갖자. 그동안 하나님께 대하여 생각하자. 내 인생에 대한 올바른 인식을 얻을 것같으니까. 오늘만은 두려워하지 않도록 하자. 특히 행복하게 되는 일, 아름다운 것들을 즐기는 일, 사랑하는 일, 내가 사랑하고 있는 사람들이 또 나를 사랑하고 있다고 믿고 두려워하지 않기로 하자.' △

한 부자 청년의 고민

어떤 사람이 주께 와서 가로되 선생님이여 내가 무슨 선한 일을 하여야 영생을 얻으리이까 예수께서 가라사대 어찌하여 선한 일을 내게 묻느냐 선한 이는 오직 한 분이시니라 네가 생명에 들어가려면 계명들을 지키라 가로되 어느 계명이오니이까 예수께서 가라사대 살인하지 말라, 간음하지 말라, 도적질하지 말라, 거짓 증거하지 말라, 네 부모를 공경하라, 네 이웃을 네 몸과 같이 사랑하라 하신 것이니라 그 청년이 가로되 이 모든 것을 내가 지키었사오니 아직도 무엇이 부족하니이까 예수께서 가라사대 네가 온전하고자 할진대 가서 네 소유를 팔아 가난한 자들을 주라 그리하면 하늘에서 보화가 네게 있으리라 그리고 와서 나를 좇으라 하시니 그 청년이 재물이 많으므로 이 말씀을 듣고 근심하며 가니라

(마태복음 19 : 16 - 22)

한 부자 청년의 고민

한 법과대학 졸업반에 재학중인 청년이 있었습니다. 그는 고학으로 공부를 하면서 학비를 조달하고 있었습니다. 어렵지만 근근이 졸업반까지 도달했습니다. 마지막 한 학기 남았는데 학비 조달이 좀 어려웠습니다. 학비가 떨어져서 고민하게 되었습니다. 그래서 휴학하고 돈을 벌어서 공부를 마칠까 생각도 해보고, 아니면 여기서 그만 중단해버리고 말까 하는 생각도 들었습니다. 그러나 그만두면 너무 억울하고 여기까지 온 것이 아쉬웠습니다. 그래서 이 한 학기만 어떻게 좀 빨리 끝냈으면 좋겠는데 학비가 문제였거든요. 그래서 본의가 아니지만 어쩔수없이 그는 다른 사람의 도움을 좀 얻어서 마지막 한 학기를 마치려고 생각을 했습니다. 그는 아는 사람들을 찾아가서 사정을 이야기하고 한 학기 남았는데 학비를 도와주시면 고맙겠다고 부탁을 합니다. 그러나 사정이 여의치 않았습니다. 그 누구도 선뜻 마지막 학기의 학비를 내주지 못하는 것이었습니다. 그는 마지막으로 교회를 찾아가서 한 성직자를 만나게 됩니다. 그리고 부탁을 했더니 그 성직자의 말씀이 "자네는 복이 참 많구먼. 방금 어떤 착한 교인이 선한 일에 쓰라고 하며 돈을 주고 갔네. 지금 여기 그 돈이 있는데 생각해보니 이것은 분명히 하나님께서 자네에게 주는 돈인 것 같네." 그러면서 돈을 세어보지도 않고 그냥 묶인 그대로 선뜻 내주는 것입니다.

그걸 받아 들고 정말 깊이 하나님께 감사하고 이 성직자에게 감사했습니다. 그래서 "감사합니다" 하고 돌아서려고 하는데 성직자가 묻습니다. "잠깐, 내가 한 가지 물어볼 게 있는데 대답을 하고 떠나게" 하면서 묻는 말씀이, "그 돈으로 뭘 할 것인가? 무엇에 쓸 것인가?" "아니, 무슨 말씀입니까? 학자금을 내야죠. 학교에 마지막 학기 학자금을 내겠습니다." 또 묻습니다. "그럼 그 다음은(After that)?" "그 다음은 열심히 공부해서 학교 졸업을 해야지요." "그 다음은?" "그래서 변호사가 되겠습니다." 그러자 또 묻습니다. "그 다음은 뭘 하겠는가?" "변호사가 되어 열심히 일하고 특별히 억울함을 당하는 사람들을 위해서 무료로 변호를 하고 사회 정의를 이루는 그런 정의파 변호사가 되려고 합니다." "그럼 그 다음엔?" 성직자는 엄숙한 음성으로 묻습니다. "그 다음은 돈을 좀 벌어야겠죠." "그 다음은?" "결혼을 해야겠죠." 성직자가 "그 다음은?" 하고 또 물을 때, 그는 이제 더는 대답을 할 수가 없었습니다. 그러자 성직자는 이렇게 말했습니다. "그 다음은 내가 대신 말하지. 그 다음은 자네도 죽어야 되네. 그 다음은 자네도 하나님의 심판대 앞에 서야 되네." 그러면서 다른 말씀이 없이 마지막 인사를 합니다. "가보게."

그가 그 돈을 가지고 교회 문을 나서는데 귓전에서 그 목소리가 떠나질 않습니다. 그 다음은? 그 다음은? 그 다음은? 그다음은? After that? After that? After that? After that? 이것이야말로 전부 진실한 것입니다. 이건 어느 사람의 예언도 아닙니다. 누구에게나 반드시 그렇게 될 것입니다. 그렇게 "그 다음"을 생각하다가 그는 그 돈을 교회에 도로 바치고 그 길로 수도사가 됐습니다. 한평생 나름대로 선하게 하나님 나라를 위해서 살았고, 그가 죽은 다음에 그 묘지 묘비에는 이렇게 씌어 있습니다. "After that?" 정말 깊은 깨달음을 주는 얘기입니다. 그는 평생 자기 서재 정문에도 그렇게 써놓았다고 합니다. '그 다음은? 그 다음은? 그 다음은?' 오늘도 그 묘비를 보는 사람마다 엄숙한 마음으로 한 번씩 자성을 합니다. "그 다음은?" 하며 자신에게 물어봅니다.

월트 로버츠(Walt Roberts)라고 하는 유명한 교수님이 쓴 책에 이런 글이 있습니다. "잊지 말라. 벽을 눕히면 다리가 된다." 금년에 번역되어 나온 책입니다. 그 책에서 저자는, 사람들은 벽에 부딪히지마는 그 벽이라는 것, 눕히면 다리가 된다, 그렇기 때문에 우리는 벽을 눕혀 다리를 건너 새로운 미래를 향하여 도약을 해야 한다고 충고하고 있습니다.

유명한 신학자 폴 틸리히가 상투적으로 많이 쓰는 용어가 있습니다. 그것이 바로 얼티메이트 컨선(Ultimate concern)이라고 하는 말입니다. 즉, '궁극적 관심'이라는 말입니다. 사람은 살면서 무엇보다 궁극적 관심에 관심을 가져야 합니다. 현실적 관심이 아닙니다. 과거에 얽매이는 관심도 아닙니다. '사람들이 나를 뭐라고 하느냐' 하는 체면 따위는 이제 훌훌 털어버려야 합니다. 그럴 거 없습니다. '궁극적 관심' 이것이 우리에게 있어야 하는 것입니다. 죄송합니다만, 쉰 살이 넘었으면 똑바로 들으세요. '궁극적 관심!' 세상이 어디로 가는지 물을 거 아닙니다. 내가 가야 할 길은 따로 있으니까요. 우리는 스스로에게 "그 다음, 그 다음"을 물어봅시다.

오늘 본문에 한 청년이 나타납니다. 이 청년은 요샛말로 하면 엘리트입니다. 귀족이었던 거같습니다. 이 청년과 예수님과의 만남. 이 사건이 공관복음인 마태, 마가, 누가복음에 다 기록이 되어 있는 것은 그만큼 이 사건이 중요했다는 얘기입니다. 예수님의 생애 속에 이 젊은이와의 만남이 상당히 중요한 의미를 가지고 오늘날 우리에게 말해주는 바가 있습니다. 이 사람은 태생이 좋았습니다. 요샛말로 DNA가 좋은 편입니다. 그리고 청년입니다. 고생을 모르고 자란 거같고, 게다가 우리가 흔히 좋아하는 것들을 다 가졌습니다. 부자였습니다. 돈이 많습니다. 아마도 자기가 번 것같진 않아요. 유산인 것같습니다. 공짜로 부자가 된 것입니다. 그런가하면 청년입니다. 뭐니뭐니해도 젊었다는 게 중요한 것입니다. 젊음이라고 하는 자산을 가졌어요. 그 다음에 관원이라고 되어 있습니다. 사회적 신분도 갖춘 사람입니다. 그것은 곧 기회를 말합니다. 이런 사람입니다. 요샛말로 하면 남부러울 것이 하나도 없는 그런 사람이었습니다.

그런데 그에게 고민이 있습니다. 궁극적 관심이 있었어요. 내가 부한들 얼마나 부하며, 내가 젊은들 항상 젊으냐? 이게 무슨 큰 의미가 있는가? 생각한 나머지 그는 고민을 합니다. 영생에 대한 고민을 합니다. 이 점에서 그는 훌륭한 사람입니다. 높이 평가할만한 사람인 것이지요. 젊은 사람이 영생을 생각했다, 이거 굉장한 것입니다. 저는 여기에 아주 점수를 많이 주고 싶어요. 똑똑하고 좋은 사람입니다. 젊은 사람들 종종 생각 없을 때가 많습니다. 방종할 때가 많아요. 자기가 항상 젊을 줄로 착각하는 사람도 많습니다. 그러나 이 사람은 젊음과 부와 명예 이런 걸 다 넘어서서 그 다음의 문제, 즉 영생의 문제에 적어도 고민을 할 줄 아는 사람인 것입니다. 궁극적 관심에 깊은 관심을 가지고 있었습니다. 생명 자체의 문제에 고민을 한 사람입니다. 그 다음, 그 다음, 그 다음…… 영생이 없는 현세에 낙이란 아무것도 아니라는 것을 알고 있을 만큼 똑똑한 사람이었습니다. 그만큼 쓸만한 사람이었습니다. 영생. 그것은 영원한 생명. 그 다음, 그 다음의 궁극적인 생명을 말할 뿐만 아니라 동시에 현재의 행복도 말합니다. 영생이 없는 현재의 행복 그게 무슨 의미가 있느냐? 여기까지 생각할 수 있는 엘리트였다는 말입니다. 마가복음 10장 17절에 보면 한 사람이 달려와 꿇어앉아서 물었다고 되어 있어요. 그렇게 묘사하고 있습니다. 예수님께 달려와서 무릎을 꿇고 여쭤본 것입니다. "어떻게 하면 영생을 얻겠습니까?" 이만큼 절절하게 영생에 대해서 생각한 사람이었습니다. 아주 괜찮은 청년이었습니다. 왜냐하면 예수님은 늘 만날 수가 없거든요. 정말 일생에 딱 한 번 있는 기회라고 생각해서 달려가서 무릎을 꿇고 이 젊은 사람이, 사회적으로도 지체가 있는 사람인데, 예수님 앞에 질문을 하는 것입니다. '어떻게 해야 영생을 얻겠습니까?'

예수님께서 그에게 세 가지를 말씀하십니다.

첫째, 물질에 대한 집념을 버려라, 그러니 있는 것을 다 팔아라 ― 그 무슨 말씀입니까? 물질에 대한 집착을 버리라, 그 물질이면 다 되는 줄 알고 살지 말라, 그런 거 아니라는 말씀입니다. 성경에 보면 이런 게 있지요? 예수님께서 계명들을 말씀하십니다. 살인하지 말라, 간음하지 말라, 네 이웃을 네 몸과 같이 사랑하라…… 이렇게 말씀하시는데, 이 사람의 대답에 문제가 있습니다. '그 계명들은 내가 어렸을 때부터 다 지켰습니다!' 그런데 그럴까요? 살인하지 말라, 간음하지 말라, 까지는 지켰는지 모르겠습니다. 그러나 "네 이웃을 네 몸과 같이 사랑하라." 이걸 지켰다고 얘기하니 이 사람이 정신 나간 사람 아닙니까? 누가 과연 이걸 지킬 수 있습니까? '어렸을 적부터 다 지켰습니다.' 여기에 이 사람이 스스로 속고 있는 것입니다. 문제가 있는 것입니다. 거기엔 심리학적으로 깊은 문제가 있어요. 왜 그렇게 생각했을까요? 부자이기 때문입니다. 사람이 부할 때는 명예도 있는 것처럼 착각을 하거든요. 그래서 옛날부터 부자는 양반인 척해요, 양반도 아니면서. 무식하면서도 유식한 척해요. 잘나지도 못하고 잘난 체해요. 잘난 거하고 부자하곤 다르거든요. 그러나 부자는 잘난 체하게 되어 있어요. 그러나 가난한 사람은 잘난 체할 수 없습니다. 어쩌면 비굴할 수밖에 없는 게 가난한 사람의 결정적인 처지가 아니겠습니까? 그런데 이 사람이 ‘어렸을 적부터 다 지켰습니다’라는 말을 하게 된 것은 부자였기 때문입니다. 이것은 스스로 속고 있는 것입니다.

그 다음 두 번째로 하신 말씀은 가난한 이웃에 관해서입니다. “다 팔아 가난한 자에게 주라.” 그런데 왜 그렇습니까? 이웃을 네 몸과 같이 사랑하라 했으니까 네 주변에 가난한 사람이 있어, 네 주변에 굶는 사람이 있어, 그렇고는 네가 행복할 수 없지…… 하는 것입니다. 사실입니다. 여러분, 사랑하는 사람이 어디선가 고난을 당한다고 합시다. 그대로 두겠습니까? 내가 어떤 처녀를 압니다. 고학을 하는, 아주 어렵게 고학을 하며 사는 남자와 연예를 하게 됐어요. 그 애인이 지금 고생을 해요, 서울에서. 그래서 그 여자는 겨울에 아무리 추워도 온돌방에서 자질 않아요. 차디찬 마룻방에서 자요. 왜요? 자기 애인은 저렇게 고생을 하는데 자기가 온돌방 따뜻한 데서는 잠이 오질 않기 때문이라는 것입니다. 요즘은 그런 사람 없을 것입니다. 하지만 적어도 이것이 인지상정 아니겠어요? 생각해 보세요. 주변에 굶는 사람이 있어요. 당시에는 더더욱 그랬습니다. 비참하게 굶는 사람이 있어요. 많이 고난당하는 사람을 보면서 오늘도 여기 나온 것입니다. 그런데 어떻게 내 마음에 평안이 있길 바랄 수 있습니까? 어떻게 영생을 구하고 있습니까? 그래서 예수님 말씀하십니다. 네가, 우리가 물질에 대한 집착도 버리고 교만도 버리고 저 이웃을 돌보는 마음으로 마음을 바꾸라, 그다음에 나를 좇으라, 그래야 주님을 만나고 주님의 음성을 듣고 주의 교훈을 바로 받게 될 것이다…… 하신 것입니다.

마태복음 16장에 "자기를 부인하고 자기 십자가를 지고 그리고 나를 좇으라" 하십니다. 삼 단계를 말씀하십니다. 오늘도 마찬가지입니다. '다 팔아서 가난한 자에게 주고 그 다음에 나를 좇으라.' 그래서 이렇게 말씀하십니다. 그 말씀 속에 깊은 의미가 있습니다. 이 청년은 싼값에 영생을 구했습니다. 세상에 부귀영화 다 가지고 젊음도 있고, 플러스 알파(Plus Alpha)로 영생을 생각한 것입니다. 버리는 건 없고 거기에 더 얻는 영생, 추가적 영생을 구했어요. 하지만 "그것은 안돼! 버리는 것이 없이는 얻을 것이 없다!" 이것이 주님의 말씀입니다. 그래서 이렇게 말씀하신 것입니다. 자기 부정이 있고야 영생을 알 수도 있고 영생에 들어갈 수도 있습니다. 그래서 예수님께서 니고데모에게 말씀하십니다. '중생하지 아니하면 하늘나라를 볼 수도 없다. 하늘나라에 들어갈 수도 없다.' 중생이 뭡니까? 그것은 완전한 자기 부정이 있고야 주님을 만날 수 있다는 뜻입니다.

자 그런데, 여기 슬픈 이야기가 있습니다. 이 청년이 이 말을 듣고 '예, 그러겠습니다' 했다면 얼마나 좋겠어요? 그러나 그러지 못했습니다. 그처럼 영생을 중요하게 여기고 영생을 생각하고 영생을 위하여 여기까지 왔는데, 그는 궁극적 관심은 있었으나 궁극적 관심을 위하여 자기 포기를 못했던 것입니다. 그래서 누가복음 18장 23절에 보면 '심히 고민하며 돌아갔다' 합니다. 마가복음 10장 22절에서는 '슬픈 기색으로 돌아갔다' 했고 마태복음 19장에서는 '근심하며 돌아가니라' 했습니다. 세 복음서 모두 다 이렇게 말씀하고 있습니다. 영생을 위하여 왔다가 영생에 대한 말씀은 들었으나 영생을 얻지 못하고 돌아갑니다. 왜? 왜 그랬느냐고요? 성경은 간단하게 한마디로 원인분석을 했습니다. "재물이 많으므로……" 이 사람이 재물이 많기 때문에 그랬다는 것입니다.

죄송한 말씀이지만, 가난한 사람은 예수믿기가 쉽습니다. 내가 어느 섬에 한번 가보니까 그 섬에는 도대체가 자랑거리가 무엇이냐면 '우리는 문빗장이 없다'는 것이랍니다. 모든 문을 다 열어놓고 다닌다는 것입니다. 만일에 문을 잠그든가 하면 동네에서 소외당한대요. 나쁜 사람이라고 한대요. 왜요? 왜 그럴 거같아요? 가져갈 게 없거든요. 들어가봐야 아무것도 없거든요. 뿐만아니라 동네가 작아서 여기서 없어진 숟가락이 저기에 있거든요. 그게 다 뻔할 텐데 누가 감히 어디서? 그렇지 않겠습니까? 그래서 마을에서 자랑하더라고요. '우리는 문빗장이 없습니다.' 하지만 사실대로 말하면 그거야 아무것도 없으니까 그렇지요. 그러나 여기엔 아주 중요한 상징적 의미가 있어요. 역시 가난한 자가 예수믿기가 좋아요. 죄송하지만, 병든 자가 예수믿기가 쉬워요. 병든 자가 기도하기가 쉬워요. 감옥에 있는 자가 성경읽기가 좋아요. 할일이 없잖아요. 여러분, 재물이 많으므로 걱정도 많아요. 재물이 많으므로 교만해집니다. 재물이 많으므로 머리가 복잡해요. 아니, 재물이 많으므로 영생에 대한 말씀을 듣고도 영생을 얻지 못했어요. 원인은 오직 하나입니다.

오늘 이 세계가 다 들끓고 있습니다. 온세계가 경제 문제로 지금 이렇게 혼란스러워합니다. 하나님께서는 지금 뭘 말씀하고 계십니까? 이 사건을 통해서요. "재물이 많으므로" 그러십니다. 요새도 보니 어렵기야 다 어렵지마는 특별히 말못할 사정 가진 사람들이 더 어렵습니다. 남편 몰래 펀드 가입했다가…… 아내도 모르게 증권 했다가…… 나하고도 가까운 사람인데 (저도 그 사람 그렇게 돈있는 줄 몰랐어요.) 요새 얼굴이 죽어가더라고요. 그래서 왜 그러냐고 물으니까, "이거 누구도 모르는 돈인데 목사님만 아세요." 그래서 "아, 나만 알게" 했지요. 그런데 이 사람 엄청 많이 가지고 있었더라고요. 쓰지도 않고 먹지도 않고 모았다는데 그만 홀랑 날렸더라고요. 그래서 내가 "이 불쌍한 사람아!" 했습니다. 요새는요, 다같이 어려워서 특별히 말할 거 없습니다마는, 그래도 펀드 잘못된 사람들 보면…… 그래서 돈없는 사람들이 요새 제일 자유롭습니다. 어떤 못된 사람들은 요새 고소하게 생각하기도 합니다. 여러분, 아예 머리가 발바닥까지 닿도록 내려앉았는데 더 내려갈 게 뭐 있습니까? 그저 요새와서 옛날 어렸을 때 듣던 얘기가 생각이 납니다. 안빈낙도(安貧樂道), 안빈낙도…… 가난한 사람이 평안하다…… 바로 그 작품 하나 만들기 위하여 지금 하나님께서 내려치고 계십니다. 이웃을 생각하라, 재물에 대한 집착을 버려라, 그 우상 다 때려부숴라, 영생을 생각하라…… 하시는 것입니다.

오늘 본문에서 "재물이 많으므로 근심하며 돌아가니라" 하는 말씀을 생각하면 참 안됐어요. 그런데 이건 쓸데없는 걱정이었어요. 마가복음 10장 29, 30절 말씀입니다. 자세히 들으세요. "예수께서 가라사대 내가 진실로 너희에게 이르노니 나와 및 복음을 위하여 집이나 형제나 자매나 어미나 아비나 자식이나 전토를 버린 자는 금세에 있어서 집과 형제와 자매와 모친과 자식과 전토를 백배나 받되 핍박을 겸하여 받고 내세에 영생을 받지 못할 자가 없느니라." 자기 부정을 하면 현세에서도 백배나 받는다고 했습니다. 그래서 이 젊은 관원은 잘못한 것입니다. 이 말씀에 의해서 이렇게 한번 내 나름대로 추리해봅니다. 이 사람이 주님의 말씀을 듣고 "예 그렇게 하겠습니다. 당장 다 팔아치우고 예수님 따르겠습니다"라고 했더라면 예수님께서 뭐라고 하셨을까요? 그냥 제 생각입니다만, 예수님께서 "그만둬라, 괜찮다." 그러셨을 것같아요. 여러분, 우리 마음속에 있는 이 황금 우상, 확 헐어버려야 합니다. 그냥 이번 기회에 그냥 깨끗하게 털어버리고 다시 시작합시다. 영생 지향적 현재적 가치관을 가지고 삽시다! △

너는 복의 근원이 될지라

여호와께서 아브람에게 이르시되 너는 너의 본토 친
척 아비집을 떠나 내가 네게 지시할 땅으로 가라 내가 너
로 큰 민족을 이루고 네게 복을 주어 네 이름을 창대케
하리니 너는 복의 근원이 될지라 너를 축복하는 자에게
는 내가 복을 내리고 너를 저주하는 자에게는 내가 저주
하리니 땅의 모든 족속이 너를 인하여 복을 얻을 것이니
라 하신지라 이에 아브람이 여호와의 말씀을 좇아 갔고
롯도 그와 함께 갔으며 아브람이 하란을 떠날 때에 그 나
이 칠십 오세였더라 아브람이 그 아내 사래와 조카 롯과
하란에서 모은 모든 소유와 얻은 사람들을 이끌고 가나
안 땅으로 가려고 떠나서 마침내 가나안 땅에 들어갔더
라 아브람이 그 땅을 통과하여 세겜 땅 모레 상수리나무
에 이르니 그 때에 가나안 사람이 그 땅에 거하였더라 여
호와께서 아브람에게 나타나 가라사대 내가 이 땅을 네
자손에게 주리라 하신지라 그가 자기에게 나타나신 여
호와를 위하여 그곳에 단을 쌓고 거기서 벧엘 동편 산으
로 옮겨 장막을 치니 서는 벧엘이요 동은 아이라 그가 그
곳에서 여호와를 위하여 단을 쌓고 여호와의 이름을 부
르더니 점점 남방으로 옮겨 갔더라

(창세기 12 : 1 - 9)

너는 복의 근원이 될지라

또다시 명절이 되었습니다. 어린아이들은 한 살 더 먹었다고 좋아하지만, 우리 어른들은 명절 됐다고 좋아하는 사람 아무도 없습니다. 그만큼 또 늙었으니까 말입니다. 요새 젊은이들이 집안어른들을 만나서 세배하고 덕담을 나누는 것을 두려워하고 기피한다고 합니다. 왜 그럴까요? 덕담에 비상 걸렸습니다. 이제 젊은이들에게 무엇이라 말해야 할지 덕담이 궁색하기만 합니다. 젊은이들이 어른들로부터 "너 언제 결혼하냐?"하는 이 말처럼 듣기 싫은 말이 없다고 합니다. (누군 하고 싶지 않나, 안돼서 못한 것이지……) 또 "너 언제 취직하니?"하는 말처럼 무서운 질문이 없습니다. 아이들에게도 "너 공부 잘하니?" 하는데 이거 욕입니다. 또 어떤 때에는 "너 얼굴 좋아졌다" 하는데 이건 모독입니다. 심지어는 "요새 건강하니?"하는 식의 질문형 덕담들, 이거 문제 있습니다. 이와 관련해 생각해볼 때, 요즘 「질문 경영학」이라는 책이 떠오릅니다. 한번쯤 읽어 볼만한 교양서적입니다. 누구에게 한마디를 묻는 것, 그 질문 한마디가 사람을 살리기도 죽이기도 합니다. 요새 자칫 덕담이라고 하면서 많은 사람을 죽입니다. 그래서 요즘 젊은사람들이 어른들 만나는 것을 싫어합니다. 가능하면 안만나려고 합니다. 나름대로 충분한 이유가 있는 것입니다. 리더십 네트워크(Leadership Network)의 창업자인 밥 버포드의 아주 유명한 베스트셀러 작품이 하나 있습니다. 「하프타임(Half Time)」이라는 책입니다. 지금 여러분의 나이가 얼마이든지 한 번쯤은 생각해 보아야 할 주제를 다루고 있습니다. 사람의 일생에는 언제나 전반전이 있고 후반전이 있습니다. 전반전은 승리를 추구했다면 후반전은 의미를 추구해야 합니다. 그래서 전략상 작전타임이 필요합니다. 운동경기를 보면 경기 도중 작전타임을 부르는 것을 볼 수 있습니다. 마찬가지로 우리 인생에도 그런 작전타임이 필요합니다. 이 작전타임 동안에 무엇을 생각해야 할까요? 첫째, 내가 정말 잘할 수 있는 일이 무엇인가? 전반전의 인생을 여기까지 살아오면서 무엇을 이루었고 무엇을 얻었나? 무엇을 익혔나? 무엇에 익숙해졌나? 그리고 인생에서 해오던 일 중에 잘하는 것, 하던 중에도 제일 잘 하는 것, 후반전에는 그것을 잡아야 합니다. 사람이 나이 35세가 넘어서도 여전히 새로운 것, 새로운 것, 한다면 그 인생은 다 망가진 것입니다. 이제는 할 수 있는 일이 무엇인지 결정이 되었습니다. 그만한 것쯤은 알 때가 되었습니다. 내가 잘할 수 있는 일이 무엇인가? 하는 그것만을 부여잡고 후반전을 나가야 합니다.

둘째는, 내가 하고 싶은 일이 무엇인가? 현실 속에서 나의 이상이 무엇인가? 하는 것을 생각하고 찾아야 합니다. 아이디얼(Ideal, 이상)이 무엇인가? 인생에서 꼭 하고 싶은 일도 이쯤엔 알 때가 되었습니다. 인생에서 하고 싶은 것을 다 하지는 못합니다. 하고 싶다고 다 하는 것도 아닙니다. 인생의 후반전에는 하고 싶은 일을 축소해야 합니다. 전반전에는 이것저것 하고 싶었지만, 후반전에 이른 지금은 아닙니다. 지금은 이것, 하고 싶은 일이 무엇인지, 후반전을 시작하는 바로 이 시점에서 결정을 해야 합니다. 아직도 허황된 마음으로 허우적거려서는 안됩니다. 하고 싶은 일 중에서도 내게 정말 중요한 일이 무엇일까를 생각해야 합니다.

셋째로, 가장 중요한 것이 남았습니다. 이것은 꼭 해야 합니다.

다른 것은 다 내버려둬도 좋고, 다른 것은 다 실패로 끝나도 좋지만 이것만은 꼭 성공해야 됩니다. 이것은 잃어서는 안됩니다. 그것은 가장 중요한 질문입니다. 마지막에 어떤 사람으로 기억될까? 내가 이 세상을 떠날 때에 발자취가 어떻게 남을까? 다른 사람들 속에 어떤 사람으로 기억될까? 하는 질문입니다. 인생의 후반전에 이르러서는 이걸 생각해야 합니다. 과연 내가 완벽했다면, 내가 하고 싶은 일을 다 했다면, 그 끝에 '어떤 모습으로 왔다갔을까?'를 생각해 보아야 됩니다.

미국 사상가 에머슨(Emerson)의 '행복'이라는 시가 있는데, 그 시에서 그걸 아주 간단명료하게 말해줍니다. 행복이란 자주 웃는 것입니다. 웃을 일이 있건 없건 웃으면 행복한 것입니다. 웃는 만큼 행복합니다. 두 번째는 현명한 이에게 존경을 받는 것입니다. 내가 존경하는 분으로부터 인정을 받고, 현명한 분으로부터 존경을 받는 것입니다. 이 또한 실제적인 이야기입니다. 아이들로부터 사랑을 받아야 합니다. 내가 한평생 사랑해서 키우고 애써온 저 아이들, 아들, 딸, 손자, 손녀로부터 사랑을 받아야 합니다. 만약 못받고 있다면, 인생은 실패한 것입니다. 성공은 여기에 있습니다. 아이들로부터 사랑을 받아야 합니다.

또한, 끝까지 아름다운 것을 식별해야 합니다. 내 눈에 항상 아름다운 것이 보여야 합니다. 그리고 또 하나 있습니다. 다른 사람에게서 최선을 발견하는 것입니다. 다른 사람의 허물이 보이는 것이 아니라 다른 사람의 장점이 보이는 것입니다. 내 주변 모든 사람들 속에 있는 장점, 훌륭한 점이 자꾸만 보여야 됩니다. 이것을 반대로 얘기해 보면 자꾸만 나쁜 것만 보이는 것입니다. '이 세상은 왜 이 모양이지?'라고 생각된다면 그 사람은 실패한 사람이요, 불행한 사람입니다. 행복한 사람은 타인의 최선, 아름다운 일 등 이런 장점들이 자꾸 보여서 세상이 아름답게 보이게 마련입니다. 에머슨 시의 마지막 말이 우리 마음을 뜨겁게 합니다. 자신이 한때 이곳에 살아서 단한 사람이라도 나로 인하여 행복해지는 것을 보는 것, 그것이 행복입니다. 내가 여기 살았음으로 인해, 나 때문에 행복해진 사람, 나 때문에 죽음을 이긴 사람, 나 때문에 구원받은 사람, 나 때문에 용기를 얻은 사람, 나 때문에 행복해진 사람, 그 한 사람이라도 내가 볼 수 있을 때 나는 행복한 것입니다.

작가 이외수 씨의 「하악하악」이라고 하는 아주 특별한 베스트셀러가 있습니다. 그 속에 이런 말이 있습니다. '그대가 부모로부터 물려받은 것도 없고, 하늘로부터 물려받은 것도 없는 자라면 그대의 인생은 당연히 비포장 도로처럼 울퉁불퉁할 수밖에 없다. 그리고 수많은 장애물 들을 만나게 될 수밖에 없다. 그러나 두려워하지 말라. 하나의 장애물은 나의 경험이며, 하나의 경험은 하나의 지혜이다. 명심하라. 모든 성공은 언제나 장애물 뒤에서 그대가 오기를 기다리고 있다.' 여러분, 우리는 인생에 장애물이 없었으면 하고 바라지만 성공은 항상 장애물 뒤에 있고 행복은 많은 고통 뒤에 숨어 있습니다. 이걸 잊지 말아야 합니다. 성경을 읽으면서 제가 설날을 앞두고 생각을 해보았습니다. 성경에 나온 모든 사람 중에 복된 사람이 누구일까? 누가 복을 받았나? 아무리 보아도 일생에 우리가 생각할 만큼 복받은 사람이 없더라구요. 다윗도 말년이 그렇고, 솔로몬 왕의 부귀영화도 끝에는 별로였습니다. 아무리 생각해 보아도 복 받은 사람이 없어요. 구약으로 돌아가서 볼 때 제1호 복의 근원은 역시 아브라함입니다. "너는 복의 근원이 될지라." 복의 뿌리가 되는 원초적인 복의 대표자 아브라함을 생각해봅니다. 아브라함이 그렇게 복된 사람이었던가요? 사실 그는 발붙일 만큼의 땅도 얻지 못했습니다. 부동산적 가치를 기준으로 하면 이 사람은 실패자입니다. 땅이 없으니까요. 발붙일 만큼도 자기 땅이 없이 나그네로 배회하다가 갔습니다. 그러나 이런 점에서 다시 보면 사람이 꼭 부동산을 가져야 복된 것은 아닙니다. 아브라함은 발붙일 만큼도 땅을 얻지 못하고 살았으나 복의 근원이 됐습니다. 그리고 복의 길을 열었고 복이 무엇인지 말해 주었고 모든 사람에게 복을 물려주고 있습니다. 아브라함의 복이 무엇입니까? 딱 한마디로 말하라고 하면 믿음입니다. 오직 믿음! 그는 하나님을 믿었습니다. 그리고 특별히 그는 하나님의 음성을 듣는 사람이었어요. 하나님의 음성이 들려지는 인격이었어요. 그는 시시때때로 하나님의 말씀을 들었어요. 여러분, 하나님의 말씀이 들려진다는 것, 그것이 복입니다.

참 미안한 얘기이지만 제가 설교를 하면서 하나님께서 제게 좋은 눈을 주셨어요. 설교하면서 저 뒤쪽에 졸고 있는 것도 다 보이거든요. 그런데 저는 그렇게 생각합니다. 이 새벽 7시 30분, 얼마나 귀중한 시간입니까? 이게 보통 열심이 아니지요. 특별한 열심인데, 주일아침 7시 30분에 나와서 졸고 있는 사람, 이 사람을 어떻게 봐야 합니까? 구제불능입니다. 이 귀중한 시간에 여기까지 나와서 졸고 간다, 하나님의 말씀을 못듣고 간다, 세상에 이런 불행한 사람이 어디 있어요? 차라리 못나왔다면 그렇다 치겠는데, 일껏 여기까지 나와서 찬송 부르고, 기도하고, 다 준비한 후에 결국 졸다간다면 이건 무엇입니까? 그게 바로 불행이라는 것입니다.

행복이란 무엇입니까? 하나님의 말씀이 들리는 것입니다. 기도 중에 들리고 성경 읽을 때 들리고 설교 들을 때 들리고 세상에 나아가 살면서도 여기저기 사건에 부딪힐 때마다 하나님의 음성이 들려옵니다. 아브라함은 그런 사람이었습니다. 길을 떠날 때 길을 가는 중에, 전쟁에 나갈 때 전쟁에서 돌아올 때, 자식을 출가시키려 할 때…… 모든 사건 사건마다 계속 하나님의 음성을 들었습니다. 그 자체가 복이요, 그는 또한 그렇게 들리는 하나님의 말씀을 믿었습니다. 철저히 믿었어요. 바로 그 믿음이 복입니다. 그리고 그는 믿기만 한 것이 아니고 순종했습니다. 믿고 순종했습니다. 이것이 아브라함입니다. 아브라함의 믿음을 정리하고자 하면 창세기 22장을 보면 됩니다. 하나님께서 말씀하십니다. 그러나 떠나라는 말씀 외에는 아무것도 더 얘기하지 않으십니다. 어디로 가라시거나, 일정표나 방향도 없습니다. 단지, 고향을 떠나라는 말씀뿐이었습니다. 아브라함은 "떠나라"고 하셨을 때 떠났습니다. 성경은 분명히 말씀합니다. '갈 곳을 알지 못하고 떠났다'고 했습니다.

'고향과 친척을 떠나라.' 고향은 이지 웨이(Easy Way), 쉬운 길, 그래서 편안한 것, 익숙한 것입니다. 그래서 고향이 좋은 것이지요. 요즘도 많은 사람들이 고향을 찾아갑니다만, 고향이 왜 좋습니까? 고향은, 한마디로 말하면 마치 어머니의 가슴과도 같습니다. 내가 살던 곳, 내가 어렸을 적 놀던 곳, 그래서 그 동네만 들어서도 행복합니다. 그런데 하나님께서는 이처럼 익숙한 곳, 날 알아주는 곳, 날 반겨 주는 곳, 아주 편안한 곳, 그곳에 살다 그곳에서 죽고 싶은 그 고향을 떠나라 하십니다. 여러분, 심각한 말씀을 드리자면, 고향에 머물러서 성공한 사람 없습니다. 떠나야 됩니다. 그 익숙한 곳을 떠나야 합니다. 자의든 타의든 고향을 떠나야 합니다. 그것에 연연하면 성공은 없는 것입니다. 아브라함에게 말씀하십니다. '고향을 떠나라.' 그러자 '네' 하고는 바로 떠납니다. 갈 곳을 알지 못하고 떠납니다. 떠난 후 길을 가는 도중에 하나님께서 말씀하십니다. "이 땅을 너와 네 후손에게 주마." 이것이 하나님이십니다. 먼저 우리가 떠난 다음에 하나님께서 말씀하십니다. 먼저 떠난 다음에 알게 하셨습니다. 창세기 17장에 보면 하나님께서 아브라함에게 말씀하십니다. '너는 내 앞에서 완전하라. 그리고 내년 이때에 아들을 낳으리라.' 그때 그의 나이 99세였습니다. 그의 아내 사라도 89세였습니다. 단산한 지 이미 오래되었어요. 성경은 이렇게 말씀합니다. "죽은 자와 방불한 가운데……" 이것은 생리적으로는 죽은 것입니다. 죽은 자와 방불한 바로 이 사람에게 내년에 아들을 낳으리라고 말씀하시는데 대체 이것을 어떻게 믿습니까? 그러나 아브라함은 믿었습니다. 그 믿음이 대단한 것입니다. 나의 허물과, 나의 부족함과, 나의 나약함을 알면서도 믿었습니다.

그런데 그뿐만 아니라 아브라함은 실수가 많았습니다. 아브라함은 25년 동안 특히 15년 동안은 실수가 많았습니다. 아들을 얻고자 하다가 아들이 생기지 않으니까 14년 전에 이스마엘을 낳았습니다. 이것은 불법입니다. 외도입니다. 휘청한 것입니다. 아브라함은 자신에게 많은 실수가 있어서 부끄러웠습니다. 하나님 말씀을 받아들이기에 부끄러웠습니다. 그래도 "내년에 낳으리라" 하실 때에 아브라함은 모든 어두운 과거, 부끄러움과 허물을 불식하고, 깨끗한 마음으로 다시 그 아내 사라를 사랑합니다. 그리고 그 사라를 통해 아들을 얻게 된 것입니다. 굉장한 믿음입니다. 죽은 자와 방불한 가운데서 다시 생명을 얻는 그러한 믿음의 사람입니다. 좀더 나아가 22장에서 보면 참 놀라운 일이 기록되어 있습니다. 그렇게 힘들게 100세에 얻은 아들을 하나님께서 바치라고 하십니다. 모리아 산에 가서 제물로 바치라고 하십니다. 그 사건을 놓고 이스라엘 사람들의 글을 보면, 아브라함이 큰 걱정을 했다고 합니다. '하나님, 약속이 틀립니다. 저 아들을 통해서 하늘의 별처럼, 바다의 모래처럼 많은 자손을 주신다고 약속하셨는데, 이제 죽이라 하니 무슨 말씀입니까? 하나님, 하나님께서는 어떠한 일에도 사람의 피를 제물로 요구하시는 법이 없는데 어찌하여 살인을 하라 하십니까? 그것도 자식을 죽이라 하십니까?' 얼마든지 할 말이 많을 수 있지만, 그는 고민 고민하다 결단을 내립니다. '하나님이 주신 자식 하나님께 바치겠습니다!' 그때, 하나님께서 말씀하십니다. '이제야 네가 나를 사랑하는 줄 알았다.' 그리고 거기에서 메시야의 조상이 될 것을 말씀하십니다. 정말로 복의 근원이 된 것입니다. 아브라함의 그 믿음, 아주 귀한 믿음입니다. 아브라함은 그런 형편에서도 하나님을 선택했습니다. 하나님을 믿었습니다. 이것을 부활신앙이라고 성경은 말씀합니다.

또한 아브라함의 믿음은 약속을 따라 살며, 성취를 누린 믿음입니다. 약속만 받고 산 것이 아니고, 약속과 성취의 관점에서 보면 아브라함은 모범생입니다. 마르틴 루터의 한 책에서 사람을 4가지 유형으로 구분하고 있습니다. 첫째, 어쩔수없이 사는 사람, 둘째, 보상받기 위해 사는 사람, 즉 율법주의적인 사람, 셋째, 자기를 완벽한 존재로 생각하고 자기를 과시하며 자기 자랑하며 사는 사람입니다. 그런데 그건 허상입니다. 네 번째 사람은 하나님의 말씀을 믿고 평안하며, 앞에 있는 약속을 믿고 살고, 현재는 약속의 성취로 알고 살고, 어떤 때에는 약속의 성취 과정으로 생각하고 살고, 약속과 성취를 다 같이 누리며, 감사하고 평안하게 사는 사람입니다. 이것이 바로 믿음의 사람이라고 말합니다. 여러분, 아브라함은 참으로 위대합니다. 세계 3대 종교인 기독교, 유대교, 무슬림, 이 3대 종교가 모두 아브라함을 최고로 생각합니다. 그는 높이 존경을 받는 분입니다. 그는 복의 근원입니다. 이 모든 게 바로 그의 믿음 때문입니다. '아브라함이 하나님을 믿으매 그를 의롭게 여기셨다.' 저스티피케이션(Justification), 곧 의롭다 하심을 얻는 높은 믿음을 그는 가졌습니다. 그 믿음이 무엇입니까? 이를 통해서 우리에게 구원을 약속하십니다. 그는 믿음의 조상입니다. 그래서 복의 근원이 됩니다. 여러분, 여러분은 무엇을 복이라 생각하십니까? 하나님께서 여러분에게 믿음을 주셨는데, 여러분은 자식에게 무엇을 물려주고 싶습니까? 무슨 유산을 남기고 싶습니까? 오직 믿음을 남겨야 하지 않겠습니까? 저는 부모로부터 아무것도 받아갖고 나오지 않았습니다. 피란 나올 때 오직 손에 성경책 한 권 있었습니다. 오직 믿음, 소중한 믿음을 유산으로 주셔서, 저는 누구보다도 복되게 살아왔고 살고 있습니다. 그래서 저는 믿음을 물려주신 우리 부모님과, 할아버지, 할머니께 높은 존경을 보냅니다. 여러분, 믿음을 가질 뿐만 아니라 믿음을 물려주는 믿음의 조상, 복의 근원이 되시길 바랍니다. △

하나님의 사랑의 확증

우리가 아직 연약할 때에 기약대로 그리스도께서 경건치 않은 자를 위하여 죽으셨도다 의인을 위하여 죽는 자가 쉽지 않고 선인을 위하여 용감히 죽는 자가 혹 있거니와 우리가 아직 죄인 되었을 때에 그리스도께서 우리를 위하여 죽으심으로 하나님께서 우리에게 대한 자기의 사랑을 확증하셨느니라 그러면 이제 우리가 그 피를 인하여 의롭다하심을 얻었은즉 더욱 그로 말미암아 진노하심에서 구원을 얻을 것이니 곧 우리가 원수 되었을 때에 그 아들의 죽으심으로 말미암아 하나님으로 더불어 화목되었은즉 화목된 자로서는 더욱 그의 살으심을 인하여 구원을 얻을 것이니라 이뿐 아니라 이제 우리로 화목을 얻게 하신 우리 주 예수 그리스도로 말미암아 하나님 안에서 또한 즐거워하느니라

(로마서 5 : 6 - 11)

하나님의 사랑의 확증

중국 고사에 나오는 이야기입니다. 한 작은 물고기가 이리저리 헤엄치고 다니다가 많은 물고기들이 모여 있는 것을 보고 가까이 가서 무슨 얘기를 하나 들어보았답니다. 그랬더니 얘기의 주제는 물이었습니다. 우리는 물이 없인 못산다, 그런데 물이 점점 없어지고 있다, 물은 귀한 것이다, 물은 생명이다…… 이런 얘기였습니다. 물에 대한 일장 연설을 듣자 작은 물고기는 초조해졌습니다. '물이 어디에 있지? 물을 찾아야겠다. 아, 물이 중요하다고 했지?' 하면서 그는 호수 곳곳을 물을 찾아 헤맸습니다. 여기 가서 찾고 저기 가서 찾다가 나이많은 물고기를 만나 물어보았습니다. "어디 가면 물을 만나겠습니까?" 그랬더니 나이많은 물고기가 껄껄 웃으면서 말하기를 "물이라고? 벌써 우린 물속에 살고 있지 않아? 우리가 이미 물속에 살고 있어. 물이 없으면 벌써 죽었을 게야. 살아 있다는 것은 물이 있다는 것을 의미하는 거야" 하는 것입니다. 그 말을 들은 작은 물고기는 깊은 진리를 깨달았답니다.

제가 목회하는 가운데 직접 경험한 이야기가 하나 있습니다. 제게는 너무 소중한 경험이기 때문에 종종 다시 생각해보곤 합니다. 제가 안양교도소에 자주 가서 설교할 일이 있었고, 세례도 여러 번 베풀었습니다. 또한 그 안양교도소 스피커에서는 매일 제 설교가 방송되고 있었습니다. 하루는 그곳에서 출소한 한 청년이 제 사무실에 찾아오더니 말합니다. "목사님이 교도소에 와서 설교할 때 제가 설교를 듣고 예수를 믿었고, 매일 아침 목사님의 설교가 스피커에서 나오는 것을 들으면서 제가 크게 은혜도 받았고, 깨달은 바도 많습니다. 그리고 제가 이렇게 만기가 되어 출소했는데, 새롭게 살려고 결심을 했습니다. 더더욱 중요한 것은 목사님이 와서 세례 베풀 때, 제가 목사님으로부터 세례받았습니다. 그러니 직장을 좀 소개해주세요.” 그런데 그 청년은 전과 7범이었습니다. 자, 내가 그 청년이 누구인지도 알지 못하는데 어떻게 직장을 소개할 수 있겠습니까? 그래서 우물쭈물하면서 궁색하게 이렇게 얘기했습니다. “글쎄, 나는 목사지 직업소개소가 아닌데. 내가 직장을 어떻게 누구에게 소개할 수 있겠나? 또, 내가 자네를 충분히 알고 있지 못하잖아.” 이런 말 저런 말을 했더니, 이 청년이 벌떡 일어서면서 “내 그럴 줄 알았다구요. 사랑, 사랑, 하는 말 다 거짓말이에요. 목사님이 ‘사랑, 사랑’ 하고 외쳤는데 그거 다 거짓말입니다. 내가 그럴 줄 알았지요……” 하는 게 아닙니까. 그 말을 들으니 할말이 없었습니다. 그러니 이거 어떻게 하면 좋겠어요?

그러자 이 청년이 또 한마디 합니다. “제가 세상에 태어났을 때 우리 어머니가 저를 강보에 싸서 고아원 문앞에 내다버렸답니다. 그래서 저는 아버지도 어머니도 모르고 고아원에서 살았습니다. 그 후 14살 때 고아원 담장을 넘어서 도망해 거리에서 살았고, 그렇게 거리의 청년이 되면서 전과 7범이 되었습니다. 자, 사랑이 어디 있단 말이에요? 어머니가 자식을 버리는 세상에 사랑이 어디 있단 말입니까? 내가 그 증인입니다. 사랑은 없어요.” 이렇게 소리를 지르는데 정말 견디기 어려웠습니다. 그때 하나님께서 내게 다른 지혜를 주셨어요. 그래서 “이 사람아 거기 좀 앉아. 부탁이니 좀 앉아봐.” 그렇게 청년을 앉혀놓고 얘기를 시작했습니다. “내 하나 물어보자. 너

고아원에서 자랐다며? 고아원에서 자랄 때, 네가 스스로 우유 타먹었냐? 네가 스스로 기저귀 갈아찼냐? 네가 기억할 수 있는 것은 적어도 네 살 이후의 일이지, 그 전의 이야기는 모르고 있잖아? 네가 기억 못하는 어린 시절에 너와는 아무 상관도 없는 사람이 너를 먹여 키웠다는 말이지. 그러니 이거 잊지 마라! 다른 사람들은 자기 자식이니까, 자기 자식 자기가 키우는 거니까 의무적으로라도 키우고 돌보았다고 하자. 그러나 너는 아니야. 너와는 피 한방울도 섞이지 않은 전혀 관계가 없는 사람들이 너를 돌보았어. 그래서 이만큼 크지 않았냐? 네가 언제 농사 한번 해봤냐? 언제 돈 한번 제대로 벌어봤냐? 그런데도 이만큼까지 먹고살고 컸지 않느냐. 그건 사랑이 아니냐?"

한번 생각해보세요. 다른 사람들은 부모의 사랑을 받았다고 합시다. 그러나 그 청년은 부모 아닌 다른 사람으로부터 더 높은 차원의 사랑을 받았던 것입니다. 그 말을 들은 청년, 그때서야 생각이 돌아갔는지 이렇게 말합니다. "사실 고아원 장로님이 저를 많이 사랑해주었어요. 많이 예뻐해주었어요. 그래서 이렇게 도망해 나와 살면서도 늘 그 장로님이 생각나곤 합니다" 하더니 한참을 울더라고요. 그러고나서 일어서서 나가려고 합니다. 제가 물었습니다. "너 직장은 어떻게 하고?" 그랬더니 그 청년이 대답하기를 "목사님, 걱정하지 마세요. 사랑이 있다는 것을 알았기 때문에 나는 살 수 있습니다. 다시 교도소에 안갈 테니 걱정하지 마세요" 하고 빙그레 웃으면서 나가는 그 모습을 나는 잊을 수가 없어요.

우리는 흔히 자기 생각에 있는 사랑만 생각해요. 자기가 알고 있고 자기가 경험한 것만 사랑으로 생각합니다. 다시 한 번 생각해 보세요. 한번 추리해 보세요. 가슴을 열고 한번 물어보세요. 내가 모르고 있는 사랑이 얼마나 많은가? 내가 사랑이라고 전혀 생각지도 못하면서 받은 사랑이 얼마나 많은가? 그게 진짜거든요, 알고보면. 사람은 네 살 전의 일은 기억하지 못한대요. 어머니들이 아이들에게 "내가 이 젖을 먹여 널 키웠다"고 말하지만 그거 자기가 보고 알아서 믿는 사람 아무도 없어요. 그저 믿음으로 믿어야지요. 아무도 자기가 젖먹은 생각 안나거든요. 생각나는 사람 있습니까? 만약 그렇다면 그 사람은 다섯 살까지 엄마 젖을 먹은 사람입니다. 소중한 사랑, 가장 중요한 사랑은 모두 우리의 의식 이전의 일입니다. 자신이 의식할 수 있는 것이 아닙니다. 이 사실을 부인하면 안되지요.

그러니 자기가 알고 있고 깨닫고 있고 경험했기에 고맙고 감사해하는 것은 아무것도 아닙니다. 오히려 내가 모르고 있는, 미처 생각하지 못하고 있는 엄청난 사랑이 숨어 있는 것입니다. 그런 점에서 사람은 밥을 먹고 사는 게 아닙니다. 사랑을 먹고 삽니다. 사랑은 생명입니다. 생명은 곧 사랑입니다. 문제는 사랑의 확증입니다. 분명히 사랑은 있습니다. 사랑이 있어서 내가 있는 것입니다. 그러나 문제는 그 사랑을 모르고 있다는 것입니다. 아니, 그 사랑의 존재를 부인하고 있다는 것입니다. 이렇게 한번 생각해봅시다. 건강의 최상의 비결은 웃는 것이라고 합니다. 건강에 이게 좋다 저게 좋다 해도 다 소용없어요. 웃어야 됩니다. 더 재미있는 얘기는 웃음에는 도덕성이 없다고 합니다. 다시말해 어떤 웃음이든 웃으면 몸에 좋다는 것입니다. 설령 허튼소리를 해서 웃는다고 해도 웃으면 좋다고 합니다. 그러니 많이 웃어야 됩니다. 웃는 게 최고입니다. 그렇습니다. 이것이 웃음의 의학이요 철학입니다.

그런데 웃음보다 더 많은 엔도르핀을 내놓을 수 있는 건강의 비결이 하나 있어요. 그것이 바로 깨달음입니다. 깨달음은 웃음보다 4배나 더 높은 엔도르핀을 생산한다고 합니다. 여러분, 깨달아야 돼요. 다시 사랑의 주제로 돌아가서 말하자면, 사랑을 경험하는 방법 중에 몸으로 아는 사랑이 있습니다. 우리가 흔히 말하는 '스킨십'이라는 것입니다. 어린아이를 안아주고 쓰다듬어줄 때 아이들이 좋아합니다. 이 사랑은 몸으로 아는 것입니다. 또하나는 욕구 충족에 의해서 느껴지는 사랑입니다. 이건 동물적인 것입니다. 아무리 고상해도 동물적인 것은 동물적인 것입니다. 동물적인 사랑의 인식입니다. 그 다음으로 정신적으로 아는 사랑이 있어요. 아까도 말씀드린대로 내가 어머니젖을 먹던 것을 기억할 수가 없습니다. 그러나 우리는 그것을 생각해냅니다. 오늘 내가 있으니 이 사랑이 있는 것이고, 내가 있으니 부모님이 있고 사랑이 있었다—라고 생각하는 것이지요. 바로 이 생각 속에서 사랑을 깨닫습니다. 깨끗한 이성은 엄청난 사랑을 추리합니다. 자기가 존재하는 모든것이 사랑이라고 깨닫게 됩니다. 이 사랑은 인간적인 것입니다. 그런데 영적으로 아는 사랑이 있어요. 우리의 영적 기능이 하나님의 영과 만나고 하나님의 말씀의 능력에 접하면서 큰 감동과 함께 하나님의 사랑을 느끼게 되는 것입니다. 그것을 통해 영원히 소생함을 얻습니다. "하나님은 사랑이다"할 때 그것을 내 온인격으로 경험하게 되는 것입니다.

오늘 성경본문 8절에 보면 "하나님께서 자기 사랑을 확증하셨느니라" 합니다. 사랑을 확증했다는 것이 뭡니까? 왜 확증을 하시는 겁니까? 알게 하자는 것이지요. 사랑은 이미 하고 계십니다. 그런데 어떤 사건을 통해서 알리자는 것입니다. 결정적으로 알게 하자는 것이 확증입니다. 그것이 하나님의 방법입니다. 하나님께서 우리에게 당신의 사랑을 알게 하신 증거입니다. 이것을 알아야 됩니다. 이것이 하나님의 커뮤니케이션, 하나님의 사랑의 언어외적 표현입니다. 아주 신비로운 것입니다. 우리는 다시 생각해야 됩니다. 이 증거를 통해서 원점으로 돌아가서 원초적인 하나님의 사랑을 깨닫고 만나야 합니다. 제가 인천에서 목회할 때 재미있는 사건을 경험했습니다. 어머니하고 아들 단둘이 사는 집이 있었습니다. 어머니는 매일 공장에서 일을 하고 돌아옵니다. 그런데 어머니의 얼굴이 전부 곰보입니다. 그런 형편에 어린아이를 키우고 있는데, 아이가 어렸을 때는 몰랐는데 커가면서 다른 아이들에게 놀림을 받는 것이었습니다. 아이들이 "네 엄마는 곰보다" 하면 꼼짝을 못합니다. 아이가 마음이 상해서 집에 돌아와 엄마를 붙들고 따집니다. "엄마는 왜 곰보야? 왜 다른 엄마들처럼 예쁘지 못하고 곰보야?" 세상에 이런 불효자가 어디 있어요? 그러나 어린아이는 철없이 그렇게 소리지르며 우는 것입니다. 그러자 엄마가 아이를 앉혀놓고 말합니다. "네가 좀더 큰 다음에 얘기하려고 했는데 부득불 얘기해야겠구나" 하며 숨은 사연을 털어놓습니다.

　아이 아버지가 공장에 다니다가 그만 불의의 사고로 죽었고, 그래서 아버지 대신 어머니가 취직을 했습니다. 그렇게 공장에서 일을 하면서 유복자로 아이를 낳았습니다. 그 후 어린아이를 숙직실에다 뉘어놓고 일을 하다가 중간에 젖먹이고 또 나가 일을 하면서 키웠습니다. 그러던 어느날 숙직실에 불이 나서 타오르는데 어린아이가 그 속에 있는데도 위험하니 절대 들어가지 못한다고 말렸습니다. 하지만 어머니는 막무가내로 들어가서 어린아이를 가슴에 안고 나왔습니다. 다행히 어린아이는 무사했는데 어머니는 완전히 타버렸어요. 그래서 어머니가 곰보가 된 것입니다. "자, 이래도 보기 싫으냐?"고 어머니가 묻습니다. 아무리 철없는 아이지만 울면서 "어머니, 죄송합니다. 미안합니다" 합니다. 그 후론 아이들이 "네 엄마 곰보다" 할 때마다 "아니다. 우리 엄마는 천사다! 우리 어머니 같은 어머니는 없다"고 자랑하며 다닙니다.

그러나 여러분, 이것을 알아야 됩니다. 그 아이가 어느 시점에서 어머니의 사랑을 알았습니까? 그 불길 속에서 아이를 강보에 싸서 안고 나올 때 아이는 몰랐어요. 그 후 자라서 유치원을 다니는 그 시간까지도 몰랐어요. 어머니의 이야기를 듣는 그 순간 비로소 알게 된 것입니다. 원점으로 돌아가서 어머니의 흉하게 얽어 곰보가 된 얼굴을 보면서 비로소 사랑을 확증하게 된 것이지요. 사랑에는 희생이 따릅니다. 그러나 이 희생의 뜻을 모른다면, 희생의 뜻을 불신한다면, 사랑의 뜻을 모르게 됩니다.

또한 최고의 사랑은 '의롭다' 하시는 것입니다. Justification, 의롭다 하시는 것이 최고의 사랑입니다. 죄인을 의롭다 하시는 것입니다. 죄인을 의인으로, 저주받은 자를 하나님의 자녀로 영접하는 것입니다. 그 신분, 그 존재 자체를 완전히 높이는 것입니다. 죄인 대신 죽으면서 그의 의를 인정하시는 것입니다. 바로 이것이 최고의 사랑입니다. 이것이 십자가에 나타난 사랑입니다. 그것을 통해서 하나님과 우리와의 관계를 개선하십니다. 오늘 성경본문 11절에 가서 보면, 그래서 하나님께서 기뻐하시고 또 우리가 하나님으로 인해 기뻐하는 그 사랑은 곧 우리의 기쁨과 행복으로 이어지게 되는 것입니다.

　그런데 여기에 문제가 있습니다. 그 확증하시는 증거를 수용하기 위해서는 어떻게 하면 되겠습니까? 오늘 성경은 우리에게 잘 가르쳐주고 있습니다. 「누가 내 치즈를 옮겼는가?」, 「선물」이라는 베스트셀러의 작가 스펜서 존슨이 최근에 「행복」이라는 책을 썼습니다. 그 속에서 그는 이렇게 말합니다. 행복의 가장 기초적인 태도는 자기자신에 대한 사랑이라고 합니다. 내가 나를 사랑할 줄 모르면 이웃사랑을 하지 못합니다. 그래서 예수님께서 말씀하시기를 "네 이웃을 네 몸과 같이 사랑하라" 하셨습니다. 다시 말해, 내가 나를 사랑하지 않는다면 남도 사랑하지 않는 것입니다. 요즘 우리는 끔찍한 사건 때문에 뉴스를 볼 때마다 얼굴을 찌푸립니다. 사람을 무자비하게 죽인 사람에 관한 뉴스를 생각해봅시다. 그가 왜 그랬을 것같습니까? 가장 중요한 것은 내가 나를 사랑하지 않는다는 것입니다. 아예 살고 싶질 않아요. 하루도 더 살고 싶질 않아요. 내가 나를 사랑하지 않을 때, 다른 사람의 생명도 사랑하지 않아요. 어떻게 사람이 다른 사람의 생명을 그렇게 할 수 있단 말입니까? 나 자신의 생명도 사랑하지 않는 바로 거기에 문제가 있어요. 그런고로, 삶을 단순하게 생각해야 하고, 자기자신에 대한 내면적인 성찰이 있어야 하고, Self-Observation이 필요합니다. 그리고 최상의 자아를 생각해야 합니다. Best my life, best myself—나는 최상의 존재다, 나는 사랑을 받는 존재다, 나는 하나님 앞에 소중한 존재다 라는 사실을 확신해야 합니다. 왜 그렇습니까? 주께서 나를 위해 죽으셨기 때문입니다. 많은 사람의 사랑을 받고 살기 때문입니다. 우리 자신이 소중해질 때 비로소 이웃도 소중해지는 것입니다.

　성경은 말씀합니다. "네가 연약할 때를 생각하라." 유아였을 때,

사랑을 모를 때, 정신적으로 아무 철이 없었을 때, 사랑받을 자격도 없을 때에 우리가 사랑을 받았다는 것을 기억해야 합니다. 내가 모를 때 사랑을 받은 것입니다. 내가 죄인되었을 때 사랑을 받았어요. 의로울 때가 아닙니다. 죄에 깊이 빠졌을 때 사랑을 받았습니다. 이걸 잊지 말아야 합니다. 내가 미처 모르고 있지만, 그때 사랑받았어요. 죄인되었을 때도 사랑을 받았습니다. 아무리 우리가 죄를 지어도 죄짓는 중에도 하나님의 사랑이 함께한 것입니다. 그렇지 않습니까? 하나님의 은총이 아니면 죄도 짓지 못했을 것입니다. 우리가 죄를 지을 때 하나님께서 벼락을 치셨으면 끝났을 것입니다. 안그렇습니까? 그래서 죄를 지었다 한들 그것도 은혜 안에 있었던 것입니다. 내가 죄인되었을 때 주께서 나를 위해 죽으시고, 또한 내가 하나님과 원수되었을 때, 하나님을 배반하고 나갈 때도 하나님께서는 나를 사랑하셨습니다.

옛날에 한 아버지에게 아들 둘이 있었는데 동생이 말썽이었습니다. 그래서 형이 동생을 나무랐어요. 동생을 막 때렸어요. 그러면서 "이놈아 네가 그따위로 노니까 아버지가 너를 미워하지 않냐" 했습니다. 아버지가 옆방에서 그 소리를 들었습니다. 큰아들에게 이렇게 말합니다. "이놈아 말조심해라. 이걸 알아야 한다. 자식인 너희가 잘하면 기쁜 마음으로 사랑하고, 잘못하면 아픈 마음으로 사랑한다. 사랑은 마찬가지다. 너희가 어떤 모습이든 사랑하는 건 마찬가지다." 내가 연약할 때, 내가 죄인되었을 때, 내가 하나님과 원수되었을 때 그때 하나님 쪽으로 돌아봐야 합니다. 그때 하나님께서는 큰 은혜로 나를 사랑하셨습니다. 우리를 향한 구체적인 하나님의 사랑을 확증해야 됩니다.

사람마다 그 사랑에 대한 경험이 많을 것입니다. 저는 일생에 다섯 번을 죽을 뻔했습니다. 특별히, 한번은 최일선에 있을 때, 아주 무섭게 총알이 날아왔습니다. 그런데 갑자기 왼팔이 휙~ 하며 뒤쪽으로 젖혀지는 것이 아닙니까? 순간, "아이쿠, 팔이 날아갔구나" 하며 만져봤더니 다행히 옷만 뚫리고 팔은 그대로 있었습니다. 그때 마음속에 '오, 하나님!' 했었습니다. 어떤 면에서 사람들에게 그럴 때가 있어야 합니다. 그래야 사람이 좀 드라마틱하게 하나님의 사랑을 느끼는데 요즘사람들은 너무 평범하게 살아가니까 밋밋한 것이 마치 죽에 물탄 듯이 삽니다. 이게 문제입니다.

다시 돌아가 보세요. 내가 연약할 때, 죄인되었을 때, 원수되었을 때, 내가 모를 때, 저쪽에서 벌써 하나님의 사랑을 받았습니다. 엄청난 사랑은 이미 여기에 있었습니다. 이런 사랑 앞에서 내 소원이 이루어지느니 안이루어지느니, 가난하니 부하니, 병드니 건강하니, 하는 것은 더는 문제가 안되는 것입니다. 우리는 이미 받은 사랑이 너무 큽니다. 하나님께서는 말씀과 현실로 그리고 사건 속에서 자기사랑을 계속 확증하고 계십니다. 깊은 믿음의 눈으로 보십시오. 겸손한 마음으로 하늘을 다시 한 번 쳐다보십시오. 십자가를 쳐다보십시오. 그러면 들려올 것입니다. '내가 너를 사랑하노라. 너는 소중한 존재다.' 그렇게 하나님께서는 자기사랑을 오늘도 확증하고 계십니다.   △

아브라함의 믿음의 실제

아브라함이 나이 많아 늙었고 여호와께서 그의 범사에 복을 주셨더라 아브라함이 자기 집 모든 소유를 맡은 늙은 종에게 이르되 청컨대 네 손을 내 환도뼈 밑에 넣으라 내가 너로 하늘의 하나님, 땅의 하나님이신 여호와를 가리켜 맹세하게 하노니 너는 나의 거하는 이 지방 가나안 족속의 딸 중에서 내 아들을 위하여 아내를 택하지 말고 내 고향 내 족속에게로 가서 내 아들 이삭을 위하여 아내를 택하라 종이 가로되 여자가 나를 좇아 이 땅으로 오고자 아니하거든 내가 주인의 아들을 주인의 나오신 땅으로 인도하여 돌아가리이까 아브라함이 그에게 이르되 삼가 내 아들을 그리로 데리고 돌아가지 말라 하늘의 하나님 여호와께서 나를 내 아버지의 집과 내 본토에서 떠나게 하시고 내게 말씀하시며 내게 맹세하여 이르시기를 이 땅을 네 씨에게 주리라 하셨으니 그가 그 사자를 네 앞서 보내실지라 네가 거기서 내 아들을 위하여 아내를 택할지니라 만일 여자가 너를 좇아 오고자 아니하면 나의 이 맹세가 너와 상관이 없나니 오직 내 아들을 데리고 그리로 가지 말지니라 종이 이에 주인 아브라함의 환도뼈 아래 손을 넣고 이 일에 대하여 그에게 맹세하였더라

(창세기 24 : 1 - 9)

아브라함의 믿음의 실제

프랑스에 은행왕이라고 불리는 자크 리피도라는 사람이 있습니다. 그에게는 젊었을 때 참으로 감탄할만한 하나의 사건과 같은 경험이 있습니다. 그는 학생 때부터 은행에 몸담고자 결심했고 은행에 관심이 많았습니다. 그래서 하루는 제일 좋은 은행을 찾아가서 일자리를 구했습니다. 그러나 은행직원의 눈에 자크는 너무 볼품이 없고 초라한 모습이어서 그만 거절을 당했습니다. 퇴짜를 맞았지만 그는 계속 다른 은행으로 일자리를 구하러 다녔습니다. 이렇게 전전하며 은행을 다니던 그는 어느날 자기가 맨처음에 갔던 그 은행, 제일 좋은 은행에 다시 가고 싶은 마음이 들었습니다. 다시 찾아가 은행장을 만났습니다. 그러나 또다시 거절당했습니다. 지금까지 벌써 52번째 거절을 당한 것입니다. 그렇게 은행을 나오던 그는 은행 정문 앞에 떨어져 있는 조그마한 핀 하나를 발견했습니다. 다른 사람들이 이 핀을 밟고 지나가다가 몸에 찔리면 안되겠다 싶어서 그 핀을 땅에서 주웠습니다. 그리고 다시 집으로 돌아왔습니다. 그것뿐이었습니다. 다음날 아침, 다시 직장을 구하러 나서는 길에 집앞 우체통을 열어보았더니 놀랍게도 채용통지서가 와 있는 게 아닙니까. 기뻤습니다. 이렇게 된 사연은 이렇습니다. 그 제일 좋은 은행의 장이 마침 자크가 채용을 거절당하고 돌아가는 모습을 보았습니다. 그런데 전혀 슬프지도 않고 절망하지도 않고 그냥 명랑한 얼굴로 다음 기회를 생각하며 나가는 것이었습니다. 그러다가 문앞에 떨어진 핀을 다른 사람들이 혹 잘못될까 싶어서 주워 주머니에 넣는 것을 보고는 '아,

저렇게 세심하고 배려하는 마음이 있는 사람, 거절을 당하고 가는 사람의 얼굴이 저 정도라면 훌륭한 인물이 되겠다'고 생각한 은행장이 그를 채용하게 된 것입니다. 그 후로 자크는 계속해서 승급과 진급을 거듭해서 마침내 프랑스 최고의 은행장 즉 '은행왕'이라는 별칭을 갖게 되었던 것입니다.

미국의 사회학자에 데이비스 리스먼이라는 분이 있습니다. 그는 사회가 변해가는 모습에 따라 인간의 지향성이 변해가는 과정을 깊이 연구했습니다. 같이 한번 생각해볼 필요가 있습니다. 그는 그 과정을 세 가지로 분석하는데, 첫번째는 전통지향형 사회라는 것입니다. 다시 말하면 사람들이 고향에 살고 물려받은 땅, 물려받은 직업, 물려받은 관습, 물려받은 전통에 따라 사는 사회입니다. 할아버지, 아버지의 전통을 따라서 삽니다. 그래서 장유유서(長幼有序)가 법질서의 기본입니다. 생각해보면 우리도 그렇지 않습니까? 장유유서가 우리 사회질서의 기본입니다. 이렇게 전통을 따라 살아가다보면 조금 불편한 것도 있지만 이런 사회에는 안정이 있습니다. 뿐만 아니라 진로를 걱정할 필요가 없습니다. 그냥 따라가면 되기 때문입니다. 그저 할아버지가 하던 것, 아버지가 하던 것 그대로 나도 그렇게 살아가면 되는 것입니다. 요샛말로, 다시 판단하거나 머리 굴릴 필요가 없습니다. 고민할 것도 없습니다. 이 전통지향적 사회에서는 사실 가난은 있어도 걱정은 없습니다. 이대로만 살아가면 되니까요.

그가 분석한 두 번째 사회는 내적 지향형 사회입니다. 고향에서 일단 떠났습니다. 그런데 이상한 것은 고향과 친척과 익숙한 것을 떠났어도 마음은 여전히 고향에 있다는 것입니다. 바로 그것이 우리 사회입니다. 그래서 고향을 떠나 살다가 추석이니 명절이니 하면서 고향 가노라고 하고 소위 '민족대이동'을 합니다. 사람들이 서울에는 살지만 마음은 고향에 있는 것입니다. 항상 고향에 예속되어 있는 가운데 살아갑니다. 그러기에 여전히 물려받은 가치관에서 헤어나지 못합니다. 몸만 옮겼고 (인간관계도 옮긴 것도 같은데) 가치관이나 철학은 여전히 저 먼 고향에 묶여 있습니다. 이렇게 이런 갈등 속에 살아갑니다. 이것도 아니고 저것도 아닙니다.

세 번째 유형은 타인지향형 사회입니다. 이미 고향을 떠났습니다. 부모님께 의지할 수 없습니다. 생각도 못합니다. 그리고 살아남으려고 주변 환경에 신경을 써야 되고, 다른 사람들의 모습에 관심을 가집니다. '사람들이 나를 뭐라고 하나?' '어떻게 하면 이 자리에서 살아남을 수 있을까?' 이런 식으로 타인지향적 관심을 가지고 살다보니 거짓 인격을 갖게 됩니다. 그래서 거짓말을 많이 하게 됩니다. 그뿐 아니라 강요된 생활에 끌려가며 삽니다. 그러니 나 자신의 인생은 뭔지 알 바가 아닙니다. 나 자신의 생각과도 관계가 없습니다. 다른 사람이 요구하고, 사회가 요구하는 혹은 직장이 요구하는 어떤 관계 속에 그대로 묶여서 살아가는 것입니다. 그러다 보니 늘 불안합니다. 말할 수 없이 불안하고 또 안정감도 없습니다. 어느 때에 퇴직을 당할는지, 어느 누구에게 잘못 보여서 어떤 문제가 생길는지 불안합니다. 계속 불안해합니다.

이에 대한 해답은 딱 줄여서 말하면 둘밖에 없습니다. 자율성과 믿음입니다. 이제는 내가 결정해야 됩니다. 모든 운명은 내가 결정하고 내가 지향해나가야 되는 것입니다. 물론 그것은 어렵습니다. 그래서 믿음이 필요합니다. 소망교회에 있을 때 보니 연예인들이, 탤런트들, 영화배우들, 혹은 그 계통에 속한 분들이 많이 출석했습니다. 요즘도 드라마를 보면 내가 유아세례를 준 아가씨가 나오고 있습니다. 그래서인지 볼 때마다 예뻐요. 그런데 사실 그들의 직업과 삶은 결코 쉽지 않습니다. 그들은 대부분 야행성입니다. 대부분 밤에 영화를 찍거든요. 그러니 밤새 일하고 낮에 잠깐 자는 야행성이 될 수밖에요. 소위 인기라는 것도 문제입니다. 올라갔다 내려갔다 합니다. 그리고 언제 퇴출당할지를 모릅니다. 언제 쓸모없는 사람이 될지도 모르니, 참 불안하고 힘든 일입니다. 한 작품을 하고나서 그 다음 작품에서 감독이 "너 필요 없어" 하면 끝나는 것입니다. 그러니 작품마다 죽기살기로 잘해야 됩니다. 그 많은 대본을 외우고 익혀서 최고의 연출을 해내야 되는데 이게 보통 힘든 일이 아닙니다. 우린 그저 앉아서 쉽게 구경하지만 그들에게는 굉장히 힘든 직업입니다. 그래서 내가 그 얘기를 다 들어 사정을 조금 알기에 그 연예인들에게 종종 얘기를 했습니다. "얘야, 너희들이 참 어렵게 사는데, 그렇게 힘들게 밤새 일하고 피곤하게 사는데, 너희들이 교회 나오는 것 참 착하고 참 기특하다. 너희들이 예수믿는 것 정말 훌륭하다." 이렇게 칭찬을 했더니 하는 말이 "아니에요. 그런 것이 아닙니다. 목사님 모르시는군요. 우리는 예수를 믿든지 마약을 하든지 둘 중의 하나입니다. 너무 불안하고 괴로워서 예수 안믿고는 못삽니다. 그래서 우리가 예수믿는 것은 다른 사람하고 다릅니다." 그 말에 제가 깊은 감동을 받았어요. 이것이 현대인을 대표한 대답입니다. 현대인은 예수를 믿든지 알콜 중독자가 되든지, 자살을 하든지 마약을 하든지, 둘 중 하나입니다. 예수 안믿고 못살게 되어 있어요. 왜 그렇습니까? 불안하기 때문입니다.

　믿음을 가져야 돼요, 믿음. 믿음을 잘못 가져서 이리 가고 저리

가고 헤매고 있지 않습니까? 믿음이 중요합니다. 오늘본문에 아브라함에 대한 말씀이 있는데, 이거 대단히 중요한 사건입니다. 아브라함 일생에 얼마나 많은 이야깃거리가 있겠습니까마는 그중 특별한 하나를 오늘 우리는 본문에서 보게 됩니다. 아브라함은 고향을 떠났습니다. 익숙하고 전통성이 있는 고향을 떠나서 타향에 삽니다. 성경말씀대로 갈 곳을 알지 못하고 떠났고, 발붙일 만큼도 땅을 얻지 못했고, 한평생 나그네로 살게 됩니다. 타향에 삽니다. 그러나 아브라함의 위대함은 타향에 살면서 타향의 풍습에 젖어들지 않았다는 점에 있습니다. 그것이 오늘본문의 내용입니다. 그는 고향을 떠났어요. 그러나 그의 마음속에는 믿음이 있었습니다. 고향을 떠나는 믿음과 동시에 자신이 사는 세대에 물들지 않는 믿음, 바로 이런 이중적인 믿음을 가지고 있는 것입니다. 아브라함은 이방문화에 물들지 않았습니다. 자율성과 믿음을 함께 지켜가고 있었어요. 이것이 아브라함의 독특한 면입니다. 그는 하나님을 믿고 하나님의 뜻대로 살려고 애썼습니다. 하나님의 약속을 따라 살았습니다. 이것을 성경은 요약해서 딱 한마디로 말씀합니다. "아브라함이 하나님을 믿으매 하나님이 이를 아브라함의 의로 여기시고……(창 15 : 6)." 한마디로 말해서 아브라함은 하나님을 믿고 살았기에, 비록 그에게도 허물이 많았고 실수도 많았지만 다 하나님께서 덮어주셨습니다. "의로 여기시고"- Justification! 의롭다 하시고, 모든 허물을 덮어주시고, 아브라함을 복의 근원으로 삼으시고…… 즉 하나님께서 아브라함과 함께하신 것입니다. 그는 하나님을 믿었어요. 전통성을 떠나는 믿음, 그런가하면 동시에 현실에 매이지 않는 믿음, 그런 훌륭한 믿음을 가지고 있었습니다.

그래서 야고보서 2장 21-22절은 말씀합니다. "우리 조상 아브라함이 그 아들 이삭을 제단에 드릴 때에 행함으로 의롭다 하심을 받은 것이 아니냐. 내가 보거니와 믿음이 그의 행함과 함께 일하고 행함으로 믿음이 온전케 되었느니라." 대단히 중요한 말씀입니다. 아브라함은 하나님을 믿었어요. 그 믿음을 가지고 그는 나그네로 살았습니다. 믿음을 따라 살고, 믿음과 함께 살고, 세상과 타협하지 않습니다. 오늘본문을 보면 아브라함에게는 소중한 아들 이삭이 있는데 그를 결혼시켜야 했습니다. 그런데 아브라함이 살던 이방땅의 여자들은 아무리 많아도 안된다는 것이었습니다. 내 고향에서, 전통을 따라서, 내 고향에서 아들의 신부감을 구해오라고 합니다. 그건 참 기가막힌 얘기입니다. 늙은 종 하나를 불러서 '네가 내 고향에 가서 처녀 하나 데려오너라' 이렇게 말합니다. 요즘말로 말하면, 얼굴도 보지 않고 데이트도 안해보고 신부감을 데려다가 이삭에게 주면서 "살아라!" 이렇게 되는 것입니다. 꼭 옛날의 한국식입니다. 고향에 가서 처녀를 데리고 오너라, 즉 부모가 신부를 만들어주는 것입니다. 그러니 처녀 이름을 압니까, 얼굴을 압니까. "일단 가서 데려와." "만일 여자가 안오겠다 하면 어떡할까요? 그럼 내가 이삭을 고향으로 데리고 갈까요?" "그건 절대 안된다. 데리고 와야 한다." "안따라오면 어떻게 합니까?" "안따라오겠다 하면 나와 너와 한 약속은 상관이 없다"고 말합니다. 안오겠다는 처녀를 데리고 오지 못하는 건 잘못이 아니라고 합니다.

여기에 중요한 믿음이 있습니다. 믿음의 실제가 있습니다. 믿음이 무엇입니까? 아브라함은 하나님을 믿었습니다. 하나님께서 나와 함께하시고, 하나님께서 말씀하시고, 하나님께서 내게 복을 주시고······ 아브라함은 하나님을 전적으로 믿었어요. 두 번째, 아브라함은 종을 믿었습니다. 늙은 종을 믿었어요. 오랫동안 함께 지내본 대로 그 종은 진실한 사람이었고, 비록 종이지만 아브라함의 믿음을 따라 사는 사람이었습니다. 아브라함이 종을 믿었다는 것을 잊지 마십시오!

요한복음 13장에 보면 예수님께서 하신 일을 예수님 스스로 말씀하시기를 "내가 너희에게 본을 보였노라" 하시는데, 중요한 모범이 거기에 있습니다. 예수님께서는 지금 몇시간 후에 십자가에 돌아가십니다. 며칠 후가 아니라 바로 몇시간 후입니다. 이 만찬을 잡수시고 다음날 아침에 십자가에 돌아가십니다. 바로 그런 순간인데도 제자들은 정신을 못차리고 예수님께서 왕이 되실 줄 알고, 우편, 좌편, 첫째, 둘째 하며 자리싸움을 하고 있는 것입니다. 시기, 질투 때문에 어수선한 분위기에서 저들은 발도 씻지 못하고 만찬을 대하게 됩니다. 예수님께서 돌아보시니 얼마나 한심합니까. 나는 성경 볼 때마다 내가 옆에 있었으면 가만두지 않았을 거라는 생각을 합니다. 정말 한심한 제자들입니다. 예수님께서 십자가를 지시기 이전에 뭐하는 짓입니까. 이런 형편없는 제자들이 있는데도 예수님께서는 말씀이 없었습니다. 비판하시지 않았어요. 왜 그랬느냐고 꾸짖지도 않으셨어요. 그 대신 제자들의 발을 씻기십니다, 말없이. 이게 중요한 것입니다. 그러고나서 하시는 말씀, 이게 너무 귀합니다. "지금은 모르지만 이후에는 알리라." 여기에 제가 주를 달고 싶습니다. '지금은 모르지만, 너희들이 철딱서니가 없지만, 먼 훗날에 너희들이 내가 무얼 하고 있는지 깨닫고 너희들이 변화되어서 다 나를 위해서 순교하게 될 것이다.' 믿으십니다. 제자들을 믿으십니다. 제자들의 형편없는 행동들을 보면서도 '언젠가는 너희들이 다 나를 위해서 순교하게 될 것이다'— 그들을 믿으십니다.

베드로가 예수님을 세 번이나 부인했습니다. 그런데도 이 제자를 찾아가 갈릴리에서 만나실 때의 장면도 그렇습니다. 나같았으면 뭐라고 한마디 할 것같아요. '그저 모른다고 하면 되지, 뭘 맹세까지 했냐? 왜 저주까지 했냐, 이 형편없는 녀석아.' 그런데, 아무 말씀도 없으십니다. 대신에 '네가 나를 사랑하느냐, 네 양을 먹이라.' 이 말씀만 하십니다. 베드로를 믿으셨던 것입니다. 이 얼마나 중요한 애기입니까?

가끔 후배목사들로부터 이런 질문을 많이 받습니다. "목사님, 자녀교육을 어떻게 하면 좋겠습니까?" 그러면 나는 이렇게 말을 시작합니다. "내가 목회하면서 자녀들 때문에 참 속상한데 '자녀교육을 어떻게 하면 바로 하겠습니까?' 하고 물으니 내가 한 시간 동안에 그걸 무슨 말로 표현하니? 그러나 딱 한마디만, 한수만 가르쳐줄께!" 그리고 얘기합니다. "믿어! 말을 하지 마라. 말하지 말고, 비판하지 말고, 믿어! 알고도 행하지 않거든 비판하지 마라. 충고하지 마라. 듣기 싫어하거든 말하지 마라. 대답하기 싫어하거든 묻지 마라. 그리고 믿어. '나는 너를 믿는다'고만 말해. 그래서 '우리 아버지, 어머니는 나를 믿고 있다'는 그 신뢰감을 가지게 해. 이것밖에 없다"고 말입니다.

여러분, 예수님께서는 제자를 믿으셨습니다. 아브라함은 종을 믿었습니다. 그의 진실을 믿고 그의 능력을 믿고 그의 판단력을 믿고…… 전적으로 믿었어요. 그리고 그를 '전권대사'로 보냈습니다. "가서 처녀 한 명 데려와." 그런데, 세 번째가 중요합니다. 이것은 아브라함의 믿음의 현재성을 말하고 실제성을 말합니다. 아브라함은 하나님의 경륜을 믿었습니다. '하나님이 나와 함께하시니 너와 함께하실 것이고 너와 만나는 사람과 함께하실 것이고 네가 가는 길에 함께하실 것이고, 무슨 대화가 오고가든지 그 속에 하나님께서 함께하실 것이다. 하나님을 믿기에 내가 너를 믿는다. 내가 너를 믿기에 네가 가는 길을 믿는다. 처녀 하나 데려오너라. 반드시 하나님께서 이 일을 가능케 하실 것이다.' 참 귀한 말씀입니다. 7절에 보면 '하늘의 하나님 여호와께서 나를 내 아버지의 집과 내 고향 땅에서 떠나게 하시고 내게 말씀하시며 내게 맹세하여 이르시기를 이 땅을 네 씨에게 주리라 하셨으니 그가 그 사자를 너보다 앞서 보내실지라. 네가 거기서 내 아들을 위하여 아내를 택할지니라.' 하나님께서 인도해주실 것이니 나는 너를 믿는다, 네 앞에 전개되는 현실도 하나님의 경륜 가운데 있음을 믿는다고 아브라함은 말한 것입니다. 그리고 성경의 기록은 이렇게 계속됩니다. 27절을 봅니다. "이르되 나의 주인 아브라함의 하나님 여호와를 찬송하나이다 나의 주인에게 주의 사랑과 성실을 그치지 아니하셨으며 여호와께서 길에서 나를 인도하사 내 주인의 동생집에 이르게 하셨나이다 하니라."

이 아브라함의 종이 자기가 가는 길을 하나님께서 인도하셨음을 알고 있었습니다. 그 만남의 관계에서 한 애기는 아주 귀한 애기입니다. 그리고 길을 떠나 리브가를 만나게 됩니다. 한편 리브가에게 아버지가 묻습니다. "너 저 사람 따라가려느냐?" 그러자 대답하기를 '하나님께서 하셨으매 내게 선택권이 없습니다. 가겠습니다.' 그리고 리브가가 이 종을 따라나섭니다. 그래서 리브가와 이삭이 만나서 귀한 가정을 이루게 됩니다. 여러분, 이 말씀을 통해 우리는 믿음으로 산 아브라함의 인생의 단면을 봅니다. 아브라함은 하나님을 믿었습니다. 우리는 그의 믿음을 통해 믿음의 실제를 볼 수 있습니다. 아브라함은 하나님을 믿었고, 하나님을 믿는 믿음 안에서 사람을 믿었고 복잡한 현실 속에서 하나님의 뜻이 이루어짐을 믿었습니다. 실현도 축복의 과정임을 믿었습니다. 큰 일이든 작은 일이든 사소한 일이든 모든 사건 속에 하나님의 축복과 섭리가 있음을 믿었습니다. 아브라함은 그래서 믿음의 사람이었습니다.   △

한 경주자의 자세

이러므로 우리에게 구름같이 둘러싼 허다한 증인들이 있으니 모든 무거운 것과 얽매이기 쉬운 죄를 벗어 버리고 인내로써 우리 앞에 당한 경주를 경주하며 믿음의 주요 또 온전케 하시는 이인 예수를 바라보자 저는 그 앞에 있는 즐거움을 위하여 십자가를 참으사 부끄러움을 개의치 아니하시더니 하나님 보좌 우편에 앉으셨느니라 너희가 피곤하여 낙심치 않기 위하여 죄인들의 이같이 자기에게 거역한 일을 참으신 자를 생각하라

(히브리서 12 : 1 - 3)

한 경주자의 자세

　유명한 저술가이자 판사인 올리브 홈스(Olive W. Holmes)에게 이런 재미있는 일화가 있습니다. 어느날 기차를 타고 여행을 하는데 차장이 차표를 검사하러 왔습니다. 그런데 그만 그가 자기 차표를 어디에 두었는지 찾을 수가 없었습니다. 이 주머니 저 주머니를 뒤져보고 가방을 다 뒤져보아도 차표를 찾을 수가 없었습니다. 그런 그의 모습을 한참 지켜보던 차장이 큰마음을 써서 말했습니다. "선생님, 그러지 마시고 나중에 찾거든 우편으로 우송해 주십시오." 그러자 홈스가 아주 명답을 했습니다. "지금 당장 찾아야 합니다. 기차는 달리고 있는데, 내가 어디로 가는지를 알아야 할 것 아닙니까?"

　여러분, 이거 우스운 얘기 같지만 얼마든지 있을 수 있는 일입니다. 저도 그리 유명한 사람은 아니지만 이런 실수를 한 적이 있습니다. 옛날 교통수단이 불편할 때, 제가 인천에서 목회를 하면서 서울에 있는 신학대학에 강의를 나가고 있었습니다. 일주일에 이틀씩 다닐 때인데 기차를 타고 다녔습니다. 한번은 수요일 저녁인데, 빨리 가서 수요예배 설교를 해야 하는 조급한 마음에 늘 하던대로 책을 가지고 기차를 탔습니다. 그때는 차 안에서 책을 많이 보았는데, 서울역에서 기차표를 사서 기차를 타서는 아무 생각 없이 책을 읽고 있었습니다. 책에 빠져 한참 가다가 문득 차창을 내다보니 평상시 보던 경치가 아니었습니다. 그래서 깜짝 놀라 자세히 보니 이 기차가 부산으로 가는 것 아닙니까? 세상에…… 그래 부랴부랴 안양에서 내려 버스를 타고 인천으로 가는데 이 버스가 왜 그리 느린지 말도 못합니다. 그때야 지금처럼 핸드폰이 있을 때도 아니니, 어떻게 든 예배시간 전에 교회 도착해야 되는데, 연락할 길은 없고 참 그때 의 조급했던 심경은 뭐라고 말할 수 없습니다. 그 사건을 통해 제가 격언 하나를 만들었습니다. "아무리 바빠도 기차는 바로 타라!" 기차 를 바꿔타서는 안되는 것 아닙니까? 다시 말해 '목적지를 바로 알고 살아가야 한다'는 얘기입니다.

빅터 프랭클은 그의 유명한 저서「The Willing to Meaning」에서 현대인을 이렇게 비유로 말했습니다. '현대인은 자기가 어디로 가고 있는지는 모릅니다. 그럼에도 어쨌든 제일 빨리 도착할 겁니다.' 여 러분, 한번 상상해 보세요. 어디로 가는지는 모르면서도 제일 빨리 가고 있다는 것을. 아예 시작부터 목적지가 없었던 것입니다. 도대 체, 어디로 달리고 있는 겁니까? 프랭클은 그래서 이렇게 말합니다. 첫째로, 인간은 실존적 좌절을 느낄 필요가 있다는 것입니다. 무슨 말입니까? 지금 내가 사는 것, 근본적으로 잘못됐다는 것을 알아야 한다는 것입니다. 다시 말해, 목적 자체를 재확인해야 한다는 뜻입 니다. 두 번째는 추구할만한 가치, 목표가 무엇인지 물어야 한다는 것입니다. 이제라도 목표를 다시 세워야 한다는 것입니다. 그리고 세 번째는(이것이 중요한데), 인생의 순간순간을, 한순간도 놓치지 말 고, 목적 지향적으로 자신의 목적과 일직선상에서 순간을 살아가야 된다고 합니다. 목적을 분명히 하고 오늘 이 사건이 그 목적을 위한 것이 되는 인생을 살아야 한다고 말합니다.

저명한 철학자 키에르케고르는「죽음에 이르는 병」이라는 책을 썼습니다. 이 책은 제가 옛날 대학생 때 참 탐독을 했던 책입니다. 기독교철학의 고전으로 유명한 책이지요. 그에 의하면 인간을 죽음에 이르게 하는 병은 바로 절망입니다. 그는 그 책에서 절망의 정도를 이렇게 말합니다. 첫째는, 절망에 빠져 있음을 모르는 절망입니다. 그것은 마치 술에 취한 자와 같아서 자신이 절망에 빠져 있다는 것을 모르는 절망, 완전한 절망을 가리킵니다. 두 번째는 절망에 빠져 있음을 알고, 깨달은 절망입니다. 그래서 고민하는 것입니다. "이거 안되는데, 이렇게 살아서는 안되는데, 이렇게 끝나서도 안되는데……" 하는 불안에 떠는 절망이 바로 이것입니다. 세 번째는 절망해서 자기 자신이 되려고 하는 절망입니다. 그래서 사람은 끝까지 고민을 하는 것입니다. 그런 궁극적인 고민의 끝자락에 이르기까지 절망하게 될 때 비로소 하나님을 만나게 된다는 겁니다. 이것은 절망되는 절망이 아니라 절망하는 절망입니다. 그래서 키에르케고르가 말한 마지막 명언이 있습니다. '절망의 반대말은 희망이 아니라 신앙이다.' 여러분, 절망의 반대말은 희망이 아니고 신앙이라는 것을 다시 확인해야 할 것입니다.

오늘본문에 보면 인생을 한 경기자의 모습으로 묘사하고 있습니다. 본문에 중요한 단어가 몇 개 나옵니다. 하나는 바라본다는 말입니다. 바라본다는 것은 목표를 말합니다. 목적은 추상적이고 목표는 구체적입니다. 그러니 목적 자체가 구체화되어서는 안됩니다. 목적은 언제나 높은 곳에 있는 것입니다. 그림 한 장을 그려도, 하루에 길을 가도, 그 목적은 오직 하나님의 영광을 위하여 하는 것입니다. 유럽을 여행해보면 많은 조각품들과 그림들을 보게 됩니다. 그 작품들 하나하나가 일생동안 만들고 그린 것입니다. 그 예술가들이 돈을 바라보고 했을까요? 명예를 바라보고 했을까요? 아무리 생각해도 그렇게 해서는 설명을 할 수가 없습니다. 분명한 것은 모든 쓸만한 명작들은 전부가 하나님의 영광을 위하여 만들어지고, 그려졌다는 사실입니다. 우리는 오늘날 그 작품들 속에서 자신의 한 시대를 높은 목적을 가지고 살았던 사람들의 흔적을 봅니다. 반면에 목표는 구체적입니다. 그리고 그 구체적인 생활 속에 현실이라는 것이 있습니다.

여러분, 목적은 높은 데 있어야 합니다. 그래서 골로새서에서 보면 "위엣것을 찾으라"고 말씀합니다. "그리스도를 바라보자"고 오늘본문에서 말씀합니다. 그런데 오늘본문에 보면 이 그리스도를 바라보면, 믿음의 주요 또 온전케 하시는 분이신 그리스도로부터 임파워(empower)됩니다. 그의 힘이 우리에게 옵니다. 그의 능력이 그로부터 우리에게로 옵니다. 이걸 잊지 말아야 합니다. 그리스도를 바라보는 중에 그리스도로부터 생명력이 내게로 흘러온다는 말입니다. 예수를 바라보는 것은 목적을 갖는 것입니다. 그리스도가 목적이 된다는 것은 '목적이 내게 힘을 주고 용기를 주고 삶에 보람을 주는' 그런 목적이 되는 것을 뜻합니다. 그래서 예수를 바라보자는 것입니다. 스데반은 순교하는 중에도 예수를 바라봅니다. 그럴 때에 예수로부터 큰 생명력과 능력을 얻어서 자기를 죽이는 자들을 용서할 수 있었습니다. 아니, 천사의 마음을 가지고, 천사의 얼굴로, 순교할 수 있었습니다. 그리스도를 바라보는 중에 그리스도로부터 엄청난, 위대한 생명력이 내게로 오는 것을 체험했다는 것입니다.

두 번째는, 오늘본문에 "구름같이 둘러싼 허다한 증인들이 있으니"라고 하는데 이 말씀이 참 인상적입니다. 증인이 있다는 말은 지금 내가 경기장을 달리고 있는데 구경꾼이 있다는 말입니다. 여러분, 운동경기에 나간 사람들을 생각해보세요. 얼마나 힘들겠습니까? 요즘은 텔레비전 때문에 축구경기에 나가서 축구를 하는 선수들을 수십억 명이 보고 있지 않습니까? 온 세상이 지금 자기 발끝의 동작 하나하나를 보고 있는 것입니다. 그러니 얼마나 힘들겠어요. 그것만 생각해도 심장이 터질 것같지 않겠습니까? "구름같이 둘러싼 허다한 증인……" 이거 굉장히 신령한 얘기입니다. 영적인 조상들, 우리보다 먼저 가신 믿음의 조상들, 그리고 수많은 성도들이 지켜보고 있는 것입니다. 여러분, 혹 부모님이 먼저 가셨습니까? 어머니가 지금 지켜보고 있습니다. 그걸 잊지 마세요. 먼저 가신 분이 지켜보고 있는 중에 내가 여기서 뛰고 있는 것입니다. 유치원 아이들이 운동경기에 나가면 한참 뛰다가 달릴 생각은 안하고 엄마 있는 곳을 뒤돌아보며 서 있지 않습니까? 그러다 꼴등하잖아요. 어쨌든 우리도 이 세상에서 혼자 뛰는 게 아닙니다. 나를 지켜보고 있는 사람들을 의식해야 된다는 말입니다.

　1984년 LA 올림픽 때 주지영이라는 소녀가 다이빙 종목에서 아시아인으로서는 처음으로 금메달을 땄습니다. 그때까지만 해도 다이빙은 백인들의 전유물로 생각했었습니다. 우리는 안된다고 생각했는데, 이 아가씨가 처음으로 금메달을 딴 것입니다. 인터뷰에서 기자들이 물었습니다. 어떻게 그렇게 경기를 잘하느냐고? 그러자 그녀가 대답합니다. "아니에요. 어머니 때문입니다." 그 이유를 물어보니 자기가 어렸을 때 100m 달리기를 잘했다고 합니다. 잘 뛰기는 하는데 이상하게도 일등은 한 번도 못했답니다. 왜냐하면 뛰다말고 중간에 꼭 한 번씩 넘어졌대요. 그런데 그녀의 어머니가 넘어졌다가 일어나서 뛰는 자기 딸의 모습을 보고 그렇게 좋아했다고 합니다. 어머니는 말하기를 "난 네가 일등 하는 것보다 넘어졌다 일어나서 뛰는 모습이 너무 예쁘다"고 했답니다. 그 어머니의 말씀 때문에 그녀는 경기의 승패와 상관없이 늘 웃었고, 늘 행복했다고 합니다. 그렇게 열심히 달리기를 하다가 나중에 다이빙으로 종목을 바꿨는데 그 높은 데서 뛰어 내릴 때에 언제나 어머니가 저 앞에서 빙그레 웃고 있는 모습을 본답니다. 그녀는 늘 어머니를 보면서 마음속에 "어머니……" 하며 뛴다고 합니다. 그리고 그 결과 오늘 이처럼 일등을 했다고 말합니다. 여러분, 우리를 지켜보는 믿음의 조상들과 구름같이 둘러싼 허다한 증인들이 있다, 내가 지금 그들 앞에서 뛰고 있다는 사실을 의식해야 합니다.

본문에 나타나는 세 번째 중요한 말씀은 "무거운 것을 벗어버리고"라는 말씀입니다. 경기자에게 중요한 것은 가벼운 몸입니다. 거추장스러운 것을 입어서는 안됩니다. 뭐든지 가벼워야 됩니다. 옷도 가볍고 신발도 가볍고, 마음도 가볍고 깨끗해야 합니다. 또한 생각도 복잡하면 안됩니다. 래리(Larry)라고 하는 유명한 골프선수가 늘 일등을 하고 싶었지만 한 번도 일등을 하지 못하다가 어느날 일등을 한번 했습니다. 그런데 그녀가 골프시합 중간에 풀밭에 앉아서 조용히 고개를 숙여 기도하는 것이 아닙니까? 기자들이 그걸 놓칠 수가 있습니까? 경기를 마치고 인터뷰를 할 때 물었습니다. "아까 기도하는 걸 봤는데 무어라고 기도했습니까? '저 트로피를 내게 주세요. 이 엄청난 상금을 내게 주세요.' 그렇게 기도했습니까?" 그러자 래리가 대답합니다. "아니죠. 정반대입니다. '하나님, 저 트로피를 잊어버리게 해주세요. 내게 오는 상금도 싹 잊어버리고, 오직 이 푸른 하늘을 바라보며 하나님을 찬양하는 마음으로 골프를 치게 해주세요'라고 기도했어요" 하는 것입니다. 그렇게 그녀는 일등을 했습니다. 몸만 아니라 마음까지 깨끗하게 비워서 가볍게 해야 된다는 것, 이것이 바로 운동선수가 가져야 할 모습입니다.

유명한 조각가 미켈란젤로에게 하루는 사람들이 그의 조각 작품을 보면서 어떻게 이렇게 좋은 작품을 만들 수 있느냐고 물었습니다. 그러자 그는 유명한 대답을 했습니다. "대리석 돌덩이를 세워놓고 여기저기서 필요 없는 부분을 다 떼어냈더니 이런 좋은 작품이 됐습니다." 그렇습니다. 떼어내야 될 것을 다 떼어내야 나타날 것이 나타나게 되는 것입니다. 버려야 됩니다. 깨끗이 버려야 비로소 작품이 나오는 것입니다. 경기자는 가벼운 마음, 가벼운 몸으로, 가벼운 환경 속에서, 그리고 목표를 향해서 달려야 하는 것입니다.

오늘본문이 네 번째로 우리에게 주는 말씀은 이것입니다. 히브리서 저자는 여기에 역점을 두고 있습니다. "인내로써 경주하며……예수는 십자가를 참으사……" 저자는 예수의 십자가를 인내로 보았습니다. 모든 경기에 있어서 마지막엔 인내로 승부가 납니다. 얼마나 참느냐? 어디까지 참느냐? 그것이 문제입니다. 참 우스운 얘기입니다마는, 제가 미국에서 공부할 때 시간은 바쁘고 몸도 그렇고 해서 공부를 계속하는 게 힘들었습니다. 많은 부담을 가지고 공부를 하고 있을 때의 일입니다. 저보다 먼저 오래전에 공부를 마친 제 친구가 대학 교수로 있는데, 그가 언젠가 한번 내게 편지를 보냈어요. 저는 "이 친구가 어떻게 알고 편지를 보냈나?"싶어 뜯어보았더니, 세상에 편지에 글자가 딱 한 줄밖에 없었습니다. '공부는 머리로 하는 것이 아니라 엉덩이로 하는 것이라오.' 여러분, 공부는 엉덩이로 하는 것이라는 말이 무슨 뜻인지 아시겠어요? 잘 안된다고 해도 일어나지 마라, 오늘은 무드가 안잡히고, 오늘은 기분이 나쁘고, 오늘은 이래서 그렇고 하며 시간을 다 떼어내버리고 나면 공부할 시간이 어디 있겠습니까? 그러니 기분이 나빠도, 하다못해 낙서를 해도 좋으니까 어쨌든 앉아 있어야 한다, 일어나면 안된다, 이것이 바로 공부하는 비결인 것입니다. 그렇게 하다보면 뭔가 되는 것입니다. 인내를 통해서 승부가 나는 것입니다. 벌떡벌떡 일어서면 안됩니다. 벌떡벌떡 자리를 옮겨도 안됩니다. 인내로 해야 합니다. 그래서 오늘 히브리서 저자는 예수님께 대하여 말씀하기를 "십자가를 참으사"라고 합니다. 십자가, 얼마나 굴욕적입니까? 그러나 이 모든 아픔과 굴욕을 참으셨던 것입니다. 그것을 참아내심으로 하나님께 영광을 돌리고 만왕의 왕이 되셨다고 말씀하고 있습니다.

성도 여러분, 인생 경기에 있어서 우리는 오늘 여기까지 살아왔습니다. 지금 어느 시점에 있다고 봅니까? 사도 바울은 디모데후서 4장에서 말씀합니다. "내가 선한 싸움을 싸우고 나의 달려갈 길을 마치고 믿음을 지켰으니 이제 후로는 나를 위하여 의의 면류관이 예비되었으므로(7, 8절)……" 그는 달려갈 길을 다 달리고 믿음을 지켰고, 자기 앞에 상급, 즉 그리스도께서 준비한 상, 생명의 면류관이 있다고 고백합니다. 달리는 종점 직전에 와 있다는 것을 우리에게 말씀하고 있습니다. 우리의 인생경기에서 최종목적지 가까이 왔습니다. 이제 우리는 다시 한 번 생각해야 하겠습니다. 이 종반전, 이 마지막 순간에 이제는 더이상 두리번거려도 안되고, 시간을 낭비해도 안되고, 조금 더 뒤돌아보아도 안됩니다. 그리고 예수님을 바라보고, 그가 우리를 부르시는 부름에 응답하고, 그가 내게 주시는 능력 안에서 다시 시작해야 할 것입니다. 그럴 때에 주께서 우리에게 생명의 면류관을 주실 것입니다.　△

곽선희목사 설교집·강해집·기타

〈설교집〉

〈강해집〉

(빌립보서 강해) 희락의 복음

(갈라디아서 강해) 은혜의 복음

(고린도전서 사랑장 강해) 진정한 사랑의 의미

(예수님의 이적 강해) 이적으로 계시된 말씀

(사도신경 강해) 사도들의 신앙고백

(야고보서 강해) 참믿음 참경건

(예수님의 잠언 강해) 예수의 잠언

(사도행전 강해)(상) 교회의 권세

(사도행전 강해)(하) 교회의 권세

(로마서 강해) 믿음에서 믿음으로

(고린도전서 강해) 복음의 능력

(고린도후서 강해) 생명에로의 길

(예수님의 비유강해)(상) 하나님의 나라/(중) 이 세대를 보라/(하) 생명
에로의 초대

(에베소서 강해) 내게 주신 은혜의 선물

(골로새서 강해) 위엣것을 찾으라

(데살로니가서 강해) 사도의 정체의식

(디모데서 강해) 네 직무를 다하라

〈기타〉

행복한 가정/참회의 기도/영성신학/종말론의 신학적 이해/생명의 길